DESIGN
创意设计与专利保护

张 崴 冯 林 主编
李 航 陈冀册 吴振宇 副主编

电子工业出版社
Publishing House of Electronics Industry
北京·BEIJING

内 容 简 介

本教材是在融合国内外创新创业教育的前沿研究理论和研究成果的基础上编写的，体现了"三创"融合教育理念，目的是为了满足创新创业教育的现实需求，满足高校创新创业课程的建设需要。

本教材首先介绍了创意设计和专利保护的基础知识，以及创意设计思维、进行创意设计的方法；然后从产品设计的角度出发，介绍了提出创新方案、进行产品创新和开发、利用游戏化思维进行产品设计的方法；接着介绍了如何将创意设计应用于商业模式创新；最后详细介绍知识产权和专利保护等方面的内容，并给出了一些大学生申请专利的案例。

本教材适合高校各个专业各个年级的大学生阅读，既可作为大学生创新创业通识课程的教材，也可作为创新创业实践强化班的基础课程教材或企事业单位的员工培训用书。

未经许可，不得以任何方式复制或抄袭本书之部分或全部内容。
版权所有，侵权必究。

图书在版编目（CIP）数据

创意设计与专利保护/张崴，冯林主编. —北京：电子工业出版社，2019.12
ISBN 978-7-121-29505-8

Ⅰ.①创… Ⅱ.①张… ②冯… Ⅲ.①创造教育－高等学校－教材②专利申请－高等学校－教材 Ⅳ.①G40-012②G306.3

中国版本图书馆 CIP 数据核字（2019）第 275928 号

责任编辑：田宏峰
印　　刷：北京京师印务有限公司
装　　订：北京京师印务有限公司
出版发行：电子工业出版社
　　　　　北京市海淀区万寿路 173 信箱　邮编 100036
开　　本：787×980　1/16　印张：13　字数：291 千字
版　　次：2019 年 12 月第 1 版
印　　次：2019 年 12 月第 1 次印刷
定　　价：68.00 元

凡所购买电子工业出版社图书有缺损问题，请向购买书店调换。若书店售缺，请与本社发行部联系，联系及邮购电话：（010）88254888，88258888。
质量投诉请发邮件至 zlts@phei.com.cn，盗版侵权举报请发邮件至 dbqq@phei.com.cn。
本书咨询联系方式：tianhf@phei.com.cn。

前　　言

2015年5月，国务院办公厅印发《关于深化高等学校创新创业教育改革的实施意见》，提出了创新创业教育改革的阶段性目标：2015年起全面深化高校创新创业教育改革；2017年取得重要进展，形成科学先进、广泛认同、具有中国特色的创新创业教育理念，形成一批可复制可推广的制度成果，普及创新创业教育，实现新一轮大学生创业引领计划预期目标；到2020年建立健全创新创业课堂教学、自主学习、结合实践、指导帮扶、文化引领融为一体的高校创新创业教育体系。

为了满足创新创业教育的现实需求，满足高校创新创业课程的建设需要，在融合国内外创新创业教育的前沿研究理论和研究成果的基础上，基于"三创"融合教育理念，我们编写了面向高校大学生的《创意设计与专利保护》教材。

本教材的特色主要体现在，基于创意创新创业的"三创"融合教育理念，以启发式、探究式教学思想构建教材体系，以创新思维、创意设计、专利保护为教材内容主线，将基于问题的启发式学习和探究式的教育理念引入教学中，帮助形成"独立思考→提出问题→分析问题→创造性地解决问题"的渐进式教学方式，进而培养学生的创新意识、创业精神、创新实践能力。

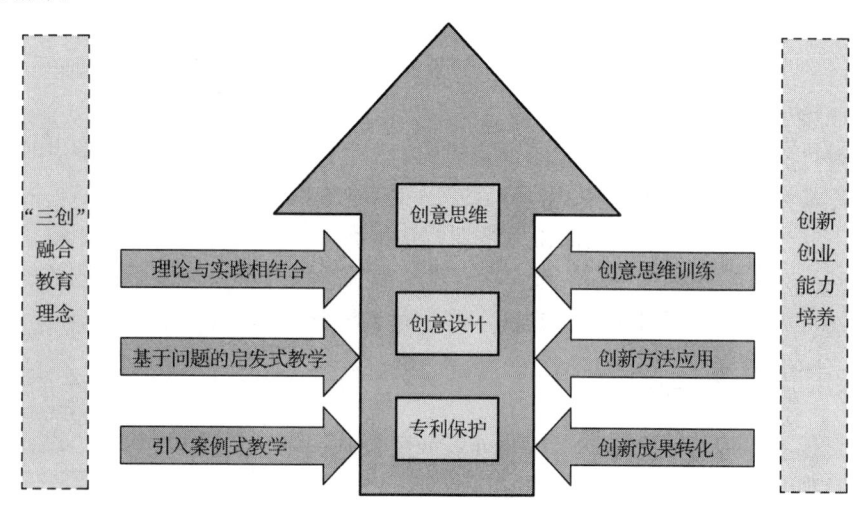

1. 以"三创"融合教育理念为主线

"三创"融合教育理念基于从创意到创新，再到创业的内在联系，将提出问题作为产生创意的源泉，认为新思想、新想法、新思维是新产品或新服务出现的源泉。创意是创新创业的基础，是产生新颖性和创新性想法的过程，如果没有创意作为基础，则很难开展创新创业实践活动。创新是在创意基础上的提升，由新想法、新思维转化为发明创新的实现和产品、技术的检验。创业以产品、技术和服务的商业化为主要目的，在创新的基础上进行商业计划和企业筹建。

"三创"融合教育理念体现了从创意产生到创新实践，再到创新成果知识产权保护的完整的创新创业教育思想。本教材基于"三创"融合教育理念，针对创新人才培养的现实需要，对从创意到创新，再到创新成果知识产权保护的每一部分，都确立了各自不同的教学目的和教学内容。

本教材以创意思维、创新设计、产品设计与开发、创新成果的专利保护为主要内容，旨在帮助学生构建创造性思维意识和思维方式，着重培养学生发现问题、独立思考问题和创造性思维的能力，同时使学生具备基本的知识产权保护意识，以及专利申请和保护的基本知识。

2. 采用问题启发式教学方式

本教材采用问题启发式教学方式。概括说来，问题启发式教学方式是将具体问题情境化，以学生为中心的教学方式，认为问题是学习的起点，注重学生的已有知识、小组合作和教师的指导或促进在学习中的作用。

根据问题启发式教学方式，本教材以创意思维、设计思维为引入点，以问题为导向，以发现问题为路径，以学生为中心，逐步引导学生发现问题、思考问题并解决问题，培养学生的创意思维能力、设计思维能力、发现问题的意识和独立思考意识，引导学生循序渐进地结合问题思考、构建知识框架，促进学生在由问题组成的背景下进行理论学习，开展创新实践并形成专利成果。

本教材针对创新创业教育教学的现实需要，改变传统教学方式，引导学生对问题进行深入研究、讨论，找到问题的关键所在，通过帮助学生剖析问题的成因走向，引导学生学会独立思考问题、分析问题，进而创造性地解决问题，使学生能够建立知识链条、形成解决问题的具体方案，并通过强调实践环节，进一步突出实践训练和实际问题的解决，为学生的后续学习和创新实践打下坚实基础，避免盲目地学习和实践。

3. 采用探究式教学方式

在教材体系的构建过程中，采用探究式教学方式，结合 CDIO（构思、设计、实现、运作）教育理念，鼓励学生在"做中学"，在实践中探究问题，在理论与实践训练中，逐步培养和提高学生的创新实践能力、解决问题能力和开拓能力。以"创意思维的产生→创意设计方案提出→创意设计方法应用→创造性地解决问题→专利知识产权保护"为思路，让学生以自主实践结合知识学习的方式进行知识学习和创新实践训练，不仅重视学生的相关理论内容的掌握，更加关注学生自主学习、自主实践能力和解决问题能力的培养。本教材的内容遵循人才培养的客观规律，各章节理论内容和知识点循序渐进，从简单到复杂，从认知到实践再到创新。

从基本理论知识学习到创新实践，再到创新成果的专利保护，这条主线贯穿于整个教学和学习过程。同时，通过将探究性的问题作为教学内容的引入点，在教学中将创意思维、项目设计和实践训练等环节有机结合起来，让学生在理论知识的学习和应用之间形成良性互动。

4．采用案例式教学方式

在专利知识产权保护相关章节，采用案例式教学方式，以各专业的优秀大学生专利作品为案例，将理论与实践结合起来，介绍专利申请知识和各类别专利申请策略，让学生在实际的案例中理解课堂讲授的理论知识，将实际问题的解决与理论知识的学习结合起来，同时也关注了各学科专业之间的集成与融合。本教材中的案例，既重视各个专业案例的融合，又强调不同学科、领域、专业之间的交叉。本教材的内容体现综合性、交叉性、系统性的特点，可充分挖掘学生的跨学科学习潜力和创新潜能。

本教材由张崴、冯林担任主编，李航、陈篆册、吴振宇担任副主编，赵延广、耿兴华、高涵、韩影、高昕睿等参与了各章节的编写工作。其中，张崴负责全书统稿，第1章、第2章由张崴、冯林负责编写，第3章、第4章、第5章由张崴负责编写，第6章由李航负责编写，第7章由陈篆册负责编写，第8章、第9章、第10章及附录由张崴、冯林、李航、吴振宇、赵延广、耿兴华、高涵、韩影、高昕睿负责编写。

本教材相关的在线开放课程"创新创业基础"已在智慧树平台上线，其数字化资源可作为本教材的补充，可供读者开展翻转课堂、混合式学习等。本教材适合高校各个专业各个年级的大学生阅读，既可作为大学生创新创业通识课程的教材，也可作为创新创业实践强化班的基础课程教材或企事业单位的员工培训用书。

本教材的出版得到了教育部2018年全国高校毕业生就业创业研究课题（18JYCY09）、科学技术部创新方法工作专项"多层次多模式的高校创新方法人才培育体系建设与示范"项目（2017IM030100）、大连理工大学教材建设出版基金项目（JC2018004）的资助。

在编写过程中，教材参考了大量的国内外研究文献、书籍及网络资料，在此一并致谢。由于编者水平有限，书中难免存在疏漏和不当之处，敬请指正。

编　者
2019年8月

目 录

第1章 绪论 (1)
1.1 新时代背景下的创新创业教育 (1)
　　1.1.1 "大众创业,万众创新"的时代号召 (1)
　　1.1.2 基于新工科的工程教育改革 (2)
　　1.1.3 创新创业教育的目标和要求 (3)
1.2 创造力与创意思维的概念 (4)
　　1.2.1 创造力 (4)
　　1.2.2 创意 (6)
　　1.2.3 思维 (7)
　　1.2.4 创意思维 (8)
1.3 我国专利知识产权保护政策 (10)
　　1.3.1 知识产权战略与国家核心竞争力 (10)
　　1.3.2 我国知识产权战略的基本思路 (11)
　　1.3.3 大学生专利保护政策和途径 (12)

第2章 什么是创意设计思维 (15)
2.1 创意设计思维概述 (15)
　　2.1.1 创意设计思维的概念 (15)
　　2.1.2 创意设计思维的特点 (16)
2.2 创意设计思维的发展由来 (17)
2.3 影响创意产生的关键因素 (18)
　　2.3.1 个体因素 (18)
　　2.3.2 环境因素 (19)
　　2.3.3 组织因素 (20)

第3章 如何进行创意设计 (23)
3.1 创意设计的基本理念 (23)
　　3.1.1 以人为本 (23)
　　3.1.2 思维的整合 (24)
　　3.1.3 建立原型 (24)
3.2 创意设计的目标和作用 (24)
　　3.2.1 创意设计的目标 (24)

  3.2.2 创意设计的作用 …………………………………………………… (25)
 3.3 创意设计的实践 ………………………………………………………… (26)
  3.3.1 创意设计的实践流程 ………………………………………………… (26)
  3.3.2 创意设计的实践工具 ………………………………………………… (27)
  3.3.3 创意设计的实践策略 ………………………………………………… (30)
 3.4 创意设计的模式 ………………………………………………………… (32)
  3.4.1 IDEO 模式 …………………………………………………………… (32)
  3.4.2 D. School 模式 ……………………………………………………… (34)
  3.4.3 SAP 模式 …………………………………………………………… (35)

第4章　如何提出创新方案 …………………………………………………… (39)

 4.1 创新方案的生成 ………………………………………………………… (39)
  4.1.1 概述 …………………………………………………………………… (39)
  4.1.2 问题的提出和定义 …………………………………………………… (39)
  4.1.3 从创意设计到创新 …………………………………………………… (40)
 4.2 因果分析 ………………………………………………………………… (41)
  4.2.1 因果分析的概念 ……………………………………………………… (41)
  4.2.2 因果分析的主要内容 ………………………………………………… (41)
 4.3 功能分析 ………………………………………………………………… (43)
  4.3.1 功能与功能分析的定义 ……………………………………………… (43)
  4.3.2 功能模型的构建 ……………………………………………………… (45)
  4.3.3 裁剪 …………………………………………………………………… (47)

第5章　如何进行产品创新与开发 …………………………………………… (51)

 5.1 技术产品的创新 ………………………………………………………… (51)
  5.1.1 产品创意与创新 ……………………………………………………… (51)
  5.1.2 产品创新的相关要素 ………………………………………………… (52)
  5.1.3 产品创新的过程 ……………………………………………………… (53)
 5.2 产品创新分析工具 ……………………………………………………… (54)
  5.2.1 需求进化分析 ………………………………………………………… (54)
  5.2.2 卡诺分析 ……………………………………………………………… (57)
 5.3 产品设计与开发 ………………………………………………………… (59)
  5.3.1 产品设计 ……………………………………………………………… (59)
  5.3.2 产品开发 ……………………………………………………………… (60)
 5.4 市场调查与评估 ………………………………………………………… (63)
  5.4.1 市场调查的定义 ……………………………………………………… (63)
  5.4.2 市场调查的方法 ……………………………………………………… (63)

5.4.3 市场调查的作用 …………………………………………………………（64）

第6章 如何利用游戏化思维进行产品设计 …………………………………（67）

6.1 游戏化思维的概念 …………………………………………………………（67）
  6.1.1 工具化思维的局限性 ………………………………………………（67）
  6.1.2 功能游戏 ……………………………………………………………（68）
  6.1.3 游戏化与游戏化思维 ………………………………………………（70）
  6.1.4 游戏化实践的类型 …………………………………………………（70）
  6.1.5 游戏化设计的要素 …………………………………………………（71）
6.2 游戏化系统的用户动机 ……………………………………………………（72）
  6.2.1 内在动机与外在动机 ………………………………………………（72）
  6.2.2 自我决定理论 ………………………………………………………（73）
  6.2.3 用户动机理论对游戏化设计的启示 ………………………………（74）
6.3 游戏元素 ……………………………………………………………………（76）
  6.3.1 基本元素：PBL ……………………………………………………（76）
  6.3.2 游戏化系统的元素体系 ……………………………………………（79）
6.4 游戏化系统的构建方法 ……………………………………………………（81）
  6.4.1 第一步：明确商业目标 ……………………………………………（82）
  6.4.2 第二步：划定目标行为 ……………………………………………（82）
  6.4.3 第三步：描述你的用户 ……………………………………………（83）
  6.4.4 第四步：制订活动周期 ……………………………………………（84）
  6.4.5 第五步：不要忘记乐趣 ……………………………………………（86）
  6.4.6 第六步：测试、使用及迭代 ………………………………………（86）

第7章 如何将创意设计应用于商业模式创新 ………………………………（89）

7.1 创意设计与商业模式创新 …………………………………………………（89）
  7.1.1 规划创意设计的商业前景 …………………………………………（89）
  7.1.2 探索商业模式创新的思路 …………………………………………（90）
7.2 什么是商业模式 ……………………………………………………………（91）
  7.2.1 商业模式的概念 ……………………………………………………（91）
  7.2.2 商业模式构成要素 …………………………………………………（91）
  7.2.3 成功的商业模式特征 ………………………………………………（93）
7.3 几种常见的商业模式类型 …………………………………………………（94）
  7.3.1 直销商业模式 ………………………………………………………（94）
  7.3.2 长尾商业模式 ………………………………………………………（95）
  7.3.3 免费商业模式 ………………………………………………………（96）
  7.3.4 开放式商业模式 ……………………………………………………（98）

·IX·

7.4 商业模式创新的概念 ……………………………………………………………… (98)
7.5 商业模式创新设计方法 ………………………………………………………… (99)
 7.5.1 商业模式画布 ………………………………………………………… (100)
 7.5.2 商业模式轮 …………………………………………………………… (102)
 7.5.3 商业模式创新导航 …………………………………………………… (106)
 7.5.4 "四核心"商业模式 …………………………………………………… (109)

第8章 如何运用知识产权保护你的创意 …………………………………………… (111)

8.1 知识产权的概念 ………………………………………………………………… (111)
 8.1.1 世界知识产权组织所划的范围 ……………………………………… (111)
 8.1.2 世界贸易组织所划的知识产权范围 ………………………………… (112)
 8.1.3 关于知识产权的其他划分与结论 …………………………………… (113)
8.2 知识产权的特点 ………………………………………………………………… (114)
8.3 知识产权的类型 ………………………………………………………………… (117)
 8.3.1 专利权 ………………………………………………………………… (117)
 8.3.2 商标权 ………………………………………………………………… (120)
 8.3.3 版权 …………………………………………………………………… (122)
8.4 我国知识产权战略 ……………………………………………………………… (123)
8.5 专利保护的途径 ………………………………………………………………… (124)

第9章 如何申请专利 ………………………………………………………………… (129)

9.1 专利数据库与专利信息检索 …………………………………………………… (129)
 9.1.1 常用专利数据库 ……………………………………………………… (129)
 9.1.2 专利信息检索的主要方法 …………………………………………… (134)
 9.1.3 关于专利情报的检索 ………………………………………………… (134)
9.2 发明、实用新型专利申请文件的基本内容、撰写要点与书写规范 ………… (137)
 9.2.1 发明、实用新型专利申请文件的基本内容 ………………………… (137)
 9.2.2 发明、实用新型专利申请文件的撰写要点 ………………………… (140)
 9.2.3 发明、实用新型专利申请文件的书写规范 ………………………… (148)
9.3 外观设计专利申请文件的基本内容与撰写要点 ……………………………… (148)
 9.3.1 外观设计专利申请文件的基本内容 ………………………………… (148)
 9.3.2 外观设计专利申请文件的撰写要点 ………………………………… (149)

第10章 大学生创意设计专利案例 ………………………………………………… (151)

10.1 发明专利案例 …………………………………………………………………… (151)
 10.1.1 案例1：物联网智能数据网关系统的实现方法 …………………… (151)
 10.1.2 案例2：一种LED触摸电子琴及检测方法 ………………………… (162)
 10.1.3 案例3：一种LED光线传感器及检测方法 ………………………… (166)

  10.1.4 案例4：一种基于递归简化可视图的环境建模方法……………………（168）
  10.1.5 案例5：一种使用红外线照射腕部韧带的手指动作检测装置及方法…………（173）
  10.1.6 案例6：一种用于监测控制救援无人车的系统及其方法………………（177）
 10.2 实用新型专利案例………………………………………………………………（181）
  10.2.1 案例：光温感应窗帘……………………………………………………（181）
  10.2.2 案例：新型智能垃圾箱组………………………………………………（183）
  10.2.3 案例：一种智能导引装置………………………………………………（184）

附录 A 常用的专利检索数据库汇总………………………………………………（187）

参考文献……………………………………………………………………………………（191）

第1章

绪论

1.1 新时代背景下的创新创业教育

1.1.1 "大众创业，万众创新"的时代号召

2015年3月，国务院总理李克强在政府工作报告中提出了"大众创业，万众创新"。国务院办公厅印发了《关于发展众创空间推进大众创新创业的指导意见》，从以下几个方面进行了工作部署：构建一批低成本、便利化、全要素、开放式的众创空间，降低创新创业门槛，鼓励科技人员和大学生创业，支持创新创业公共服务，加强财政资金引导，完善创业投融资机制，丰富创新创业活动，营造创新创业文化氛围。2015年5月，国务院办公厅印发了《关于深化高等学校创新创业教育改革的实施意见》，提出创新创业教育改革的近期目标：2015年起全面深化高校创新创业教育改革；2017年取得重要进展，形成科学先进、广泛认同、具有中国特色的创新创业教育理念，形成一批可复制的制度成果，普及创新创业教育，实现新一轮大学生创业引领计划预期目标。

在"大众创业，万众创新"的时代背景下，如何落实创新驱动战略，真正实现"大众创业，万众创新"的新局面，需要充分认识到创新创业教育的紧迫性和必要性。目前，中国高校与西方国家高校相比，创新创业教育的发展还相对滞后，在创新创业教育教学模式、方式、方法上还存在着相当大的差距，需要更务实性的思考和切实的行动计划。深入推进创新创业教育的发展，需要着力培养一大批具有社会责任感、创新能力、创新精神、创业意识的高素质人才，将大批创新创业成果转化为现实生产力，为推动社会经济发展、经济结构调整、科技进步、管理创新转变提供有力的人才和智力支持。

实现"大众创业、万众创新"的战略目标对高校创新人才培养提出了新要求，也带来了新机遇。高校在开展创新创业教育的过程中，需要充分认识到社会经济发展对人才培养的现实需要，需要认识到现阶段创新创业教育工作中存在的问题，在重视创新创业人才作

用的同时，更要关注大多数学生个人能力全面发展、创新创业能力的全面发展。当前，许多高校依托大学生创业中心、创新创业基地和众创空间，开展了创新创业活动、创业指导、创业服务等实践工作，对高校创业孵化平台的建设进行了积极有益的探索和实践。

1.1.2 基于新工科的工程教育改革

为推动工程教育改革创新，2017年2月18日，教育部在复旦大学召开了综合性高校工程教育发展战略研讨会，多所综合性高校及具有工科优势的高校代表参加了此次会议。在会议期间，与会高校代表共同探讨了当前形势下新工科建设的必要性和紧迫性、新工科的内涵特征、新工科建设与发展的路径选择，达成了广泛共识。

时任教育部高等教育司司长张大良谈到，新经济是发展新动能的源泉，新经济发展越快越活跃的地方，发展的新动能就越强劲，应对经济下行压力的韧性和回旋的余地就相对更大，发展的动力、活力和前景也相对更好，能够有力地支撑经济保持在中高端水平。

高校为支持经济的高速发展输送了专业人才，为了适应和推动未来新经济的发展，传统的应用型理科和工科进行的人才培养都是不够的。工科强调的是国家需求，那么，十年后国家的需求是什么？重点项目做什么？要讨论十年后的重大需求，科学家的广泛兴趣、交叉学科的融合培养、宽松的环境、创新的平台，都是需要的。从某种意义上说，新工科把两个方面完全融合在一起。新工科就是科学、人文、工程相互交叉，就是复合型、综合性人才的培养，就是创新精神的铸就。

在新工科中，工科是指工程学科，新包含三方面含义。

一是新兴，即全新的学科。这些新学科是由面向未来的新技术和新产业发展所催生的学科。例如，由应用型理科等一些基础学科孕育、延伸和拓展出来的面向未来新技术和新产业发展的学科，这些学科同时催生了一批如光伏、锂离子电池和基因工程为代表的新产业。

二是新型，即对传统的、现有的学科进行转型、改造和升级，包括对内涵的拓展、培养目标和标准的转变或提高、培养模式的改革和创新等，从而形成的新学科。现有工科面临着我国产业的转型升级，尤其是互联网和人工智能对传统产业产生的颠覆性影响而引发的对这些产业的改造，以及运用其他高新技术对传统产业的改造，这些学科急需针对当前和未来产业发展进行转型改造成为新工科。

三是新生，指的是由不同学科交叉，包括现有不同工程学科的交叉复合、工程学科与其他学科的交叉融合等而产生出来的新学科。不同工科的交叉复合可以是两个以上的工科的交叉或工科与其他学科的交叉融合，这些都是现代产业发展的需要。

总而言之，新工科代表的是最新的产业或行业发展方向，是指正在形成的或将要形成的新的工程学科。从新经济的发展模式来看，新经济强调以产业链的整合替代传统学科专业化的分工，互联网的超强跨界渗透能力形成了"互联网+"的产业创新模式，因此，在建设新工科时要注重一批具有跨行业界限、跨学科界限的跨界特征的新学科。

1.1.3 创新创业教育的目标和要求

创新创业教育是由以往的创新教育和创业教育延伸发展而来的。创新和创业具有关联性和一致性，创新是创业的核心、本质，创新支撑着创业，没有创新就不可能获得创业的成功。但是，创新创业教育作为一种新的教育理念和实践，不同于以往单纯的创新教育或单纯的创业教育，也不是创新教育和创业教育的简单叠加，而是在理念和内容上实现了对创新教育、创业教育的超越。高校在推行创新创业教育时，要引导学生在开创事业的实践中体现创新精神、展示创新能力，将创新和创业有机统一起来。在"创新创业教育内涵"这个论题之下，当前需要探讨的具体课题包括：创新创业教育与中国大学的使命，创新创业教育与创新教育、创业教育的内在关系，创新教育与创业教育相融合的依据，创新创业教育本质的整体解读，误解创新创业教育内涵的主要表现和原因分析。

我国现阶段教育的总目标是以培养学生的创造精神和实践能力为重点，造就有理想、有道德、有文化、有纪律的德智体美等全面发展的社会主义建设者和接班人。高校的创新创业教育服务于这个总目标，是实现总目标不可或缺的重要途径之一。创新创业教育通过在高等教育中注入创新创业元素，着力培育学生适应信息时代的创新创业意识，提高学生的创新创业能力，塑造学生独立的创新精神和创业人格，从而提高学生服务创新型国家建设的综合素养，满足经济社会转型时期对创新创业人才的需求，促进经济社会的健康快速发展，更好地履行服务和引领社会进步的职能。在"创新创业教育目标"这个论题之下，近期需要研究的主要课题包括：确立创新创业教育目标的依据和原则，实现创新创业教育目标的路径和方式，创新创业教育分层培养的目标选择，不同类型高校创新创业教育目标的比较。

高校在教育改革中推进创新创业教育，对于培养学生的创新创业能力是至关重要的举措。几年来的实践表明，创新创业教育不仅有助于培养受教育者的创新创业意识和创新创业能力，而且有助于受教育者的人格塑造、个性发展，使他们得以在创新创业活动的过程中感悟创新创业的艰辛及其历史贡献，在创新创业中拓展思维空间、挖掘个性潜能，在创新创业实践中增强自信心和责任感。因此，对于创新创业教育功能不能只做单向度的理解，应该将其置于大教育的全方位视野中进行审视。在"创新创业教育机制"这个论题之下，当前需要探讨的具体课题包括：创新创业教育功能的全面解析，创新创业教育与素质教育、思想政治教育的关系，创新创业教育与学生职业能力发展的关系，创新创业教育功能实现的基础，创新创业教育功能实现的保障机制。

创新创业教育模式是指各高校开展创新创业教育的标准样式，涉及创新创业教育课程设置、课堂教学方式、实践环节的形式等。在国外只有创造教育、创业教育的经验，而整体化的创新创业教育则是一个全新的事物。我国高校开展创新创业教育没有现成的模式可以套用。十几年来，不仅试点高校进行了积极的探索，而且其他高校也在摸索中总结出"立体式""融入式""多元分级式""核心素质教育＋专业技能培养＋创新创业能力提升三位一体"等多种创新创业教育模式。创新创业教育应该从学校类型、教育层次、学科专业和所处区域的实际差异出发，形成具有自己特色的多样化的创新创业教育模式。在"创新创业教育模式"这个论题之下，近期需要研究的主要课题包括：创新创业教育体系的建构方案，创新创业教育的教学模式，创新创业教育与专业教育的融合方式，"互联网＋"背景下的创新创业教育模式，创新创业教育实践基地的主要类型，创新创业教育信息平台、实践平台、服务平台的建设。

高校开展创新创业教育，不论采用何种模式，最终都要通过大量的具体课程来落实。有的学校不仅开设了面向全校的"广谱式"课程，而且开设了面向不同学科专业大类的专门化课程；有的学校成立了创新创业学院或创新创业教育学院，制订了专门的教学计划，同专业学院联合培养更加突出创新创业教育特色的实践导向复合型人才。在众多的课程中，有的课程侧重于常用创新方法、特殊创新技法的传授和训练，但要注意保持创业的实践导向；有的课程侧重于创业思路、创业实务的讲授，但要注意贯穿创新的思维主线。在"创新创业教育课程"这个论题之下，当前需要探讨的具体课题包括：全校通用创新创业教育课程建设，学科专业大类创新创业教育课程建设，创新创业教育实践类课程建设，创新创业教育在线课程建设，创新创业模块化教学体系的课程结构，创新创业教育教材的编写。

1.2 创造力与创意思维的概念

1.2.1 创造力

1. 创造力的概念

概括说来，创造力就是一种产生具有新颖性、独创性、实用性和社会价值的成果的方法或能力，可以引起新的科学发现或技术发明、新的产品与服务方式的产生、新的社会规划的出现。

创造力的本质是通过富有想象力、原创性、有效性的方式迎接挑战。一般而言，挑战并不需要刻意去寻找，它们通常会以显而易见的问题或争议等形态出现。富有创造力不仅意味着具有某些特质，还意味着富有创造性的行为，能够用具有想象力和原创性的方法解决遇到的挑战。简而言之，富有创造力意味着在创新的过程中可以显示出技巧。

对于个体来说，创造力体现在解决日常生活和工作中的问题；对于全社会来说，创造力可以导致新的科学发现、新的艺术革命、新的技术发明和新的社会规划。

创造力并非稀奇或神秘的存在，而是我们每个人都具有的某种创新、创造的潜力或能力，对于创造潜力的需要可能超乎我们的想象。为了保持必要的竞争力以适应环境变化的需要，无论个体、组织还是社会都需要创造力。

创造力并非凭空出现，就其定义而言，创造力往往意味着创新的能力，或者产生新颖、奇特设想的能力。当然，来自不同学科领域的人们，对于创造力的理解和解释也各有侧重。

2．对于创造力的认知发展

在我国古代，孔孟学说认为创造是一种个人的发现和模仿，在强调自然循环、平衡和协调的学说中，并没有认同从无到有的原创性的存在。

古代西方世界，创造力被认为是天才们特有的非凡才能，是一种天才个体的外在精神的表现。

直到近代，在心理学领域有关创造力的研究中才出现了独创性、潜能、想象力等描述。但是，许多早期的心理学家还是将创造力看成一种心智活动，是某些特殊人物或天才头脑中产生的洞见。然而，这种观点具有一定的误导性和局限性。

随着研究的发展，人们不再认为创造力是天才的专属品，而是普通人都可以具有的一种能力和潜质。

目前，多数学者认为，创造力是一种新颖而实用的解决问题的办法或能力，并具有一定的独创性；也有学者认为，创造力意味着产生新颖而有价值的产品或服务方式。

根据这些观点，人们常常用新颖性、独创性、实用性或具有社会价值等要素来表征创造力。

3．创造力的应用

在许多情况下，我们需要运用创造力来解决问题或提出方案。将创造力应用于解决问题或提出方案的关键在于，采取新办法、设计新思路、发明新事物、改进原有事物或重新定义新的概念等。例如，人们已经先后发明出智能手机、平板电脑、互联网、人工智能等新事物和新技术，这些具有变革性的创新产品技术已彻底改变了我们的生产生活，并且这些创新产品自发明之日起，就处于不断被改进的状态。

此外，创造力还体现在人们对于原有事物的优化、改进或可循环再利用。从初具雏形的创意开始，针对某一事物的创造发明，人们可能已经进行了若干种创造性、新颖性的尝试并最终获得成功。例如，棉绒被用来制造炸药，烟草被碾碎后可以用作杀虫剂。对于最常见的粮食作物玉米，科学家也开发出了的新用途，如防冻材料、黏合剂、一次性瓶子，以及可生物降解的垃圾袋、儿童玩具等。

在日常生活中，很多普普通通、寻常不过的产品的发明创造，其背后都蕴藏着一个个新颖创意的出现、酝酿和创新，如剪刀、闹钟、拍立得、牙膏和纸板火柴，这些以及其他成千上万的产品一开始都只是富有创造性的新想法，随着逐步的创新改进和深入利用，成为人们生产生活中必不可缺的产品。

持续的改进是创造力发展的重要体现。从每年获得专利授权的产品信息中可以看出，通过对现有产品进行改进而获得的专利比全新发明所获得的专利多得多。例如，最常用的移动电话也在不断地发展，我们现在可以利用智能移动电话进行拍照、摄影、音乐和视频播放、在线访问、移动支付等，这些功能都是因为已有设备无法满足人们的特殊需要而逐渐发展出来的。

1.2.2 创意

1. 创意的概念

创意的汉语原意是指写文章有新意，也就是说有好的想法和巧妙的构思，它一般是指有新意的想法、念头和打算，过去从没有过的计划和思路、创造性的意念等。创意有名词和动词两个词性，作为名词的"创意"是指新巧的构思与创造性的意念。作为动词的"创意"是指从无到有产生新意念的思考过程。在英文中创意也有"creative"和"idea"两个单词，但其含义不同于汉语，"creative"原指具有创造性的、有创造力的、创作的、产生的，后来引申为创意；"idea"是指思想、概念、意见、念头、打算、计划、想象、模糊不定的想法、观念等。

创意作为一个词语，最早出自世界著名的广告大师詹姆斯·韦伯·扬（James Webb Young）的广告名著"A Technique for Producing Ideas"（生产创意的方法），从此，idea作为创意一词便被普遍认同并被广泛使用。创意不等同于创新的最终产物，创意需要经过再生、组合之后，才可能成为创新、设计和方案。

2. 创意的特征

创意的主要特征有突发性、形象性、自由性和不成熟性。特别是不成熟性这个特征，表明了创意是灵感闪现和创新方案形成之前的那个创新想法。创意常得益于灵感，它是由灵感诱发形成的观念形态的想法和念头，但比灵感要完整和完善。

（1）创意的突发性。创意的突发性不仅指创意不能确切预期、突如其来地降临，还指它的突变性，即创意是一种突变式的思考飞跃，使感性材料或灵感启示迅速升华为理性认识，也就是想法、意念，故而创意还有突破性。

（2）创意的形象性。爱因斯坦在回答美国数学家调查科学家的思考方式的信中说："在我的思维机制中，作为书面语言的那种语调似乎不起任何作用。好像足以作为思维元素的心理存在，乃是一些符号和具有或多或少明晰程度的表象。而这些表象则是能够自由地再生和组合的。"又说："在我的情况中，上述心理元素有的是视觉型的，有的是动觉型的。"爱因斯坦所说的"思维元素的心理存在"和"心理元素"就是一种创意。这就是说，爱因斯坦在产生创意时，他主要的思维活动是形象思维，他的思维的元素是称为表象的记忆材料，他用表象来把握对象，明晰的概念在这时还没有介入，创意还是"具有或多或少明晰程度的表象"。有了创意之后，才可以用概念来审查、推论，运用批判和逻辑思维来证明或否定创意。

（3）创意的自由性。创意思考的目标是确定的，但从思考的方向来说，则是多路的、散漫的、全方位的、灵活的，具有充分的自由性。在创意的选择上，也是自由开放的，甚至是由着自己的性子去思考自己最愿意做的事，有的甚至是隔行的"业余爱好者"，表现出思维开阔、自由奔放、不受拘束的特点。

（4）创意的不成熟性。爱因斯坦所说的创意是具有或多或少明晰程度的表象，而这些表象则是能够自由地再生和组合的。这说明创意的相对模糊性和不成熟性，经过明晰化和再生、组合之后，才有可能成为创新设计和方案。创意不等同于创新思维的最终产物，创意是灵感或经验与创新设计方案之间具有中介性质的思维存在。因此，在创意诞生后，还必须有一个对创意进行验证的过程，有一个去粗取精、去伪存真、由表及里的再思维过程。

1.2.3 思维

从思维的方式来看，我们可以把思维定义为能够通过语言、图像、艺术、科学等实现的具有交流性的大脑活动。

从思维的过程来看，思维是指人脑利用已有的知识，对记忆的信息进行分析、计算、比较、判断、推理、决策的动态活动过程，是获取知识及运用知识求解问题的根本途径。

为了进一步厘清思维概念的独特内涵，我们还需把它与思考、思路、思绪、思想这些容易混淆的概念区分开来。从认识活动的角度来讲，思维反映的是认识活动从开始到结束的整个过程，思考反映的是认识活动得以生成的方式，思路反映的是认识活动将内容组织起来的形式，思绪反映的是认识活动的特定状态，思想反映的是认识活动升华后的结果。这五个概念的功能与意义不同，其中就思维作为过程来讲，它贯穿认识活动的始终，在人类认识活动中起到了至关重要的作用。

从认识角度来看，思维是人脑直接或间接地对认识对象进行认知的能力，贯穿人类认知的感性、知性和理性三个层面，它是人类的世界认知方式所特有的。从人类思维与行动的关系角度来看，可以在一定程度上说，有怎样的思维方式，就会有怎样的行为方式。人作为主体是有能动意识的，一个人在展开实践活动时，总会有一定的思维方式在起着指导或者干预作用。因此，一个人的行为方式和习惯在一定程度上就是他自身思维方式的体现。人们在对思维的研究过程中产生了很多分类方法。根据思维过程的特点和认识行为结果的比较，可以将思维划分为常规思维和创意思维。常规思维是人类思维的一种基本形式，而创意思维是人类思维的高级形式，对人类知识水平的提升、认知能力的提高，以及实践行为的引导起到了关键性的作用。

根据科学的认识论，思维在根本意义上是人脑的机能，而人的思维和认识在人脑机能的基础上还具有一个感性的阶段。思维的产生有生理和心理两个层面的基础。

人脑是产生智慧和情感的物质基础，各种新事物的发明与创造归根结底是客观事物在大脑中形成反映后，再通过人类的实践活动产生的。若没有大脑，各种事物只是自在层面的客观存在，不会变换成具有千万种不同结构、功能的新事物。

20世纪60年代末期，美国学者罗杰·史贝利发现人的左、右脑结构不一样，而且人的左、右脑分工也不一样，这使得人有两种不同的思维方式，即左脑思维和右脑思维。左脑偏向理性思考，右脑偏向直觉思考，所以左、右脑又被称为理性脑与感性脑。左、右脑各有其功能特点和优势，左脑逻辑性思维较强，偏向于左脑思维的人做事逻辑性强，比较严谨；右脑形象思维较强，偏向于右脑思维的人，思维比较活跃，较容易产生新的想法，我们大多数人只是发挥了左或右脑的优势。美国学者奈德·赫曼对大脑思维进行了研究，创建了全脑模型，指出创意思维是左、右脑共同协作的结果，只有充分调动左、右脑的参与，才能更好地完成创造性活动。

1.2.4 创意思维

1. 创意思维的概念

创意思维是创造学中的一个核心内容，20世纪70年代我国学界开始了对创意思维的研究，但至今仍未形成对创意思维统一严格的概念界定，不同的学者及专家有不同的见解。有的学者认为凡是突破传统思维习惯，以新颖独创的方法解决问题的思维过程，都可以称为创意思维；也有的学者认为创意思维是能够产生新颖的、前所未有的思维成果，给人们带来首创的、具有社会价值的产物的思维过程；还有学者把创意思维定义为心理作用下的思维状态等。以上这些定义上把创意思维定义为思维过程、思维状态，各种定义虽有差别，但基本上都把握住了创意思维是思维的一种，并着重突出"创造性"这一内涵。

根据不同学者的不同见解，我们可做出以下总结：创意思维是指在已有知识、经验的基础上，以新颖、独特的思路与方式，开拓人类认识新领域、开创人类认识新成果的思维活动。

创意思维虽然是思维的高级形式，但并不是虚无缥缈的，也不是极少数人才具有的专利，任何人在已有知识、经验的基础之上，经过创意思维的训练都可以获得。

创意思维是以新颖独特的方式对已有信息进行加工、改造、重组和迁移，从而获得有效创意的思维活动和方法。从这个概念可以看出，创意思维是一个相对的概念，是相对于常规思维而言的。在创新过程中，当应用常规方法和途径无法解决新遇到的问题或应用常规方法解决问题成本过高时，往往需要新的思维指导人们寻找解决问题的新方法和途径。这种新的思维必然要有别于常规思维，以一种新的、独特的方式处理（加工、改造、重组和迁移）信息，或重新定义问题，从而引导人们获得有效的创意并解决问题。创意思维往往需要打破常规思维形成的思维定式，属于思维的高级形式，是人类探索事物本质，获得新知识、新能力的有效手段。

典型的创意思维活动主要包括：分析和综合、比较和概括、抽象和具体、迁移、判断和推理、想象等，人们通过这些思维活动可获得对客观事物更全面、更本质的认识。

创意思维总是伴随着人们的好奇心、探索和冒险精神等心理特质。心理学家认为，好奇心是个体遇到新奇事物或处在新的外界条件下所产生的注意、操作、提问的心理倾向。好奇心是一种深层次、复杂的现象，能够吸引我们的注意力，在我们追求人生意义的过程中起着非常关键的作用。一切发明创造都来源于永不满足的好奇心与求知欲，只有当人们对某一事物产生强烈的兴趣时，才可能带着疑问去探索。人人都很想成功，但并不是人人都能够成功。

此外，在跨学科的研究中，隐喻性思考也被认为是创意思维产生的源泉，这里的隐喻是指创造性、语言、理解和思维的核心，可以将隐喻理解为在两种事物之间进行的一项含蓄比喻。当我们在思考如何将旧事物替换成新事物时，就会应用到隐喻性的思考，通过一件事物或一个系统来比较并分析另一件新事物或新系统。

2. 创意思维的特征

创意思维是一种智慧，即质疑前提、深入本质、多角度分析，最终用创造性的方法解决问题。简单地说，创意思维就是让我们的思维富有创意，也就是能够产生创意的思考。

一般人看来，创意思维是一种艺术家和设计师等所谓"创意人士"才会拥有、才会需要的才能，而且创意思维需要特殊的能力，如画画、制作物品等，普通人士基本上不具备这种能力，也不需要这种能力。这种观点是十分片面的，每个人都应该具备创意思维、产生创意的能力。这里的创意思维，并不涉及艺术家般的感性或者艺术的表现手法，而是通过创造性的思考来解决各种问题。

创意思维具有敏感性、流畅性、变通性、独创性、精进性、重新界定六个特征。

（1）创意思维具有敏感性，创意思维具有第一时间能够对事情缺点、需求、偏失发现的能力。

（2）创意思维具有流畅性，主要体现在以下三个方面：能提出的方案、问题、反应、结果、产品、作品等数量的多寡，即见解流畅性；能类推相关性的事例，找出关系多寡之能力，即联想流畅性；能想出新见解，归纳并构成体系或理论的能力，即表达流畅性。

（3）创意思维具有变通性，创意思维能够改变做事风格、思考模式与解决策略，对产品或问题性质与属性等进行多方考虑而做出不同反应与改变。

（4）创意思维具有独创性，创意思维能够产生不寻常、新奇的想法或问题解决的方法。

（5）创意思维具有精进性，创意思维能够精益求精，将计划、方法变得更加完善。

（6）创意思维具有重新界定性，在遇到问题时，创意思维能够跳脱固有思维，以异乎常规的观点去知觉、界定，从而表现出另一种新的形式。

3. 创意思维的过程

既然创意思维是有一定运行机制的多元综合系统，人们就可以通过对创意思维实践的研究来概括出创意思维的运行规律，以便对创意思维全过程有一个清晰的把握。

创意思维过程可以看成一个渐变与突变相结合的变革过程，因此，创意思维在构成上不可能是单一的思维形式，而是若干具有创造功能的思维形式的集成。在创意思维过程中需要不断进行分析与综合、抽象与概括、归纳与演绎、判断与推理等连续渐变功能的逻辑思维形式，还需要联想与想象、直觉与灵感等非连续渐变的思维形式。

有不少学者基于自己的创造经验，或者通过分析研究他人的创造行为进行探讨，提出了多种创意思维过程的理论或假说。

关于创意思维过程，主要有以下几种模式：

1926 年，英国心理学家沃勒斯·华莱士提出了创意思维四阶段论，也称为创造性解决问题的理论，即四阶段模式。

第一阶段是准备期，在此阶段，主要是发现问题，收集有关资料，掌握必要的创造技能，积累知识和经验并从中得到一定的启示等；

第二阶段是孕育期（沉思），在此阶段，主要是对问题和资料冥思苦想，做各种试探性解决，若思路受阻则暂时搁置；

第三阶段是明朗期（启迪），主要是在孕育期长时间思考之后受偶然事件的触发而豁然开朗，产生了灵感、直觉或顿悟，使问题迎刃而解；

第四阶段是验证期，在此阶段，主要是对灵感或顿悟得到的新想法进行验证（逻辑验证、理论验证、实践验证），补充和修正，使之趋于完善。

美国实用主义者杜威提出五阶段模式：感到困难存在→认清是什么问题→收集资料进行分类并提出假说→接受或抛弃实验性假说→得出结论并加以评论。

此外，美国创造学家帕内斯提出了创造性解决问题的五步模式，即事实发现→问题发现→设想发现→解法发现→接受发现，这五步构成了完整的、创造性解决问题的过程，每个步骤都包括发散与收敛两种思维。

美国发明家奥斯本提出了三阶段结构模式，即寻找事实（即寻找问题）→寻找构想（即提出假设）→寻找解答（即得出答案）。

我国创造学家也提出了五阶段结构模式，即发现问题→发散酝酿→顿悟创新→验证假说→成功实施。

其实，创造活动是一类特殊的问题解决过程，这样的问题解决过程具有创造活动所指明的特征，即目的性、新颖性、否定性、实践性、过程性、持续性和普遍性等。人们的创意思维过程如图 1-1 所示，可以划分为相对独立的四个阶段，即发现问题、确定创意目标阶段，提出解决问题的创意方案阶段，评价和选择方案阶段，进行创造性方案实施和反馈阶段。

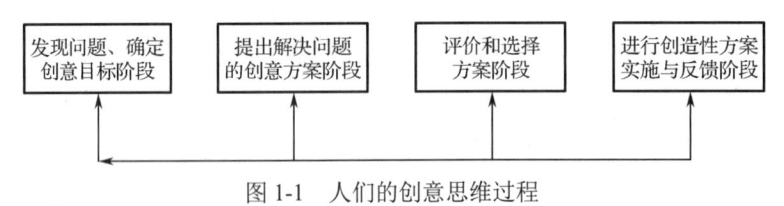

图 1-1 人们的创意思维过程

1.3 我国专利知识产权保护政策

1.3.1 知识产权战略与国家核心竞争力

随着科技的迅速发展和经济全球化进程的加快，知识产权日益成为决定一个国家核心竞争力的关键，制订和实施知识产权战略已十分紧迫。

知识产权战略是指运用知识产权法律保护制度，为充分维护自身的合法权益，获得和保持竞争优势并遏制竞争对手，谋求最佳的经济效益而进行的全局性谋划和采取的重要策略与手段。知识产权战略是一个集科技、法律、管理、经济等学科于一体的边缘性交叉课题。

从知识产权战略的实施主体上看，知识产权战略可分三个不同的层次：国家知识产权战略、行业知识产权战略和企业知识产权战略。

从知识产权战略的实施环节上看，知识产权战略可分为三个不同的环节：知识产权创造战略、知识产权保护战略和知识产权应用战略。

知识产权战略的实施对企业产权结构调整、优化资源配置、转变经济增长方式、提升国家经济创造力与国际竞争力、振兴民族工业、保障国家经济安全等具有极为重要的意义。

1.3.2 我国知识产权战略的基本思路

我国的知识产权制度建立较晚，对知识产权战略的研究和运用还处于起步阶段，与日本、欧美等拥有成熟的知识产权管理制度的国家相比还有一定的差距。长期以来，指导我国发展科技、参与国际分工和交换的战略思维是比较优势理论，但在当今的国际市场上，具有比较优势的劳动密集型产品并不一定具有国际竞争优势，而且往往在包括科技在内的国际分工中处于从属和被动的不利地位，极易落入比较优势陷阱。因此，我国制订和实施中长期科技发展规划，必须以国际经济综合竞争为导向，将现有的比较优势转化为竞争优势。而其中的关键就在于创造和培育我国的自主知识产权优势。这种优势是相对于比较优势、竞争优势而言的第三种优势。这种优势突出的是以技术或品牌（以技术为支撑）为核心的经济优势。因此，在全球知识产权制度进入强保护时代后，我们必须转变国际竞争的战略思维，认真研究和实施以大力提升国家或地区产业核心竞争力为目标的知识产权战略。

我国实施知识产权战略的基础条件、文化观念、法制环境等与日本、欧美等国家相比有较大的差异，因此在相关制度的选择与政策安排上必须具有独特性和针对性。我国在知识产权竞争能力上，特别是参与国际竞争的自主知识产权数量和质量上，与日本、欧美等国家相比差距巨大，原始性创新能力薄弱，核心技术供给不足并受制于人。

对知识产权采取司法保护与行政保护"两条途径、协调运作"方式，是我国知识产权保护的一个重要特征。所谓对知识产权的司法保护，即对知识产权通过司法途径进行保护，主要是指由享有知识产权的权利人或国家公诉人向人民法院对侵权人提起刑事、民事诉讼，以追究侵权人的刑事、民事责任，以及对不服知识产权行政机关处罚决定的当事人向人民法院提起行政诉讼，进行对知识产权行政执法的司法审查，以支持正确的行政处罚或纠正错误的处罚，使各方当事人的合法权益都可得到切实的保护。

目前，我国知识产权司法保护的范围包括对专利权、商标权、著作权（版权）、邻接权以及防止不正当竞争权等涉及人类智力成果的一切无形财产的财产权和人身权的保护，保护范围和水平基本与《巴黎公约》《伯尔尼公约》《罗马公约》等知识产权国际公约及条约规定的范围和水平相同，并受到WTO及TRIPS协议的积极影响。此外，我国法院的知识产权审判庭还将有关技术转让、技术合作等各类技术合同纠纷案件作为自己的收案范围。

在加强对知识产权进行司法保护的同时，对知识产权进行行政保护，是我国知识产权保护体系的一个重要特点。所谓对知识产权的行政保护，是指知识产权行政管理机构运用行政手段打击侵犯知识产权的不法行为，维护知识产权权利人的正当权益。我国现行的知识产权法律法规都明确规定，对于有关侵权纠纷，可以请求知识产权管理机关进行处理。我国对知识产权的行政保护是伴随着我国知识产权制度建设同步进行的，在保护知识产权方面做出了巨大的贡献，经过十余年的发展和逐步完善，对知识产权的行政保护已经成为我国知识产权保护体系的重要组成部分。

1.3.3 大学生专利保护政策和途径

在衡量一所高校的自主创新能力时，发明创造活动的开展以及申请专利的数量和质量是重要的评价指标。高校是科技成果的重要发源地，高等教育的发展必然会带来高校知识产权事业的繁荣。高校拥有的自主知识产权数量和质量影响并决定着高校在国内外的地位及在科教兴国中的作用。

随着我国对高等教育投入的进一步加大，越来越多的大学生有条件、有机会在高校里从事部分科研工作。这些科研工作不仅为大学生综合素质的提高创造了条件，为高校的科研工作注入了新的活力，也为促进科学技术的发展做出了重要贡献。高校和社会要通过媒体和各种宣传形式，为大学生进行发明创造提供知识来源，帮助大学生了解专利发明的流程以及专利法的相关知识，营造出良好的学术氛围，从而促进大学生提高创新能力和知识产权保护能力。对于大学生创新发明方面的报道与宣传要深入、广泛，树立榜样。高校开展的创新教育，可以让学生真正了解专利保护知识，通过开展丰富的创新实践活动，营造良好的创新性学术氛围，要让尽可能多的大学生意识到创新就在身边、专利离自己并不遥远。

为了更好地保护大学生的专利成果，首先要树立其专利保护的意识，让大学生在创新创业实践活动中学习专利保护知识。

在2008年，我国颁布了《国家知识产权战略纲要》，推出了一系列知识产权事业发展的中长期规划，体现了国家对创新人才培养以及知识产权事业高度重视。

由于知识产权和专利领域是一个复杂的知识系统，从发明创意的产生到申请专利、专利授权、专利运用，再到后期的维权、评估、质押、交易，以及更深层次的专利分析、专利预警、专利布局等，牵涉到行政、法律、经济、金融等多个方面。专利的权利人在自己的专利受到侵犯时，为了依法维护自己的合法权益，可以向人民法院起诉，也可以请求管理专利工作的部门（如知识产权局）处理。

有些大学生有了发明意愿及创意,希望付诸实施,但是他们或许还没有弄清楚如何提炼出技术特征、技术方案;如何确定这种技术方案是否已经存在;这个专利有没有实用性及经济价值。以上这些问题,都需要我们在具备一定专利知识和掌握一定的专利申请技能之后,才能做出回答。

扩展阅读:移动电话专利

移动电话可能是 20 世纪后半叶,美国乃至世界范围最重要的发明之一,它是继电视机、计算机之后的又一次媒体革命。移动电话从根本上改变了人们的生活和工作方式,由于有了移动电话技术,它使得世界上发展中的国家实现了跳跃式发展(Leapfrog,即我们常常所说的跨越式发展),从而进入技术发展的新时代。

截至 2018 年年底,全球已有约 51 亿人在使用移动电话。在许多国家,移动电话已经比固定电话更为普及。在通信产业方面,移动电话带动了一大批庞大的、崭新的世界级工业。

美国专利第 3906166 号的发明人马丁·库柏(Martin Cooper)通常被认为是移动电话之父。

在 20 世纪 70 年代早期,摩托罗拉公司和 AT&T 公司在移动电话的研发上竞争很激烈。一开始,双方的竞争焦点集中在汽车内通话机上,因为那时汽车内通话机在大众明星和公司总裁中比较流行。AT&T 公司把注意力完全投入在汽车内通话机上。但摩托罗拉公司的研究人员马丁·库柏却有自己的看法,他认为人们不应该只和机器通话,他们也想要用那些可以随身携带的设备和其他人联络。当时他们竞争的主要对手是 AT&T 公司的贝尔实验室,贝尔实验室在 20 世纪 60 年代早期就已在无线通信技术方面获得了重要突破。但马丁·库柏的实验小组在相对闭塞、相互竞争的环境下,却先于 AT&T 公司开发出了真正能用于实际用途的移动电话(Mobile Phone)。

1973 年 4 月 3 日是移动电话诞生的日子。马丁·库柏站在纽约曼哈顿街头拿着一个像砖头一样的东西跟贝尔实验室主任杰尔·恩格尔(Joel Engel)通电话,宣告了世界上第一个移动电话的诞生。马丁·库柏在这一项竞争中取胜,无可争辩地成为移动电话之父。

马丁·库柏于 1928 年出生于美国芝加哥,毕业于伊利诺伊理工学院(Illinois Institute of Technology)的电机工程专业。在第二次世界大战期间,他在美国海军服役。战争结束后,他开始为一家通信公司工作,设计为战争使用的对讲机(Walkie Talkies)。1947 年,AT&T 公司设计出了移动电话网络,那时,AT&T 公司在此行业居于领先地位。

1967 年马丁·库柏为芝加哥警察局开发出第一个手提式警用收音机。1968 年,他开始设计蜂窝式电话(Cellular Phone),因为那时还没有移动(Mobile)这个词。1973 年,他领导的小组生产出了 4 个样品电话,每个电话有 2.5 磅(1 磅≈453.59 克),它的外形尺寸是 10 英寸高、4 英寸厚和 2 英寸宽(1 英寸≈2.54 厘米),并带 4 英寸长的天线,但仅能使用 20 分钟。

虽然第一部移动电话早在 1973 年就已经开发出来，但直到 20 世纪 80 年代中期，它才开始走向街头巷尾，走进千家万户，成为人们生活和工作的一部分。这期间移动电话之所以走过十几年漫长的道路，原因有很多，例如，很难从政府分到无线频道；在当时的技术下，一个手机需要几千个零件，那时候还没有合适的微处理器等。

在 1977 年，美国 AT&T 公司已经建成了原始的蜂窝无线电话系统。一年以后，新系统的公众性试验在芝加哥的电话电报公司进行，当时有 1000 多个试验性的客户。1979 年第一个商用蜂窝无线电话系统在东京出现。1981 年，摩托罗拉公司和美国无线电话公司开始在华盛顿地区与巴尔的摩进行第二次蜂窝无线电话系统试验。一年后，美国第一个商用蜂窝无线电话系统（AMPS）在芝加哥的 Ameritech 公司正式研制完成。

第一批移动电话的使用者是房地产代理人，对他们来说，移动电话可以帮助做生意，拥有一部移动电话在当时是地位的象征。

自移动电话问世以来，经过科学家和企业界的不断努力，其外形逐渐变小，并已成为人们相互联系的主要工具之一，同时移动电话的功能也逐渐增多。

马丁·库柏是无线通信业的先驱，在摩托罗拉公司工作的 29 年内，他担任了该公司研究与发展部的总监，创建并运营了移动电话系统业务。到今天，马丁·库柏所发明的产品为全世界创造的总效益已经达到 500 亿美元，其发明的移动电话带给人类社会和生活方式的深远影响，更是不可估算。

第 2 章

什么是创意设计思维

2.1 创意设计思维概述

2.1.1 创意设计思维的概念

创意设计思维是一种创造能力,可以让人们在真实的情境下,从问题出发,使发散思维和收敛思维相结合,创造性地提出设想、探索和解决问题。

创意设计思维来源于"Design Thinking",其中 Design 的真正含义是对于任何一种复杂的现象或者问题,设计出一套创新的产品、项目、服务、流程、模式、战略等。创意设计思维是指利用设计师的思维模式来解决复杂的问题。

创意设计思维通常被用来模仿设计者的感受和方法来解决问题,而不管这个问题是什么。创意设计思维并不是传统的专业设计或工艺美术设计的替代,它更像是一种创新和设计实现的方法论。创意设计思维适用于解决现有的和寻求现在还不存在的新产品、服务、流程和模式等的问题。从用户角度出发,利用创造性思维,可以事先对所设计产品或服务等问题的解决进行流程化的模拟,寻求富有创造性的问题解决方案。

创意设计思维的本质是以人为中心的创新过程,强调观察、协作、快速学习、想法视觉化、快速概念原型化,以及进行商业分析,并最终影响创新和商业战略。这里的设计并非艺术领域概念中的图案设计、海报设计等,也不仅仅是单纯的构想,而是创造性的问题解决方式。

有观点认为,创意设计思维是一种利用创意思维,创造性地将产品、服务和体验融入市场的工具,其目标是使创新者、消费者和商业运营者参与到同一流程中,这一流程适用于产品、服务、商业体验。

一般来说,创意设计思维是一种以用户为中心,通过协同合作的方式,依照一定流程、运用各种方法去解决复杂问题的方法论。

2.1.2 创意设计思维的特点

随着科学技术的进步、社会文化生活的多样化,处理和解决问题的复杂性也显著增加,当人们需要创造性地分析问题、解决问题时,创意设计思维无疑显得格外重要。

创意设计思维的基本思想是以有形互动和创意想法带来创造性、分析型的理想解决方案。创意设计思维的观点和工具被应用在各个行业和商业领域中,以解决问题为目标,通过构建创意设计团队,用流程化操作方式提出创意设想、营造创意设计的氛围。

一般说来,创意设计思维具有以下几个特点:以人为本、交互互动、协同合作、边做边测、敏捷开发、科学流程、千方百计,如图 2-1 所示。

上述几个特点分别在创意设计思维有五个环节中体现,这五个环节分别是同理心、下定义、头脑风暴、做原型、测试/评价。在这五个环节中,分别需要用同理心去理解用户想要解决的问题本质,运用分析能力来对需要解决的问题下定义,利用头脑风暴产生尽可能多的解决思路,再以快捷的原型去测试方案是否匹配用户和市场。除了注重以用户为中心,创意设计思维也强调向真实的世界提供解决方案,并且能在商业和技术中寻求出可行的立足点。

图 2-1 创意设计思维的特点

(1)同理心。依据实地研究挖掘出对消费者的深层认识,运用这一方法,同理心既可以成为灵感的来源,也可以成为探求消费者需求和发现用户未知需求的工具。最好和消费者一起,带着开放协作的态度,甚至带着合作设计的态度,在现实的世界中找到问题的本质。通常,这种方法涉及观察、聆听、讨论和寻求理解的调查研究,其中的关键是从寻求理解出发,而不是试图说服的观点出发。有时,这种方法会得到社会学家的帮助,但更多的时候,只有设计者和研究者走出去和目标受众在一起工作,才能开放思维。

(2)下定义。用户的早期参与也使得对用户概念的评估成为可能,所以,创意设计思维的一个重要的方面就是协作,既要与用户,又要与组成跨学科的团队协作,并构建问题解决的概念。这会有助于朝着问题解决的方向发展,而不是渐进式的提升。

(3)开展头脑风暴。以创造思维为手段,使创新团队发挥最大想象力,打开思路,围绕洞察与需求进行头脑风暴,秉持从数量到质量的原则,尽可能多地累积新设想。在此过程中,创新团队的成员能够自由和开放地沟通想法是非常重要的,成员之间的良性互动和竞争能够促成更多新设想的产生。一个灵感激发另一个灵感,以开放的心态对待所有的新设想,然后,从中选取出符合设计目标、具有可操作性、突破性的设想。

(4)做原型。通过视觉化、动手实验和快速原型来加快学习,为得到有用的反馈,原型要做得尽可能简单。既然创意设计思维的重点是放在更加激进而非渐进的创新上,则实验越多越好,并且在开发时,在许多资源耗尽之前,快速简单的原型也会有助于很好地抓住发展潜力。创意设计通常是作为概念、产品或服务的非常粗略的模型,这样做的目的是快速、经常的失败,以便能够从中学习。

其中,原型可以是概念草图、粗糙的物理模拟。对于服务设计来说,它可以是故事、角色扮演或脚本,总是包括一个可视的概念的形式,其目标是将无形的东西变成切实可行的,而视觉化就是最好的实现方式,视觉化的强大力量不可否认。人们说"一图道千言",这也就是为什么使用图像、模型等视觉能更清晰地解释背景情境。视觉化对在概念开发中的合作客户有巨大的帮助。

(5)测试/评价。这里的测试/评价或评估并不是用于限制创造性构思的,它对过程中的并行业务分析而言是很重要的,它通过将创造性的想法和传统的战略结合起来,能够促成综合思维,以便更全方位地进行学习。在协作中,评价不是用来进行约束的,而是用来帮助我们更快地筛选方案解决问题。

2.2 创意设计思维的发展由来

赫伯特·西蒙于1969年出版的《人工制造的科学》中,提出了把设计作为一种思维方式。罗伯特·麦克西姆在1973年出版的《视觉思维的体验》中提到了工业工程设计中的人性化设计、设计思维方式等相关内容。

20世纪80年代,美国斯坦福大学教授、著名的设计师罗尔·法斯特将上述理论思想带入了斯坦福大学,将设计思维作为一种创意思维形式进行了定义和推广。同时,在罗尔·法斯特的积极推动下,斯坦福大学举办了"斯坦福联合设计项目",即 D.School 的前身。与此同时,哈佛大学设计学院院长彼得·罗于1987年出版了《设计思维》,设计思维(Design Thinking)一词正式被开始使用。

20世纪90年代,大卫·凯利创建了全球知名的设计咨询公司 IDEO 公司,他以创意设计思维作为公司的核心思想,贯彻落实到了 IDEO 公司的各项创意设计工作中,并获得了商业化的成功。

2005年,大卫·凯利在斯坦福大学工程学院成立了专门的设计学院(The Hasso Plattner Institute of Design at Stanford),也就是 D.School,设计学院的目标是培养复合型、以人为本的创新工程师,而不仅仅是设计师,他们具有各个不同的学科专业背景,涉及管理学、工程学、艺术学、计算科学、医学、传媒学、社会科学和理学等。D.School 专门开设了一门创意设计思维课程,教学主要以学员分组参与的教学形式开展,教学内容主要是利用创意设计思维设计一个新的产品、服务、流程等,从而使学员掌握创意设计思维的方法论、创意设计思维模式等。

D.School 不同于一般大学的教学机构,该学院不提供专业学位教育,因此也没有属于自己的学生,这里的课程面向斯坦福大学所有的研究生开放,这些研究生具有一定的专业学科背景和学习能力，其教学宗旨是将创意设计思维融入不同的专业教育，利用创意设计思维的广度来加深各学科专业教育的深度，以达到跨学科合作的目标。D.School 开创了一种新的教育模式，其目标在于教会学生换位思考，从小处入手，专注于思考人们的真实需求，从跨学科的视角思考合作与创意。

目前，创意设计思维已经引起了各个领域的关注和期待，在信息管理、工程、技术创新、创业管理等相关领域开展了广泛的应用，其中还涉及一系列关于社会问题和全球性问题的研究及解决方案，在一些地方还开展了关于创意设计思维的专题学术研讨会。

2.3 影响创意产生的关键因素

影响创意产生的关键因素包括个体因素、环境因素、组织因素、需求因素等。

2.3.1 个体因素

不同的领域对创意产生的个体要求存在一定的差异，在创意设计、创新开发领域中，创造性思维、勇于探索、冒险精神等个体因素能够获得持续的创意，这些个体因素主要是个性特征，包括创造性思维能力、个体认知能力和行为等。

个体特征包括一般性思维能力和创造性思维能力。个体的一般性思维能力包括经验的开放性、对不确定性的容忍、在困境中的坚韧、好奇心和冒险精神；创造性思维能力则包括敏锐性、灵活性、原创性、表达能力等。

通常，一些有创造力的个体通过开展原创性的技术创新，并将其技术转化为新产品，可获得巨大的成功，如爱迪生、贝尔、乔布斯等，他们一般具有以下几方面的潜质：

- 执着于探索更多的机会，致力于技术创新及其商业价值的开发；
- 目标清晰、明确，专注于个别领域的机会识别和开发；
- 快速行动，而不是局限于对问题的分析；
- 拓展关系网络，注重对专业知识和其他资源的开发与利用。

研究影响创意产生的个体因素的 KAI（适应型创新人格量表）设计了识别个体的原创性思维能力、对细节的关注程度，以及对规则的态度等测量维度，侧重从创新风格来发现个体的创新性差异，其中，适应型创新者在发现问题、解决问题过程中会不断激发新的创意，从而进一步改善行为绩效；卓越型创新者会表现出更多地发现问题、挑战常规以及超前思维的能力，他们很少关心如何把事情做好，而是关心做不同的事。

识别不同的创新风格是激发创意产生的重要因素，心理学的研究表明：不同的人有着不同的个体特征，有的人喜欢挑战传统、观念大胆，而另一些人喜欢通过渐近的方式调整改善。对于创新风格的识别，能够帮助我们进一步认识创意的产生。

此外，另一个影响创意产生的因素体现在不同的人在解决问题能力上的差异，有的人在处理某些具有挑战性任务时会趋于保守，而不是尝试采用新工具和新技术来完成任务。如果我们能更理性地分析自己的优势和需求，就会在解决问题的过程中发现更多的方式。

2.3.2 环境因素

1. 创新氛围

影响创意产生的环境是所谓的创新氛围，是指促成生长、激发思考，以及使用新产品、服务和工作方式的环境。这种创新氛围能够激发企业的研发活动，同时能够对吸收和利用新的、不同的方法、实践及概念等产生积极的促进作用，并为企业带来新观点、新工艺、新产品或者新的投资项目。很多研究者已经开始关注哪些因素正在阻碍或促进创造力的发展。

学者坎特（Kanter）提出的导致抑制创意产生的环境因素包括：
- 严格的垂直管理体系；
- 横向关系的沟通不畅；
- 工具和资源的有限性；
- 自上而下的权威领导；
- 管理制度的固定僵化；
- 对创新活动漠不关心。

久而久之，这些因素会造成规范的僵化，而规范的僵化会进一步抑制团队或组织创造力的形成。事实上，对一个创意设计团队或组织来说，其创新氛围是由一系列复杂的行为和细节因素构成的，除非发生某些重大变革（如重构或新技术的变革），想快速改变这种氛围几乎是不可能的。

2. 文化环境

文化是个相对复杂的概念，但是它基本上可以等同于由共同的价值观、信仰和行为构成的约定俗成的标准。根据文化学家的定义可知，文化由深刻、持久的模式组成，这种模式是指个人和组织是如何做出选择并证明其价值的。一般来说，文化是指被某个社会组织中的所有人或者大部分人用以塑造人们行为的感性认识。文化是在组织内部更深刻的、更持久的价值观、准则和信念。

文化也可以被描述成某种集体意识，这种集体意识会对团队或组织产生显著的影响。许多人需要选择去融入一个工作场所，这个工作场所中的人又都需要融入一个特定的社会。组织机构通常会对人们可支配的时间设出种种限制，一般来说，组织文化要描述同一个组织所共享的意识形态。

随着时间的推移，文化可以通过对员工的吸引、选择和摩擦来表现其特征，同时这也导致文化对组织变革影响的滞后性。文化的吸引意味着应聘者对特定组织类型的偏好；文化的选择意味着组织可以通过文化选择合适的组织成员；文化的摩擦意味着那些不适合组织的成员将要离开，因此可以巩固企业现有的文化。既然文化的力量表现为组织的一种相对深刻、稳定、复杂的价值偏好，因此它的建立需要较长的时间，并且一旦建立起来则很不容易改变。如果想要改变组织文化，就需要首先营造一个自由、开放的工作氛围。

2.3.3 组织因素

组织氛围可以被定义为赋予组织活力的经常性的行为、态度以及感情因素。从个体角度来讲，也可以称为心理氛围，它是指可感知的个体行为模式、态度和情感。从组织角度来讲，这个概念也可以称为组织氛围，即在团队或更大的组织环境中共享的某种价值观念。

1．信任和开放意识

信任和开放意识指的是对人际关系情感诉求的保障。当人们共享一套价值观时，他们会认为这些关系就是安全的。当信任水平比较高时，组织中的每个人都敢于提出意见和建议，并且可以不用担心报复和嘲笑。在这种环境下，人际交流会变得非常开放和坦诚。反之，如果信任缺失，依靠高额的费用支撑则有可能导致错误的发生，人们将会害怕他们的好想法和创意被剥夺。

信任可以使决策变得更有效率，从而能够为解决问题展开大胆的猜想和假设，并节省认知资源和信息加工的成本。与此同时，信任也可以通过重组和调动积极性来影响组织的效率。信任还能激励人们，使他们通过提升知识、资源共享和协同解决问题来更加紧密地合作，更加专注地投入，并为组织做出更大的贡献。而当信任和开放程度都很低时，就可以看到人们在积聚资源（如信息、软件和资料等），而不是产生更多的创意，因为会有人因为害怕自己的想法被剽窃而缺少反馈和交流。如果没有契约或制度的保障，信任将缺乏基础。从本质上来说，这些类型的信任并不互相排斥；从创意产生的角度来看，信任容易因社会网络的原因出现问题，而不是因能力或承诺方面的原因。

2．挑战和参与

挑战和参与，指的是个体对与长期目标和愿景相关的活动的投入水平。高水平的挑战和参与，意味着个体能够为组织的成功做出积极的贡献，并形成一个积极向上、充满创新的组织氛围。在这种组织氛围中，人们更容易发现工作的价值并愿意为创意的产生而投入更多的热情；反之，人们将会对工作本身产生倦怠感。

一方面，如果挑战和参与的程度都比较低的话，人们可能会对工作失去兴趣，或者对组织的未来失去信心。这种情况产生的一个可能原因在于没有心理动力去追求他们的愿景和目标。如果要改变这种状况的话，则可能需要人们去重新理解组织的愿景、使命及目标。

另一方面，如果挑战和参与的程度过高的话，他们将不能实现目标，或者将在工作中投入更多的时间。产生这种情况的一个重要原因就是工作目标定得太高，针对这种情况一个改进的方法就是厘清什么是优先选择的目标，从而分阶段地完成总目标。

建立和保持一种富有挑战性的组织氛围可以采取的措施包括：对组织结构进行系统开发、制订适当的沟通策略和程序、提升反馈机制的效率、完善控制系统以及发展战略。领导者需要及时关注工作挑战和专家意见，而不仅仅是权威，因为前者更有可能产生对创新和绩效较高水平的评价。研究表明，类似于特定目标的实现、对创新的积极反馈等措施能够有效地鼓励创新。必须通过提供明确的目标和详细的计划来维持创新氛围与权威之间的平衡。领导者需要为较高的发展潜力提供反馈，例如，为那些能够导致更高水平创新的改进、学习或发展活动提供有价值的信息。

智力激励是领导者未开发的一种重要的能力，它包括增加别人的意识行为以及解决问题的兴趣，还包括培养自己利用新手段解决问题的能力和习惯。领导者的智力激励能够在不确定情境下对组织绩效产生深远的影响，并且增强员工的组织承诺。

创意设计虽然被视为研发、营销、设计或 IT 专家的特定职能，但事实上每个人都有创意设计的潜能。如果一个组织能够通过设计某种机制把组织成员的这种潜力激发出来，那么将会使组织的创新能力得以大幅提升。尽管每一个个体只能在某一个小的领域内实现创新，但是这些创新汇总起来也能够形成创新性的变革。

扩展阅读：互联网搜索引擎

互联网搜索引擎技术是互联网普及以来价值最高的技术。以 Google 公司为例，该公司自 1997 年成立以来，在几年间已迅速发展成为目前规模最大的搜索引擎提供商，Google 公司的上市使其一半以上的员工都变成了百万富翁。早些时候，Yahoo 公司收购了另外一家搜索引擎公司 Overture 及其 305 个专利，价值 12 亿美元。其他主要的大公司如微软、亚马逊等公司也都进入搜索引擎这一行，我国的百度、360 搜索和搜狗搜索等也是重要的搜索引擎公司。

为什么搜索引擎如此重要呢？这要从互联网的基本特点说起。互联网是由无数网站的网页"堆"在一起构成的，这些网页有文字、图像或其他多媒体形式的文件，包含各种各样的题材和信息，但这些网页都淹没在这浩瀚的互联网"海洋"中。这些网页的名称都是很短的，而且不能够反映实质内容，网站和服务器也都不可能告诉你网页的具体内容。当需要找某一个题材和信息时，该如何着手呢？绝大多数人都会从搜索引擎开始。

搜索引擎将为你具体指明方向，告诉你应该访问哪些网站，这有些类似于问讯处的作用。因为在互联网上有许多类似的题材和信息的网页，搜索引擎会指引你先去哪一个网站。这对于网上商店来说，具有很高的商业价值！举一个简单的例子，如果你想在互联网上购买一本书，除非你知道某个确定的网站，否则你将很难找到出售这本书的网站。假设在互联网上出售图书的网站有几百个，它们当中有 20 个网站有你想要的图书，价格也十分相似。搜索引擎给出的网站顺序将很可能决定你将购买哪一个网站的书。有些人可能直接去第一个网站购买，有些人可能会在 3~5 个网站中做比较，但很少会有人去第 20 个网站购买。据网上购物的研究数据显示，有42%的产品是通过搜索引擎而得到的，只有4%的产品是通过网上广告而得的，这充分显示了搜索引擎的重要性。

　　给出网站搜索结果的顺序是搜索引擎的关键，也是搜索引擎公司的商业模式。为了在搜索结果中名列前茅，商家不惜花大价钱给搜索引擎公司，这是搜索引擎公司的主要收入来源。这种商务模式对投资人来说是很有吸引力的，收益颇丰。

　　自从1998年来，互联网早期的很多技术公司就陆续地获得搜索引擎的专利，我们这里举的例子是Lycos公司。

　　Lycos公司是搜索引擎中的元老，是最早提供信息搜索服务的网站之一，2000被西班牙网络集团Terra Lycos Network以125亿美元收归旗下。

　　Lycos公司整合了数据库搜索、在线服务和其他互联网工具，提供网站评论、图像，以及包括MP3在内的压缩音频文件下载链接等。Lycos是目前最大的西班牙语门户网络，Lycos公司著名的"蜘蛛"程序名为"Lycos-Spi-der"，是早期自动在网上收集网页资料的技术，用于Lycos的Web Crawler。这类搜索引擎采用基于Robot的技术，它利用一个被称为Robot（也称为Spider、Web Crawler或Web Wanderer）的程序自动访问网站，Robot程序以某种策略自动地在互联网中搜集和发现信息，由索引器为搜集到的信息建立索引，由检索器根据用户的查询输入检索索引库，并将查询结果返回给用户。

　　美国专利第5748954号即互联网搜索引擎，由卡内基梅隆大学（Carnegie Mellon University）拥有。这项专利的发明者Michael Mauldin在卡内基梅隆大学计算机系获得博士学位，后来又在这所大学的机器翻译研究中心做研究员。由于这项发明，他后来于1995年创办了Lycos公司，卡内基梅隆大学将这项专利的独家许可证给了Lycos公司，卡内基梅隆大学为此得到了Lycos公司10%的股份。在Lycos公司上市后，卡内基梅隆大学得到了2500万美元的回报。

第 3 章

如何进行创意设计

3.1 创意设计的基本理念

3.1.1 以人为本

创意设计的首要理念是强调以人为本，每一种创新的根基都来自人的需求。如果这些需求不能通过新的解决途径来满足的话，创新的过程将会被不断重复。创新过程是人进行的，也是为了人而进行的。

作为以人为本的创意设计的结果，创意设计过程的各种步骤与传统的创新过程具有显著的差别。在创新过程中的步骤和设问包括互动、浮现，以及过程中的冲突解决，创新过程发生的物理空间在空间设计上也必须反映出一个不同的本质。

以人为中心，意味着一切始于人的需求。运用创意设计的第一步，不是要思考设计什么，而是要考虑为谁设计，谁需要这种设计，这是一种以终为始的思考方式。正如，5W1H设问方法中的 WHO 的设问项，通过对用户需求的深入洞察来避免盲目地设计，这样最终的解决方案才会真正服务到用户和受众群体。

以人为中心，意味着要尊重不同地域、文化背景的人的差异性，更好地为个性化需求服务。以按照性别、年龄等指标简单划分群体的方式显然过于刻板，用户细分也同样重要。如果一个群体面临着相似的问题，有着同样的需求和渴望，那么这个群体就可以归为一类。通过对群体所在的文化环境、地理环境进行研究，可以更深刻地认识群体真实的处境，找到群体的真正需求。

以人为中心，而不是以事物为中心，意味着在过程中要始终保持对人（使用者、用户、适用对象），也就是利益相关者的关注。在解决问题时，要知道服务的是哪一部分人的需求，谁会对过程有影响，谁又是最终受益者，这样才能保证解决方案始终贴近人的需求，不会走偏。在创意设计中倡导做原型（Prototype）的一个重要意义就在于设计者可以更好地接收来自用户的反馈,便于不断迭代,直至无限接近用户的需求。

以人为中心,意味着要带着同理心去感受对方,以营造愉悦的体验为目标。千篇一律的产品、机械刻板的服务所带来的糟糕体验只会让人们感到不快。

3.1.2 思维的整合

创意设计的一个重要理念是把发散思维和收敛思维结合起来,即思维的整合。

创意设计者可以通过从发散到收敛的思考等非常规的途径来提升解决方案空间。在创新过程中不同的点,存在固定框架被打破的情况,整个创意设计的过程存在激进的因素,但新的解决办法会被创造出来。值得一提的是,在进行发散思维过程中,与众不同的、异想天开的设想会让人产生怀疑、犹豫的情绪,并且几乎不会有人相信这些设想会获得成功。当进行到收敛思维时,一些具有操作意义的、可行的解决方案便开始出现,人们可通过进一步评价、判断和筛选来获得最佳的解决方案。

创意设计以有许多新想法的试验为基础,头脑风暴法正是基于这一原则。根据从量变到质变的原则,通过对某一问题的不断积累新设想的数量,然后进行设想的比较和评价。甚至在一些项目中,超过 100 个解决方案初步设想被创造出来,但是很多方案最终都被抛弃掉。通过和最终用户进行早期测试,创意设计者可以意识到有的想法不能够解决问题,这意味着需要提出更多的想法并且通过最终用户测试来获取有效的解决方案。

3.1.3 建立原型

创意设计的另外一个理念是建立可试验、可检验的设想原型。在创新过程中,建立原型是十分重要的。这个原则与许多信息管理中的传统发展方式是矛盾的,大部分信息系统的发展方法都通常是抽象出原型,然后一步步地完善原型,即降低抽象的层级,但多数决策者并不理解这个模型。

创意设计依靠构建快速且容易理解的原型,使得新想法可以被更容易地进行试验和测试。创意设计者和开发者们可以充分融入产品原型中,通过一定的角色扮演,试验和测试不同用户的反映和操作效果,从而通过不同角度的解析来评价初始设计方案的用户体验、适应性、可操作性等。

建立原型能够尽早对用户进行测试,新的想法越快被用户测试,就能越快地知道这个想法的哪些方面是合适的。通过建立的原型,创意设计者可以直接且持续地与最终用户联系。

3.2 创意设计的目标和作用

3.2.1 创意设计的目标

创意设计的目标是以人为本发现问题、以目标为导向解决问题、以开放心态获得解决方案,并将创意的元素融入人们的思维方式中。创意设计教育的目标是培养创造性解决问题的创新工程师、创新设计师。从创新型国家建设的角度出发,考虑供给侧改革、企业创新的转变、个人的创新发展等方面,需要以积极向上、开放创新的姿态来进行技术创新和解决问题。

无论在技术研发方面,还是组织创新管理领域方面,都需要培养具有创意设计的创新人才,应用创意设计模式来解决问题,开展创新创业活动,建立企业创新文化,真正建立以人为本的思维模式,可以将创意设计应用于更广泛的领域。

创意设计几乎可以应用在各个领域,创意设计思维可以用于应对复杂问题、复杂场景等相关创新的解决方案、产品、服务、流程和战略等。目前,创意设计已经应用在建筑和艺术设计、电子商务、快速消费品、医疗、农业、汽车、重工、新兴产业等多个领域,同时,也可为学校、政府机构等提供服务和问题解决方案。

3.2.2 创意设计的作用

创意设计将客观的、合理的、按照逻辑推理的、换位思考的、利用分析来规划商业模式的、追求新颖的设计思维,利用体验的方式结合起来,将设计思维与颠覆性创新相结合,并推广到了更广泛的应用领域中。

凯文·克拉克(Kevin Clark)和罗恩·史密斯(Ron smith)曾指出,专业的技术人员通过创意设计能够,也应该在非传统舞台上承担起重要的角色,他们可以凭借情感、智力、经验提供跨领域的有价值的意见和见解。

所谓创意设计,就是把创意的设想具象化。创意设计可以满足人们不断创新的需求及其转化的商业动机;同时,创意设计被越来越多地应用在跨学科、跨领域的问题解决和决策中。在组织环境中,对创意设计本身的激励能够更大程度地发挥创意设计的作用。

创意设计具有有序性、包容性、创新性等特点。利用创意设计,能够帮助技术人员、创新者更加清晰地定义目标、更加深层次地理解客户,并使得团队内部达成一致、取得结果,将创意设计变为现实。

创意设计以最终用户的角色来探索潜在的需求,不但要从当前的现状和出现的问题出发,考虑现有的挑战,还要寻求潜在的挑战,强调最终客户的体验,从未来的愿景出发,强调最终未知的、渴望的体验,将逻辑思维和直觉能力结合起来,利用一整套流程和创意设计工具、方法论,提出创新的方案或解决问题的策略。从未来愿景出发,提出创新的思路,获得与众不同的方案,这是提出创新的方案;从现状和出现的问题出发,找到问题的解决方案,这是解决问题的策略。

创意设计可以使人们能够像设计师一样综合考虑用户的需求、可行的技术以及商业的推广应用,从而开展技术创新,转变产品、服务、流程和战略开发模式。创意设计可以帮助没有经过专业设计训练的人士运用创意设计工具和方法来解决不同领域的实际问题。

创意设计综合运用分析问题工具、解决问题工具和创新设计方法,帮助人们在现有的基础上展望未来，通过技术信息的整理分析、技术创新方案的提出、商业模式的创新设计、创新战略的规划等来达成目标，充分考虑客户、消费者等各方面对技术产品或服务的需求，从而可以不断改进方案、更新计划。

3.3 创意设计的实践

3.3.1 创意设计的实践流程

1. 探索和分析

探索是指从问题出发对现象的背景进行研究，根据现有状况和存在问题，以同理心进行观察，通过分析需要解决的创新问题，预设创新主题，制订创新设计方案的范围。分析是指在探索的基础上充分收集相关资料和信息，站在用户的角度来发现他们的困扰、痛点和期望，从而开展技术创新设计。

2. 主题制订

主题制订是指探讨研究的问题，了解设计所涉及的范围，站在利益相关者的角度发现问题所在，来定义讨论问题的主题或者欲解决的挑战，可以将欲解决的挑战作为讨论的主题。通过分析主题，可以加深对主题的了解，以及加强对现状和问题的整体把握。

3. 同理心

创意设计的关键是同理心，也就是站在用户的角度考虑问题，感同身受，换位思考，体会他人的感受、思想、情感和行为。通过对主题相关的人群进行观察和探索，采取亲身体验、现场调研等方式，可获得相关信息和数据，掌握需要解决主题的现状、存在的问题、客户的期望和亲身体验的经历。创意设计方案所涉及或所影响的群体，就是所谓的客户。一般说来，无论企业还是研发团队，都很关注用户需求，与客户建立合作关系，深入洞察市场，积极发现问题，并提供解决方案。

4. 方案设计

方案设计是指站在用户的角度，采用头脑风暴等方式，构思更多的新创意、新设想，再转换思路，从设计者的角度去进行思考；在满足设计预期的前提下，提出大胆的设想和创意设计方案；通过头脑风暴开展创意设计，对不同的创意设计进行归纳和分类，进而优化初始的创意设计方案，并针对该方案开展原型设计。在此过程中，可以利用乐高、超轻黏土、草稿图等多种方式给出创意设计方案的直观模型、样图，从而直观地、深入地了解和分析创意设计方案。

5. 分析与评价

在方案进行迭代的过程中，需要比较创意设计方案与现有技术方案的优劣，并进行充分的评价，考虑方案的可行性、可操作性和适用性。如果该创意设计方案过于大胆、超前，就需要研究在操作过程中可能会遇到的障碍和阻力，并分析突破障碍的途径，了解实现创意设计方案的难易程度；如果要解决问题的方案较为复杂或者涉及的领域较多，也可以根据不同方面分解成多个子问题，再进行分析和比较。

3.3.2 创意设计的实践工具

只有当使用的工具和方法与其创意设计思维方式相一致时，创意设计才能起作用。在创意设计中，适当地使用实践工具是创意设计成功的核心因素之一。创意设计所使用的方法和工具来自不同的领域，如质量管理、创新方法应用、创意思维训练和设计研究等。虽然不可能对创意设计中所有的实践工具进行描述，但以下几种工具可以帮助我们拓展创意设计的思路。

1. 思维导图

思维导图是心理学家东尼·伯赞发明的一种图解思维法，用于描述或建构针对某一问题的各个方面，以帮助我们记忆、理解或拓展思路。从思考的中心出发，绘制要解决问题的不同方面，运用图文并茂的描述，把各级主题的关系用相互隶属的层级图像表现出来，通过图像、颜色等为主题关键词建立记忆链接。运用这种方法，可以帮助我们描绘一天的工作或学习计划，可以囊括一本书、一门课程的概要，也可以用来描述一个问题的不同思考方向或搜索一个问题的多种解决路径。

思维导图从中心向四周发散思维，可获得更多的思维空间，释放我们的思维。思维导图不仅使用中心图像，在思维导图的其他位置也要尽可能地使用图像，这样可以在视觉和语言技能之间建立平衡，提高视觉感触力，并用连线、图像、箭头、代码或者颜色将这些关系表现出来。有时，相同的文字或概念会出现在思维导图的不同分支上，这是允许的，我们可以通过这些相同的文字或概念发现思维导图节点之间的附着点，使思维导图的应用更加流畅。

思维导图的规则简单且容易掌握，由于思维导图规则的设定遵循我们大脑的思维模式，所以几乎所有的人都能看懂。此外，思维导图不论作为一个学习工具还是作为一门技术，都没有过多的限制和要求，不需要我们具有高超的艺术修养，只需要我们发挥联想，保持思维自由，遵循简单的规则，竭尽所能地让思维导图的制作过程充满乐趣，从而画出出色的思维导图。

2. 利益相关者地图

利益相关者地图以现有利益相关者的关系图中的组织关系为核心，一般用于市场分析。基于现有的方法设计以用户为中心的利益相关者关系图，更适合设计人员使用。

利益相关者是指现有或者将来会直接或间接受到项目影响的任何内部及外部的群体或个人，也就是那些能够影响设计目标的实现或者被设计实现目标的过程影响的任何群体或个人。在管理科学中，很多方法，特别是利益相关者方法，都始于对利益相关者的全方位分析。利益相关者地图试图确定所有与问题相关的部分。

在开展创意设计的过程中，确认用户对象以及用户需求是非常重要的。在列出利益相关者后，会发现有些角色和当前正在执行的创意设计的相关度很高，有些则并不相关。在创意设计中，要抓住主要矛盾，根据不同角色与当前工作的利益相关程度及其在事件中影响能力来划分这些角色，通过绘制利益相关者地图，可以明确地显示用户的需求及其所在的位置。

可以通过提出一些问题来判断利益相关者。
- 利益相关者在参与和完成项目之后有无物质和精神上的收获，是正面的还是负面的。
- 利益相关者最主要的动机是什么。
- 利益相关者想要哪些信息。
- 利益相关者如何从你那里收到信息，最好的沟通方式是什么。
- 利益相关者对目前项目进展的看法是什么。
- 如果利益相关者不太积极，怎样才能使他们支持你的项目。
- 谁可能受到利益相关者的意见的影响，这些人能否成为利益相关者。

3．头脑风暴

头脑风暴是一种典型的智力激励型方法，是由美国创造学家奥斯本于1939年首次提出、于1953年正式发表的一种创意思维的应用策略。头脑风暴通过会议的形式，围绕中心议题展开讨论，参与者可以毫无顾忌、畅所欲言地发表见解，互相进行信息交流、激发灵感，使各种思想互相碰撞，从而在短时间内获得大量的构想，就好像在参与者的大脑中掀起一场风暴一样。

若要使头脑风暴充分发挥其作用，就必须遵循一定的原则和程序。头脑风暴在具体实践时应遵循延迟判断和以量求质的原则。延迟判断是指在群体成员提出想法时，其他人不得对发言者的观点进行质疑，不得批判和反驳，直到会议结束后再对各种方案进行评价和筛选。这一原则是为了能保证发言者能够畅所欲言、提出更多的设想，以防被评价后不敢再继续发表自己的观点。以量求质是指在头脑风暴中首先要保证提出足够多的方案，这样才能增大选出优质方案的可能性。

头脑风暴的具体实施步骤如下。

（1）明确议题阶段：头脑风暴的应用是围绕中心议题展开的，所以在会议召开之前首先要做的就是确定本次会议主要解决的问题是什么，选题要清晰明确、可操作性强。

（2）准备阶段：根据中心议题确定参会人员，明确会议分工；通知参加者会议的时间、地点及任务；提前布置好会议环境。

（3）热身阶段：这一阶段的主要目的是营造比较宽松的氛围，在会议正式开始前，寻找一些有趣的话题活跃现场气氛，使会议参加者能更快、更好地参与到讨论中来。

（4）自由发言阶段：这是头脑风暴应用的主要阶段，主持人宣读中心议题和规则后，引导大家进行讨论，参加者自由发挥、互相启发、畅所欲言，记录员做好详细记录。

（5）筛选阶段：会议结束后对会议记录进行整理，再交由专家组筛选，经过多次反复比较和优中择优，确定最佳方案。

4．5W1H 法

5W1H 法的名字源于 5 个以 W、1 个以 H 开头的英文单词，该方法简单、方便，易于理解和使用，富有启发意义，广泛应用于企业管理和技术创新活动，对决策和执行性的活动非常有帮助，同时也有助于弥补创意思考过程中的疏漏。

具体内容包括：

- Why（何因），例如为什么要这样做？原因是什么？
- What（何事），例如什么主题？做什么？目的是什么？重点是什么？功能是什么？
- When（何时），例如什么时间开始？什么时间完成？什么时机最合适？多长时间？
- Where（何处），例如在什么地方做？从哪里开始做？在哪里结束？
- Who（何人），例如由谁来承担？谁来完成？谁负责？谁协助？工作对象是什么？
- How（何法），例如怎么做？怎样提高效率？怎样节约成本？如何实施？方法怎样？

这几方面的问题比较完整地涵盖了创意设计的方案涉及的各个方面的因素。如果创意设计的方案能够逐一通过这些问题的审核，则可以认为这一方案具有较高的可行性；如果其中有一个答复不能令人感到满意，则表明该方案在这个方面需要进一步改进；如果哪一方面的答复具有独创性的优点，则可以凸显优点，扩大这一方面的功能或应用场景。

5．六项思考帽

六项思考帽是英国学者爱德华·博诺（Edward de Bono）博士开发的一种思维训练模式，即一个全面思考问题的模式。六项思考帽提供了平行思维的工具，避免将时间浪费在互相争执上，强调的是能够成为什么，而非本身是什么，寻求的是一条向前发展的路，而不是争论谁对谁错。运用六项思考帽，可以使混乱的思考变得更清晰，使团体中无意义的争论变成集思广益的创造，使每个人都变得富有创造性。

所谓六项思考帽，是指使用六种不同颜色的帽子代表六种不同的思维模式，任何人都有能力进行使用。

六项思考帽包括以下六种基本思维模式：

白色思考帽：白色代表中立和客观，关注的是客观的事实和数据。

绿色思考帽：绿色代表创造力和想象力，关注摆脱旧观念和发现新点子，绿色思考帽寓意新变化和新视角，具有创造性思考、头脑风暴、求异思维等功能。

黄色思考帽：黄色代表价值与肯定，黄色思考帽表示从正面考虑问题，表达乐观的、满怀希望的、建设性的观点。

黑色思考帽：黑色思考帽表示可以发表否定、怀疑、质疑的看法，合乎逻辑地进行批判，尽情发表负面的意见，找出逻辑上的错误。

红色思考帽：红色是情感的色彩，红色思考帽表示可以表现自己的情绪，还可以表达直觉、感受、预感等方面的看法。

蓝色思考帽：蓝色思考帽负责控制和调节思维过程，它负责控制各种思考帽的使用顺序，规划和管理整个思考过程，并负责做出结论。

下面是一个六顶思考帽的典型应用步骤：
- 陈述问题（白色思考帽）；
- 提出解决问题的方案（绿色思考帽）；
- 评估该方案的优点（黄色思考帽）；
- 列举该方案的缺点（黑色思考帽）；
- 对该方案进行直觉判断（红色思考帽）；
- 总结陈述，做出决策（蓝色思考帽）。

3.3.3 创意设计的实践策略

1. 营造创意设计的氛围

创意设计的培养是一个长期的过程，需要营造开放、活跃的氛围。当两个或两个以上的人共同从事创意设计时，往往会产生更多的新设想、新创意或新思路，这就是创意氛围或创意文化。有时，开展创意设计的氛围并非刻意为之，可能就是同学、朋友或者一个工作小组聚在一起讨论问题、交流设想或解决问题。这样的创意氛围相对开放、自由，没有约束，可以是长期，也可以是短期的、不固定的交互氛围。

为了解决一个问题或一个课题，人们往往建立合作关系，以便从他人那里获得灵感和资源。而创意氛围的营造必然需要依靠两个或两个以上的人，他们具有不同的观念、思想和思维方式，交流合作的结果可以排除不好的选择、做出恰当的判断、提出有效的解决方案等。因此，沟通顺畅、交流互动的创意氛围有利于创意设计方案的提出，能够促进更多创意设想的产生。

为了营造开放、活跃、互动的创意氛围，人们采取了多种方法和策略，最为著名的可以说是奥斯本发明的头脑风暴法。在营造创意设计氛围的策略中，需要关注创意氛围作用的发挥，以及可能抑制创意设想的重要因素，如过早的评判和争辩等。在头脑风暴的创意策略中，鼓励参加讨论的成员尽可能地参与到创意设想的提出和讨论中，提倡畅所欲言和延迟评价，强调创意设计氛围的持续活跃性。

2. 关注用户需求和用户设计

（1）用户需求。用户需求对创意设计来说是非常重要的，人们很容易陷入一种思维误区，认为创意设计思维要么涉及一种思维方式，要么涉及一种思维过程，在从事创意设计的过程当中，只要用户或适用对象有了明确的需求后，再开展相关的创意设计就可以了，这样一来，创意设计思维就成了一种被动驱使的思考方式。而事实并非如此。

一方面，在许多情况下，用户需求是超前于创意设计的，他们的想法以及他们在现有解决方案中遇到的挫折，往往会使他们去试验和创造一些新的东西，这些试验和创造也会成为创意设计的重要来源。

另一方面，现有市场的边缘需求也会提供创意设计灵感，特别是一些颠覆性的创新工作。一些创新者和设计者只聚焦于主流市场的需求，而边缘或非主流的市场需求却往往被忽视。例如，一些特殊人群的使用需求，如盲人饮水杯的设计、低成本简易滤水器的设计等。这就对现有的参与者提出了一系列问题，因为这些边缘需求不是他们的主要创意设计内容，所以需要细分不同的用户需求，与用户建立亲密的关系，把握不同用户的特征，并快速地对需求，特别是对边缘需求产生反馈。

（2）用户设计。在思考创意设计时常犯的一个错误就是假定使用者的想法是没有用的。但是，大多数用户确实希望自己的想法能够在产品中体现出来，并且他们经常能够提供很多关于外观设计、结构设计等方面的有用和有价值的想法。此外，如果在某些地方看到他们的想法被实现了，那么他们也愿意为此付款。因此，加强与用户的沟通是非常重要的，可以通过捕捉用户的想法并一起开展创意设计、创造产品和服务。用户往往代表了一个需求广泛的特殊市场，通过用户设计开展创意设计思维需要一些新的工作方式，例如可通过设计室和互联网来获得想法并讨论新概念。

3. 建立工作坊或训练营

推进创意设计实践，需要借助工作坊、训练营等形式培训并引领参与者按照创意设计的流程共同完成一个创意设计方案。依据创意设计的步骤，结合不同的讨论主题，可利用现有的创意思维工具，最终形成创意设计的解决方案、作品、报告或原型。

开展一次创意设计工作坊或训练营，需要确定一位专业的指导教师，每个思维训练小组的成员保持在5~8人，小组成员可以是来自不同学科领域或不同层级的人员，每个小组有一个明确的创意设计主题或解决的问题目标，在开展具体的创意设计讨论之前，可以先开展一些思维游戏、热身训练等活动，以便成员之间相互熟悉。

可以借鉴头脑风暴、戈登法等团体创意方法实施有一定秩序的、目标明确的思维训练活动，例如：

（1）明确议题阶段。主持人并不需要明确提出议题，而是提出抽象的议题，给出一些与问题有关的概念。

（2）主持人引导讨论阶段。参与者根据主持人提出的概念提出创意，然后在主持人的引导下，提出一系列相关概念。

（3）主持人获得启发阶段。主持人根据参与者提供的信息，从中获得启发。

（4）主持人说明议题阶段。主持人把真实的意图告知参与者，然后根据参与者提供的建议，促使新设想的产生和方案的完成。

工作坊或训练营的实践时间可长可短，在开始实践训练之前，参与人员需要熟悉相关背景、技术领域现状、需求和发展，并学习一些具体创意思维工具和方法，如头脑风暴法、思维导图、六项思考帽等方法的原理和应用流程。在参与过程中，应保证每个人的充分参与、交流和互动，保证研讨的方向朝着有待解决问题或设计的目标发展。

3.4 创意设计的模式

3.4.1 IDEO模式

IDEO公司是美国一家知名的创新咨询公司，创始人蒂姆·布朗（Tim Brown）等人将创意设计定义为运用设计者的敏感性和方法，通过考虑什么是技术可行的，以及什么样的可行商业策略能够转化为客户价值和市场机会，以满足人们的需求；运用工具和创意设计的思维方式来寻找人们的需求并提出新的解决方法。

1. 理性与感性相结合的设计思维理念

IDEO模式认为创意设计应摒弃以技术为中心的观念，而是需要寻求满足个人与社会整体需求的新产品，将创意设计融合到商业乃至社会层面，更适合产品的研发、产品的创新。IDEO公司所倡导的基于产品设计的思维模式，强调以人为中心、以人为目的，创意设计思维依赖于人的各种能力，包括直觉能力、辨别模式的能力、构建创意的能力等，可将感性思维、直觉思维与理性思维结合在一起。

2. 具有跨领域背景的团队

面对复杂的创意设计问题，团队和团队中的个人往往需要具备两个，甚至多个维度的能力，团队中既需要具有一定专业技术背景的专家，也需要训练有素的研究人员或技师，每个人都扮演着重要的角色。在跨领域团队中，每个成员都是自己技术特长的倡导者，项目变成了各成员间长时间的磋商，很可能带来"骑墙式"的妥协。而在跨领域团队中，想法为集体所共有，每个人都对此负责。在IDEO模式中，设计师与各领域的专家一同工作，包括心理学家、人种志学家、工程师、科学家、营销和商业专家，以及作家、电影制作人等，而IDEO模式将设计师和各领域专家整合到了同一个团队，在同一个团队中采用同样的流程开展工作和交流。

3. 营造创意设计氛围

IDEO模式在关注创意设计的同时，注重创意设计氛围的营造，特别是建立了创新的实体空间，为创意设计提供了便利。IDEO模式建设了专门的项目室，供某个团队在创意设计工作期间专用。

在某个项目室里，某个团队可能正在考虑信用卡的未来；某个团队可能正在设计某种防止住院病人产生深层静脉血栓的设备；另一个团队则可能正在设计一套用于农村地区的净水输送系统。这些项目室工作空间足够大，设计团队可以将累积的研究资料、照片、故事板、概念、模型都摆放出来，而且随时可用。同时，这些项目材料有助于设计师辨别出各种模式，并能促进创造性整合的产生。精心安排与布置的项目工作空间，加上项目网站，可以使团队成员实时保持联络，可以显著提高整个团队的工作效率，这是通过促进团队成员间更紧密地合作、促进与外部合作者、客户更顺利地交流来实现的。

4. 非焦点小组工作坊

IDEO模式还开发出了一种非焦点小组工作坊策略，这是为了保证用户和设计师能够充分参与到想法的生成、产品的评估与开发中。主要做法是把一批消费者和设计师、专家聚集在一起，以工作坊的形式，围绕某个特定主题共同探索新观念。传统的焦点小组是把随机找来的普通人聚集在一起，藏在"单向镜"后面的研究者对这些人进行全方位的观察；而非焦点小组会指明每个独特个体的身份，并邀请他们参与创意设计实践。

在非焦点小组创意设计过程中，设计者和消费者建立合作策略，用户不再是被动的被观察者，而是主动、积极的参与者，能够使用户更好地表达那些甚至连他们自己都不知道的潜在需求。

5. 快速建立模型

IDEO模式建立了快速建立模型的原则。快速建立模型除了可以加快项目的进度，还允许同时探索多个想法。早期的模型应该是快速、粗糙且便宜的。反之，对一个想法投入得越多，人们就越难放弃这个想法。模型制作过程本身会创造以最小付出发现更好主意的机会。

IDEO模式的设计师可以采用便宜和容易操作的材料来建立模型，如硬纸板、冲浪板泡沫塑料、木头以及随处可见的物品和材料，包括任何可以粘贴或钉在一起的东西来制作与想法的实体近似的模型。

IDEO模式的第一个，也是最棒的模型，是由IDEO公司的8位设计师在某个服装店楼上的工作室中创造的，把从滚珠体香剂管子上拆下来的滚珠黏在一个塑料黄油盘底上，这是最早的、苹果公司的鼠标雏形。

3.4.2 D. School 模式

创意设计诞生于美国斯坦福大学,斯坦福大学的设计学院(D. School)为所有来自不同专业的学生提供了把创意设计思维过程作为创造力和以人为本解决问题的方法论,以解决各领域的创新问题。

1. D. School 的教育理念

D. School 模式的主要理念是认为每个人都有创造的能力,D. School 可以作为人们利用创意设计来发掘自己的创造力的地方。

(1)强调激进的合作。为了激发创造性思维,D. School 把多个学科、观点和背景的学生、教师和从业者聚集在一起,不同的观点被认为是促使学生推进自己设计实践的关键。

(2)关注现实问题。D. School 关注来自世界范围内的现实项目,认为学生想要在世界上产生真正的影响,就需要从当前开始,就要在课程学习中迎接挑战,并解决当前发生的现实问题,而不仅仅是课本上的问题。D. School 与非营利组织、企业和政府组织等合作伙伴一起合作,开发了多个能够应对现实挑战的项目。

(3)重视开放性的问题。D. School 重视开放性的问题,也就是课堂上没有一个正确的答案。这些问题既复杂又不明确,解决方案是不确定和不清楚的,旨在给学生足够的机会去尝试、去冒险、去失败,为现实问题的解决做好充分的准备。

2. 创意设计的关键能力

D. School 强调从抽象到具体的创意设计能力,其原则通过开发实践加强学生在抽象和具体之间的创意设计能力,并将这一原则注入具体的创意设计工作和生活中。学生可以通过不同的实践活动学习和实践多种创意设计概念的应用技能,以帮助他们进行创意设计和开发。这里重点介绍在抽象和具体之间的创意设计能力的六个关键要素。

这些关键要素包括:

(1)评估模糊性:能够采取一些无形的东西,如想法、问题、需求,并看到可能性。

(2)提取要素:能够识别和梳理可能性的基本要素。

(3)初始到行动:能够采取的可能性或潜力,并将其转化和/或映射为切实可行的步骤。

(4)处理的流动性:能够在评估、提取和转换之间流动并同时运行。

(5)切换表达/交流的维度/媒介:能够收集工具和方法,通过评估、提取和转换来表达和工作。

(6)激活:将所有的技能、方法、工具放在现实场景中实践。

3. 分层次的设计课程

D. School 为斯坦福大学各学历层次、各学科专业的学生提供了基于项目和经验的课程，以便共同应对现实世界的挑战；一些面向设计专业的课程可以帮助学生成为设计方面的专家，而另一些课程可以帮助其他专业的学生提高在不同学习领域的影响力。

基于创意设计、设计思维，D. School 提供了不同层次的课程，包括核心课程、提高课程和短期实践课程。

（1）核心课程。在核心课程中，学生可以实现一个全面浸入的设计学习，使学生的各方面技能在大多数核心设计能力中得到锻炼，为学生提供最全面的设计实践和体验。例如，"设计思维工作坊""设计领导力：领导颠覆性创新"等课程。

（2）提高课程。提高课程可以让学生对设计进行综合全面的了解，并基于学生自身的专业经验提供相应的设计学习内容。例如，"设计思维训练""设计能力工作坊""设计机器学习：一种多学科方法"等课程。

（3）短期实践课程。D. School 还开设了一些短期实践课程。例如，基于某一个主题任务开展短期实践课程。

3.4.3 SAP 模式

SAP 是一家全球性的、企业商务应用、IT 服务、商务分析和数据库技术的提供商，全球 120 多个国家、超过 19300 家用户在使用 SAP 公司提供的服务软件。SAP 也是应用创意设计思维最典型的公司之一，除了在公司内部应用创意设计思维，SAP 公司还将创意设计思维的方法论传授给各行各业的客户，并在北京、上海等地的高等院校赞助了一系列创意设计思维工作坊。

1．SAP 公司的创意设计思维理念

SAP 公司认为数字化时代下的产品创新和业务模式创新是未来的方向，创意设计思维是一种创造性解决问题的方法，通过创意设计思维能够降低企业产品和业务模式转型的风险、最大化产品转型创新效果，应用创意设计思维能够更好地迎接实际产品创新中的挑战。

SAP 公司的创意设计思维为产品创新构建了一整套体系，包括创新流程、经典工具和实战演练。同时，可以将创意设计思维与敏捷项目管理、商业模式创新无缝地结合在一起。

SAP 公司认为，创意设计思维在拓展业务方面发挥了重要的作用，他们和客户一起通过创意设计思维，通过客户之旅的方式可以把潜在的、散落的需求整理出来。特别是在变化快速的消费品行业，只有靠这种方式才能把埋藏在各个环节的需求挖掘出来。

2．SAP 公司的创意设计思维应用的基本内容

（1）理解环节：学习如何理解挑战，对讨论的内容达成共识并设定方向。
（2）观察环节：学习如何做研究计划，带着同理心观察目标群体并获取有价值信息。

（3）定义环节：学习如何对获取到的有价值信息进行分享、分析和压缩，如何利用POV技术将潜在的机会有效地萃取出来。

（4）创想环节：学习如何利用多样化的头脑风暴技术提高团队的创造力，产出大量创意，并形成好的概念和想法，同时感受可视化的价值。

（5）原型环节：学习低保真原型的重要性，以及如何将好的创意提炼整合成解决方案，并现场制作低保真原型。

（6）校验环节：学习如何对低保真原型进行低成本的校验并听取反馈，然后对反馈结果进行分析，做二次迭代，让低保真原型更接近客户真实的需求。

（7）商业校验：针对低保真原型运用工具进行初步商业模式分析，从商业价值的角度对低保真原型进行校验，并做进一步的迭代，以保证商业可行性。

（8）实现环节：学习如何将迭代后的低保真原型和敏捷项目管理结合起来，利用工具在客户需求和技术任务之间做合理的转化，使得需求和技术实现无缝衔接。

扩展阅读：爱德华·博诺与六项思考帽

爱德华·博诺博士（Dr. Edward deBono）被誉为20世纪改变人类思考方式的缔造者，是创造性思维领域和思维训练领域举世公认的权威，被尊为创新思维之父。

爱德华·博诺博士于1933年出生于马耳他，获得牛津大学心理学、医学博士学位、剑桥大学医学博士，曾任职于牛津大学、伦敦大学、哈佛大学和剑桥大学。

爱德华·博诺博士第一次把创造性思维的研究建立在科学的基础上，是思维训练领域的国际权威。欧洲创新协会将他列为"人类历史上贡献最大的250人"之一，他在世界企业界拥有广泛影响。

爱德华·博诺博士是横向思维理论的创立者，如今"横向思维"一词作为语言的一部分，已经被收入《牛津英语大词典》《朗文词典》。

爱德华·博诺博士一生著书50多部，其中《我对你错》一书受到三位诺贝尔奖得主推荐。爱德华·博诺这个名字已经成为创造力和新思维的象征。

爱德华·博诺博士的代表作《六项思考帽》《水平思考法》已经被译成37种语言，畅销54个国家，在这些国家的企业界、教育界和政界得到了广泛的推广和肯定。长期以来，博诺思维作为政府、企业和个人生活的决策指南，一直被公认为最有效的创新思维训练工具，由于爱德华·博诺博士对人类思维的杰出贡献，国际思维大会授予他"先驱者"称号。

六项思考帽是爱德华·博诺博士在创新思维领域的研究成果，一经发表便得到学术界和社会各界的广泛认同。1984年首次个人承办奥运会成功并获得1.5亿美元巨额利润的美国商人彼德·尤伯罗斯，将自己的超凡成就归功于水平思考法引发的新观念和新想法，他曾参加过爱德华·博诺博士举办的青年总裁组织（Younger President Organization）六项思考帽培训班。1996年的美国联邦法律大会邀请爱德华·博诺博士讲授六项思考帽，听众是来自 52 个联邦国家的 2300 多名高级律师、法官和知名人士。美国军方也认识到爱德华·博诺博士的以六顶思考帽为代表创新思维工具的价值，美国海军请其担任顾问，为全球热点政治谈判提供咨询。20 名美国将军在纽波特的罗德岛开会，邀请爱德华·博诺博士参加，用创造性思考工具开展讨论，他是参加会议的唯一普通公民和外国人。甚至连美国白宫也在推广爱德华·博诺博士的水平思维方式。联合国的国际创新中心纽约分部曾邀请爱德华·博诺博士对其职员进行六顶思考帽的培训，希望能激发新思路、新想法。

第4章 如何提出创新方案

4.1 创新方案的生成

4.1.1 概述

在创意设计的过程中，当人们完成了初步的创意设想后，会得到一个解决问题的想法或初始方案，但这并不能直接作用于问题的解决办法或新技术、新产品，还需要结合具体问题利用一定的创新方法和分析工具来推动创新方案的生成。

面对创意设计问题，人们通过各种创意思考、创意设计思维，会获得一定的创新经验，其中，针对各种矛盾的问题解决方法和创意思考策略上存在着一定的差别。当回顾这些问题解决方法和创意思考之间的不同特征时，可以发现，即使最有经验的设计者、发明者，如果没有从探寻问题的关键矛盾、研究起因并消除矛盾的角度来进行创意思考，当一个问题解决之后，再面临新的问题时，他们仍会重复同样的策略来思考新的问题，其经验的可传承性和可复制性很低。虽然，这些观点也从某些方面反映了创造发明和创意设计思考中的偶然性，但这些描述难免会有些偏颇和趋于表面。

有效的创新方法和分析工具能够引导设计者、发明者从具体问题的关键矛盾入手，思考问题的起因、分析矛盾、研究并思考消除矛盾的有效方法，以解决技术冲突和矛盾问题，从而为创意设计和问题解决提供清晰的创意策略，促使创新方案的生成。

4.1.2 问题的提出和定义

当从需求分析中得出相应的设计任务或设计要解决的问题后，应当确定如何理解该任务或问题，一般可以从定义问题入手考虑具体问题的解决方案。

如何准确地定义问题呢？不仅要清晰地明确问题本源，还要从不同的角度来分析问题，如扩大化问题和缩小化问题。为了解决某一问题，扩大化问题或缩小化问题有助于设计者找到一个合适的角度来看待并进一步理解设计任务，从而使设计者选择合适的创新方法和分析工具。

1. 扩大化问题

扩大化问题是指通过设问的方式进行一系列提问，例如，解决这个问题的目的是什么、有没有其他途径可以达到同样的目的等问题，将思考的范围进一步扩大化，利用发散思维、创造性思维等方法寻找问题的多种解决方案。从这个目的出发，将有助于设计者思考和寻找不同的解决问题的方案并确定最优解。

例如，在解决洗衣机机械搅动装置容易造成水质污染，以及衣服上残留的洗涤剂化学成分会导致对皮肤有所伤害的问题时，可将问题扩大为"能否清洁衣物且不需要添加清洁剂"，更可进一步扩大为"如何从衣物上分离其他物质"，然后根据扩大后的问题进行创造性思考，从而得到有效解决问题的创新方案。这一分析的主要目的是寻求副作用小，并且能有效去除衣物上污渍的方法。

2. 缩小化问题

缩小化问题是指在分析解决问题的时候，通过设问什么阻止了我解决问题、如何排除这种障碍来解决问题等，将重点放在解决问题的某个具体方面，并寻求针对该问题的答案。缩小化问题有助于设计者将注意力集中在某个具体问题上并加以解决该问题。

例如，在解决吸尘器尺寸与其吸入功率之间的冲突时，可根据吸尘器中相关组件的结构属性、性能属性以及关系属性，将问题缩小为管口平面大小与滤尘袋容积大小的冲突。因为，一方面要保证吸入功率足够大，就必须增加管口平面和滤尘袋的容积；另一方面，要保证吸尘器尺寸足够小，就必须减小管口平面和滤尘袋的容积。

可见，问题的定义在创意设计中是至关重要的，它决定了设计者能否在下一步的设计中采用正确的途径，对问题正确的定义将可能导致设计结果创新性的天壤之别，因此应当仔细考虑问题本身、问题所处的环境、影响问题的各种因素后，再决定扩大化问题或者缩小化问题，以便准确地描述和定义问题。

4.1.3　从创意设计到创新

创意设计方案的提出意味着需要更多跨学科的知识结构、更复杂的技术支撑和更完善的创新理论。基于产品的创意设计，其基本目的之一就是设计出满足人们所需的功能产品，涉及从功能设计到设计出能实现预定功能的产品结构。一个新产品的设计过程包括了许多复杂推理及做出决定的过程。产品创新的关键在于概念设计，概念设计是指企业根据市场及用户的需要，对产品的市场可竞争性、可生产性、经济性，以及主要尺寸、形状、功能进行描述，以寻求实现用户产品需求功能、满足各种设计技术和经济指标并最终确定为最优方案的过程，是一个发散性思维和收敛性思维相结合的创造性过程。

概念设计是产品设计过程中最重要、最复杂，同时又是最活跃、最具创造性的设计阶段，因此对概念设计方法的研究和改进对产品设计而言尤为重要。

创新方法和分析工具能够帮助人们对复杂的任务进行聚焦或分解，便于更好地理解问题和快速地解决问题。其中，分析工具就可以将设计中复杂的产品总功能分解为若干较小的简单分功能，并通过对简单分功能的分析求解和对这些解的组合来求出总功能的解。这些解也就是具体的创新方案，是从创意设计到产品研发的重要前提和基础。

此外，从创意设计到具体的创新方案生成，需要利用一系列的创新方法和分析工具对初始想法进行修改、筛选、评价和完善，以确定最终的创意设计方案。TRIZ 理论（发明问题解决理论）为我们提供了多个可用于明确创意设计方案的创新方法分析工具，如因果分析、功能分析和裁剪。

4.2 因果分析

4.2.1 因果分析的概念

因果分析是一种常用的问题分析方法，可以快速、有效地梳理和收敛问题，找出问题产生的根本原因，是彻底地解决问题的基础。

问题不会平白无故地产生，问题的背后总隐藏着原因。通常，消除引起问题的原因要比消除问题本身更容易，也更有效。先在头脑中厘清技术系统在过去和未来的功能，有助于理解技术系统的工作条件。对技术系统未来应具备功能的理解还可以帮助我们发现新的、未预见到的、不会出现当前问题的工作条件，从而使问题得到解决。如果找到了某种原因，一旦将其消除后就可以彻底解决问题，那么可以称之为根本原因。

因果分析中常用追问法，即就所看到的问题现象，进行一步一追问，直到找到可以消除问题的根本原因为止。

对于复杂的问题，则需要根据问题情境和已知资源信息，启动一个审慎的、逻辑化的、多层次的思考和推理过程。不仅要就问题现象连续问为什么，还要主动挖掘更多的隐性解决问题的资源，尤其是导致产生问题的系统组件的物质属性和功能属性资源。在思考的顺序上，可以立足系统的当前状态向过去回溯（由果及因），也可以立足技术系统的过去状态向当前推演（由因及果）。

4.2.2 因果分析的主要内容

1. 由因及果或由果及因

有因必有果，有果必有因。因果分析就是从系统存在的问题入手，层层分析形成问题的原因，直到分析到最后不可能再分为止。因果分析示意图如图 4-1 所示。

41

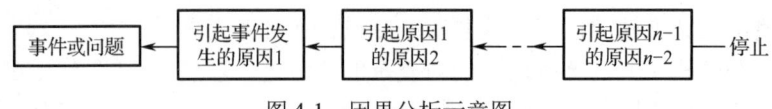

事件或问题 ← 引起事件发生的原因1 ← 引起原因1的原因2 ← --- ← 引起原因n-1的原因n-2 — 停止

图 4-1　因果分析示意图

每个事件（如技术系统的问题）的发生一定是有原因存在的，而对于每一个结果也需继续寻找其原因。如果从不同的角度分析，一个原因可能是前一个结果的原因，而另一个结果可能又是这个原因的结果，那么原因与结果就可以构成一个无限连续的因果链。

原因与结果往往都是无限连续的因果链的一部分。不管从这个因果链的何处开始分析问题，我们的问题状态总是处于这个因果链的中间，我们只需要找出这个因果链中各元素之间的关系，并找出引起事件的根本原因。只有当原因和结果在同一时间、地点发生时，事件才能出现。

分析的过程和方向可以是由因及果，也可以反过来，即由果及因。事实上，在具体的分析过程中，两种分析过程都经常会用到。在画具体的因果分析图时，往往是从上往下（由果及因）画一部分，也从下往上（由因及果）画一部分，最后把两个部分的因果链合理地对接起来。因果分析是对技术系统的问题做分析的必需步骤，其目的是获得问题在因果链上的多级分析结果，启发人们找到恰当的解决问题工具。

2．绘制因果分析图

对问题进行因果分析的结果可以横向形成一个因果链，也可以纵向形成一棵因果树。两种表达形式都能将构成问题的各个要素之间的因果关系形象地表示出来。

如果把各要素间存在的因果关系加以分离，概括起来不外乎有三种基本因果关系图，如图 4-2 所示。

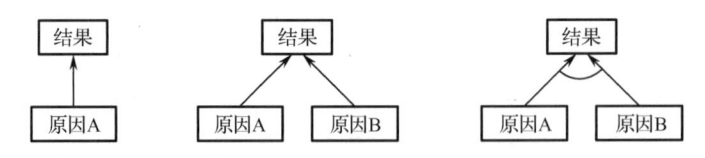

图 4-2　三种基本因果关系图

就上下两层要素的关系来说，上为果、下为因。从上往下是由果及因，从下往上是由因及果。如果存在多层要素，对于某个中间层要素来说，该要素既是下层要素的果，也是上层要素的因。

3．因果分析的作用

因果分析可以起到以下三个作用：

（1）梳理问题中隐含的逻辑链及其形成机制，找出问题产生的根本原因。逻辑链通常是按时间、操作程序或出现问题的状态顺序形成的。

（2）从梳理出的逻辑链及其形成机制中找出解决问题的所有可能的突破点。

（3）从所有可能的突破点中找出最优的突破点。最优是指在满足要求的前提和在现有资源条件下（如知识、技术、时间、成本等），花费的代价最小。

4．应用因果分析的注意事项

在画因果分析图时，需要注意要按照当前的系统来画，关注细节、不要跳跃，要一小步一小步地画，暴露出来的细节越多后期解决问题的思路也就越多，不要带着自己的经验、解决问题方案来画，尤其是经验丰富技术人员，应避免先入为主。

因果分析的结果是通过逐层梳理找到的，在系统组件或物质在相互作用过程中形成不良问题的原因与结果的对应关系。只有找到产生问题的根本原因，才能恰当地定义或再定义最小问题。因果属性分析的过程与因果分析相同，但是其结果是注重找到以两个组件或物质之间的属性相互作用而导致不良问题的根本原因。

4.3 功能分析

4.3.1 功能与功能分析的定义

技术系统的进化是以提高其理想度为基础的，产品设计的最终目标也是提高其理想度以适应人类需求的不断发展的。用户需求的是产品的功能，功能是产品的本质，而产品的具体结构只是功能的实现形式。

1．功能的定义

产品设计的目标是实现其功能，最大限度地为消费者提供能满足其所需功能的产品是产品设计的动力。对于产品而言，功能可以理解为功效，它与用途、能力、性能等概念既有关联，但又不尽相同。

从一般意义上来讲，功能是产品或技术系统的特定工作能力的抽象化描述。例如，水壶的功能是存储物质、椅子的功能是承载物质、机床的功能是切削工件。功能是产品设计的依据，如何对特定工作能力进行抽象化描述，是产品设计的关键。为了使人们易于进行抽象化描述，通常用行为来表述具体功能。行为是产品自身状态的变化过程，不同类型的产品，其功能定义的表达方式通常也不同。例如，机械产品可以利用机械装置的特点，将功能定义为是对能量流、物质流、信息流进行传递和转换的程序功效与能力的抽象化描述。能量流、物质流、信息流的传递和转换的具体方式就是行为。

产品设计过程也是实现一系列功能的过程，需求分析阶段以满足用户的需求功能为目标；概念设计阶段则将需求功能转化为功能结构；技术设计和详细设计阶段实现功能结构向物理结构的转变，最终实现产品功能。整个产品设计过程是一个面向功能的设计过程。

功能是指系统的一个要素作用于另一个要素,其中主导的要素是主体,被动的要素为客体(作用对象),相互作用的方式则为行动,也就是主体以某种行动作用于客体。

2. 功能分析的定义

功能分析是对系统进行功能分解的过程,需要确定系统的有用功能、不充分功能、过剩功能和有害功能,以帮助设计者更加透彻地了解系统中各个组件之间的相互联系和相互作用,从而找到系统本身存在的问题。

功能分析是改善系统的非常重要的步骤,要对与系统相关的所有组件加以完整定义并要识别组件间的功能关系,首先要找出系统的主要功能,使主要功能表现得更好;要找出系统的有害、不充分和过剩功能,以便找出系统的问题所在,进而把存在的问题彻底解决掉。

功能分析是提出产品创新方案的一种重要方法。采用对产品进行功能分析的方法,可以把对产品具体结构的思考转化为对产品功能的思考,从而可以摆脱产品形式结构对思维的束缚,拓展思路搜寻一切能满足产品功能要求的方法。以现有的技术和产品为基础,通过功能分析,可以建立产品的功能模型,为产品的创新方案提供有力的支撑。

功能分析的步骤如下:
(1)列出所有系统组件的功能及相关作用。
(2)构建功能模型,包括系统组件模型、系统结构模型和系统功能模型。
(3)基于功能模型记录并分析系统中存在的问题,包括损害、不足、矛盾等相关问题。
(4)按照一定的顺序对问题进行裁剪,并对上述问题的清单进行更新,揭示系统存在错误的方向。
(5)按照所确定的方向解决问题,应用 TRIZ 中的相关原理处理当前系统中的损害、不足或矛盾,提出相应的解决方案。

3. 理想度

一个新的技术系统必须做到系统的各个组成部分的整体效应大于各个部分的效应,使每个要素能够正确地结合在一起,以正确的方式进行交互作用,并提供保证功能实现所需要的一切。

如果不能确切地了解我们想从新技术系统得到的东西,也就是不了解其理想度,则很难找出系统存在的真正问题。

理想度是指在各种约束条件下,系统输出什么结果,哪些是可接受的投入,哪些是不期望的结果和问题(危害)等。

技术系统的功能要能够提供使用者所需要的收益,如果错误地定义了收益,或者定义得不完全,就不能确定其中的一些功能是否需要,或者在功能上存在着什么样的缺陷,不充分还是过剩,甚至是缺失,所以,我们需要准确地定义一个技术系统的理想度。

开发一个新的技术系统是为了满足人们的需求，获得需要的功能并从中受益。一个杯子的功能是装饮料，以便能端在手中饮用，当然还有其他很多方面在设计杯子时需要考虑。理解需求或者想要的收益对于我们了解问题非常重要，因为只有清楚这些，才能开发出必要的功能来满足需求，所以，功能分析定要与所要获得的收益结合起来。

4.3.2 功能模型的构建

功能模型的构建主要分为三部分，即组件模型、结构模型和功能模型。

1. 组件模型

首先，将系统和超系统的组件加以区分并分类列出来，分别描述出各组件的关系。从系统组件的相互关联性来看，系统应该至少由两个组件（子系统或元件）所构成。组件模型如图 4-3 所示。

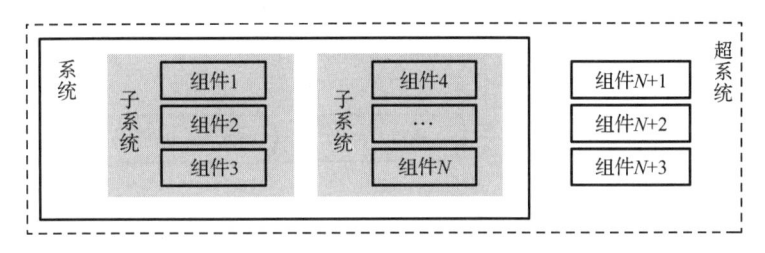

图 4-3 组件模型

在分析问题时，不能局限于产品说明书或者装配图明细表中所列出的组件，而是要考虑在发生问题时所有参与了相互作用的组件。例如，某些根本没有列出的组件，但它们实际参与了系统的相互作用，"贡献"了某些功能，因此，不能遗漏这些组件，必须作为系统的组件来统一进行分析。

2. 结构模型

结构模型是在已经列出所有必要组件的组件模型基础上，描述各组件之间的相互作用关系，即绘制人字形网格交叉线。结构模型如图 4-4 所示。

建立结构模型的目的是起到辅助和提醒作用，在识别和发现组件的功能时，往往需要遍历检查每两个组件之间可能的相互作用关系。

例如，在图 4-4 中，组件 1 压着组件 2，组件 2 支撑组件 1，此处可以在结构模型图中以圆点表示相互作用的关系。

3. 功能模型

功能模型是在结构模型的基础上，为了进一步识别其功能类别，并用不同的连线和箭头来把所有的组件之间存在的功能,以标准格式绘制功能模型。功能模型如图 4-5 所示。

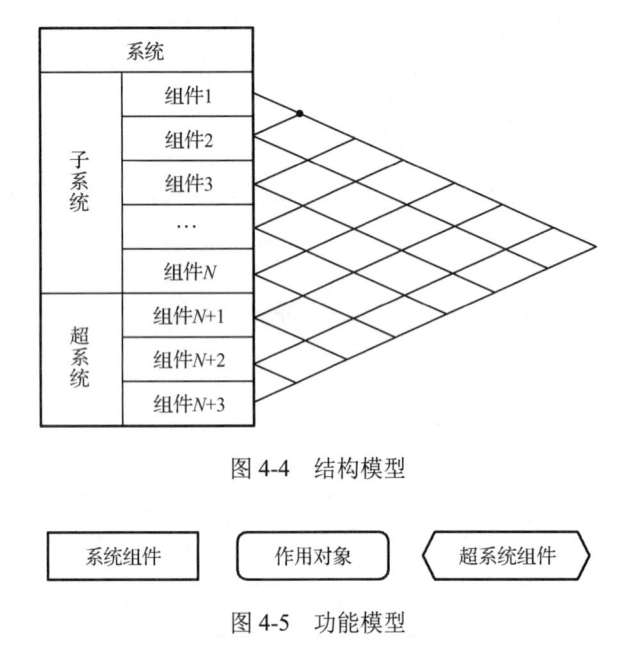

图 4-4 结构模型

图 4-5 功能模型

功能模型是辅助我们进行功能分析、发现并消除不良功能的图示化工具。对于从分析过程中所发现的系统的有害功能,必须首先予以消除;对于有用功能,必须予以确保实现或予以增强;对于不充分或过剩功能,应设法予以改变,并调整为有用功能。

下面以眼镜的创意设计改进为例进行功能分析,并建立功能模型,如图 4-6 所示。

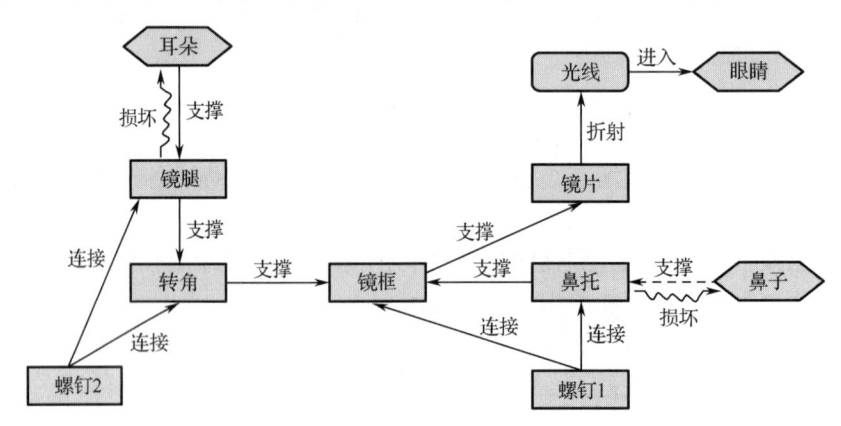

图 4-6 眼镜的功能模型

功能分析是从系统的组件或物质相互作用的形式实现功能的角度梳理、发现系统中的功能不良的问题,以两两组件或物质相互作用的方式,恰当地定义或再定义最小问题。功能属性分析的过程与功能分析相同,但结果注重找到以两个组件或物质的属性相互作用而构成的不良功能。

尝试找到发生功能相互作用的最小接触面(直接或间接接触),往往这个最小接触面就是最小问题区域,我们可以找到分析问题的入口,找到形成问题的根因、转换问题的转换点,以及解决问题的概念解。

4.3.3 裁剪

1. 裁剪的定义

裁剪是一种分析问题的工具,指的是将一个及以上的组件去掉,将其执行的有用功能利用系统或超系统的剩余组件来替代的方法。裁剪可用来实现消除问题功能、简化系统、降低成本等作用。

裁剪建立在功能模型的基础上,在此基础上,构建多因素评价体系,通过对综合评价值的排序来确定裁剪的优先权。裁剪是解决由功能分析发现的系统存在问题的有效方法,也是一种改进系统的创新方法。

裁剪的目的在于:
- 精减组件数量,降低系统的组件成本。
- 优化功能结构,合理布局系统的架构。
- 体现功能价值,提高系统功能实现的效率。
- 消除过剩、有害功能,提高系统的理想度。

2. 裁剪的作用

裁剪主要用于简化系统,在简化系统的同时减少成本并消除危害。裁剪可以增加系统的理想度(在获取更多收益的同时减少成本和危害),帮助我们消除系统中有问题的组件,减少系统中组件的数量。这种方法应用面很广,适合不同情形的问题,可以有效降低系统的危害、成本和复杂性。

裁剪是TRIZ解决问题的一个关键步骤。在一定程度上讲,裁剪方法是对一个系统理想度进行检查的过程,它可以打破人们心理上的一些束缚,消除附加在现有系统上一些不匹配的东西,使我们可以常常提醒自己,系统中的一些组件是否必要,直面那些与理想度有冲突的系统组件,并想办法改进它们。

裁剪不仅局限于处理危害、过度或费用等问题,还可以用来分析每一个组件,扩大想象空间,形成一些有创新和有成效的解决方案。

3. 裁剪的原则和步骤

裁剪的主要原则包括：

（1）如果分析该系统的专家有足够多的经验，可以通过对具体问题的具体分析选择需要裁剪掉的组件。

（2）提供辅助功能的组件价值小于提供基本功能的组件，可以优先考虑裁剪该组件。

（3）如果希望降低技术系统的成本，可以考虑裁剪系统中成本最高的组件；如果是希望降低系统的复杂度，则可以考虑裁剪系统中复杂度最高的组件。

系统组件的价值大小可以通过功能-成本关系图来判断，如图 4-7 所示。图中，横坐标代表组件的成本，纵坐标代表组件的功能性，可以结合坐标来逐个评估不同组件的价值大小，从而判断是否需要裁剪该组件。其中，功能高而成本低的组件为设计目标，功能低而成本高的组件则是要被裁剪的对象。

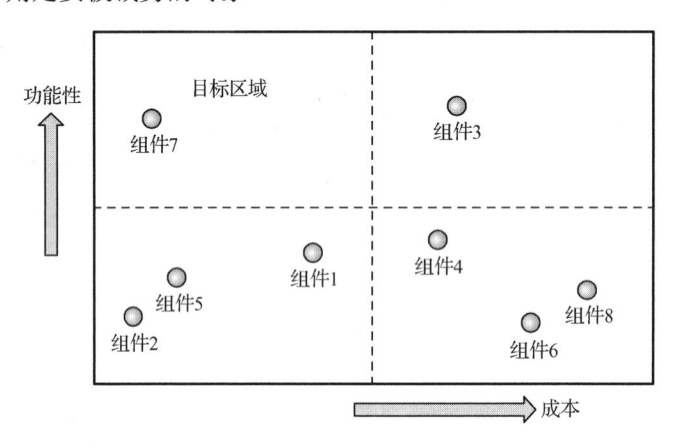

图 4-7 功能-成本关系图

裁剪的具体实施步骤：

（1）若组件 B 不存在，并且组件 B 也就不需要组件 A 的作用，那么组件 A 就可以被裁剪掉；如果组件 B 是该系统的作用对象，那么此步不适用，进入第 2 步。

（2）若组件 B 能完成组件 A 的功能，那么组件 A 可以被裁剪掉，其功能由组件 B 自行完成。如果不存在第 2 步的条件，可进入第 3 步。

（3）若该技术系统或超系统中其他的组件 C 可以完成组件 A 的功能，那么组件 A 可以被裁剪掉，其功能由其他组件 C 完成。如果不存在第 3 步的条件，可进入第 4 步。

（4）若技术系统的新添组件 D 可以完成组件 A 的功能，那么组件 A 可以被裁剪掉，其功能由新添组件 D 完成。

这里仍以眼镜的创意设计改进为例进行功能裁剪，在功能模型的基础上，将其中有害作用的组件裁剪掉，并让其他组件完成原有功能，如图 4-8 和图 4-9 所示。

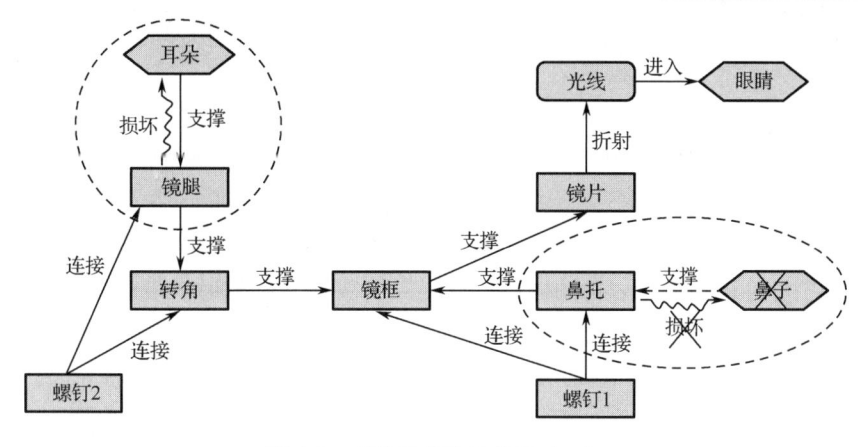

图 4-8 对眼镜组件的裁剪（一）

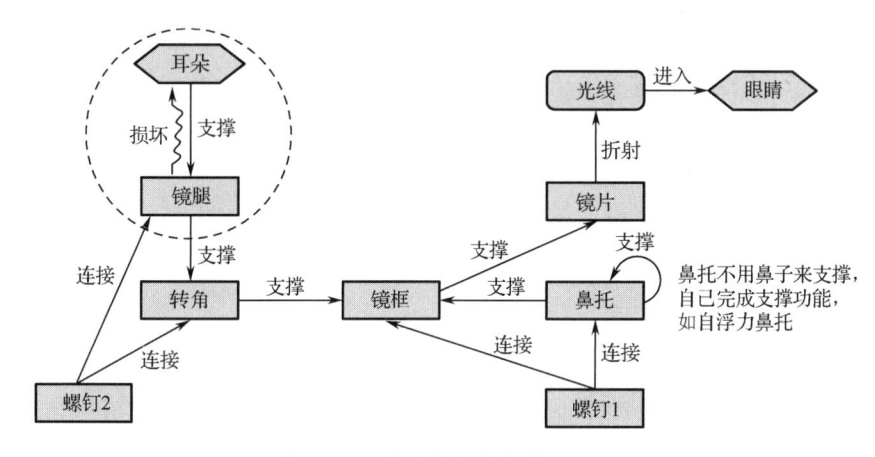

图 4-9 对眼镜组件的裁剪（二）

扩展阅读：理想解在发明中的应用

1. 洗衣机的最终理想解

从 1874 年比尔·布莱克斯发明了木制手摇洗衣机之后，洗衣机经历了动力变化、结构变化、控制变化等多个阶段。在 1995 年日本大阪召开的亚洲设计会议上，当松下洗衣机的设计部部长大谈 21 世纪的洗衣机将会怎样（如出现喷雾洗衣机、气泡洗衣机、电磁洗衣机）的时候，我国著名设计专家柳冠中教授的发言语惊四座："中国要在 21 世纪淘汰洗衣机！"，因为"老百姓需要的不是洗衣机，而是干净的衣物。我们做设计的最终目的不是无休止地改良洗衣机，而是要更好地实现衣物保洁。"

这是从不同角度提出的问题，我们可以从不同层次的理想解出发对上述资料进行分析。在分析的过程中需要注意，不要希望去发现一个唯一解，因为许多创新问题是没有标准答案的。

2. 自返式运输车的发明

传统的四轮运输车在运输货物时，是由人力推动或电力驱动的。现欲改善其驱动状况，使其既不需要人力也不需要电力（或其他形式的能源），而是利用车的自身结构特点驱动其载重前进，并使其在卸载后自动返回。这一发明实际上就是追求最终理想解的过程。

自返式运输车安装有平卷簧，当车运送货物前进时，平卷簧卷紧存储机械能，当到达目的地卸掉货物后，平卷簧恢复原形带动运输车自动返回。应用 TRIZ 理论进行自返式运输车的创新设计，改进了自返式运输车的结构，使其在功能原理上发生了根本的变化，不需消耗外加能源和驱动力，而只是利用所运货物自身的重力进行驱动的，并且自返式运输车在前进过程中又将其转化为机械能存储起来，在卸掉重物后返回，彻底改变了在运输货物时需有人往返推拉或用电动绞车驱动的传统工作方式，提出了自返式运输车的创新设计理念。由于自返式运输车只适用于斜坡地，当四个车轮直径相同时，车体将产生倾斜，不利于放置货物，为了使所运送货物的承重面处于水平（达到理想状态），故前后车轮直径的大小不一样。

第 5 章

如何进行产品创新与开发

5.1 技术产品的创新

5.1.1 产品创意与创新

1. 产品创意

产品创意（Product Idea）是指企业可以为市场提供的某种可能的商品的想法。对于新产品开发而言，产品创意并未涉及具体的产品设计流程，而是对产品功能和质量的概念构想。这种构想是基于解决用户问题的目标而产生的，并且也是整个新产品开发过程的开始。为了实现这种构想，就需要对产品的新颖性、实用性、可行性和市场接受度等进行论证。

只有在技术和可行性等方面得到验证的产品创意，才能进入下一步的研发流程，也就是专利信息检索。通过现有的国内外专利数据库查找产品相关的专利信息并进行分析比较，在确定了新产品所采用的技术不侵犯知识产权之后，下一步要做的就是市场调查。

2. 产品创新

创新（Innovation）来源于约瑟夫·熊彼特的经济学理论，他将创新定义为把一种新的生产要素和生产条件引入生产体系，包括五种情况：引入一种新产品，引入一种新的生产方法，开辟一个新的市场，获得原材料或半成品的一种新的供应来源，以及新的组织形式。创新并不仅仅局限于生产制造过程，其概念包含的范围很广，既涉及技术性变化的产品创新，也包括非技术性变化的组织创新。

产品创新可以分为渐进式创新和突破式创新两类。

渐进式创新是指基于现有技术、生产能力、市场和用户，对现有技术的改进所引起的渐进的、连续的创新。突破性技术创新是指基于突破性技术的创新，使产品、工艺或服务具有前所未有的性能特征，或者具有相似的特征但是性价比有巨大的提高，或者创造出一种新的产品。突破性创新并不是按照企业主流用户的需求进行改进的创新,可能是暂时还不能满足主流用户需求的创新。

突破性创新是基于工程和科学原理上的突破性技术而产生的创新,此类创新往往导致产品性能的主要指标发生跃变,导致市场规则、竞争态势,甚至整个产业发生变革。尽管突破性创新的最初提出以及后来更多地反映在诸如产品、技术等层面上,但其实质是采用破坏性方法和力量产生突破性创新和思想的一种方法。

产品创新是对用户需求和愿望的综合回应,一款成功的产品需要将技术作为可以被使用、被渴望并且有用的产品或服务,完整地传递给用户。因此,对于试图创业的人来说,面临的挑战不是急于开发某项技术进而进入市场,而是提供更加完整的解决方案以满足用户的需求,提供更能及时响应社会环境、经济和技术变化的产品或服务。要达到这个目的,不仅需要发明,还需要一个从想法、设计、开发到市场的过程,这就是产品开发过程。

5.1.2 产品创新的相关要素

产品创新是一项跨学科的活动,它需要多个部门的参与和协同合作。

1. 产品创新所涉及的专业部门

产品创新涉及的最重要的三个专业部门包括设计部门、市场营销部门和制造部门,设计部门列于首位。

(1)设计部门。设计部门在确定产品的物理形式、以最好地满足顾客的需求方面发挥着重要作用。产品设计涵盖了多个领域的内容,包括工程设计(如机械、电子、软件等的设计)和工业设计(如美学、人机工程、用户界面等的设计)。

(2)市场营销部门。市场营销部门的主要职能在于协调企业与用户之间的关系。市场营销往往有助于识别产品机会、确定细分市场、明确顾客需求,有效的市场营销还可加强企业与顾客之间的沟通、设定目标、监督产品的发布和推广工作。

(3)制造部门。制造部门的主要职能是为生产产品而开展的生产系统的设计、运营和协调工作。广义的制造职能还包括采购、配送和安装,在某些领域,这一系列的活动也被称为供应链(Supply Chain)。

2. 产品创新的特征

产品创新具有以下几方面的特征。

(1)创新性:产品创新的过程通常始于一个想法、结束于一个有形产品的生产。无论从整体还是从单项活动的角度来看,产品创新的过程都具有高度的创新性。

(2)动态性:技术的提高、顾客偏好的变化、竞争对手推出新产品,以及宏观经济环境的变化,在不断变化的环境中做出决策是一项艰巨的任务。

(3)细节性:产品创新中的细节问题将直接影响产品未来是否能够获得巨大的利润和

商业成功,一个微小的细节变化就可能在经济上产生几百万元,甚至几千万元的差别。

(4)时效性:如果产品创新的周期足够长、创新团队具有足够的时间,许多困难都可以解决,但往往产品的创新需要在没有明确目标和完整信息的情况下,快速做出决策。

(5)满足用户需求:所有产品的创新都要满足某种用户需求或市场需求,无论主流用户还是边缘用户,需求将影响产品创新的各个方面因素,影响产品创新最终的成功与否。

(6)团队协作:很少有产品创新是由一个人单独完成的。产品创新涉及的所有个人组成了项目团队,这个团队通常有一个明确的产品创新目标,有内部的任务分工,需要协同合作,还要有一个团队领导。

(7)团队多样性:产品创新团队往往需要不同领域、不同专业的人才,因此团队需要由具有多种知识和技术背景的人员组成。同时,产品创新团队也可以由一个核心团队和多个扩展团队组成。而核心团队和扩展团队,也可能由不同领域、不同专业的人员组成,如技术开发团队、市场营销团队等。

5.1.3 产品创新的过程

产品创新与开发的过程具有科学性、系统化的特点。较早提出的产品开发流程的理论模型是 BAH 模型,包括七个步骤:新产品策略、创意产生、筛选及评估、商业分析、开发、测试和商业化。这里介绍的产品开发过程不是依据 BAH 模型构建的企业产品创新的过程,而是适用于初创企业或创业企业的新产品从无到有的产品创新过程,如图 5-1 所示。

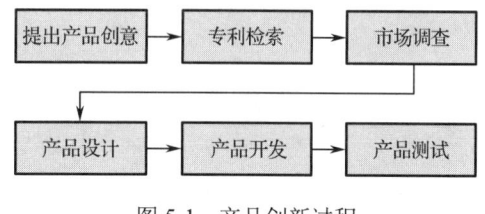

图 5-1 产品创新过程

产品创新过程是由多个环节组成的,在初创企业或创业企业中,这些环节往往是交叉重叠和循环往复的,但大致遵循以下流程。

1. 提出产品创意

在产品创新初期,首先要提出产品创意,这个创意可能是为了迎合当前市场需求,或者是由技术进化发展而来的,或者是基于某个产品技术问题的解决而衍生的,产品创意初期可以采用头脑风暴等多种方式来累积不同的方案。

2. 专利检索和市场调查

通过专利检索和市场调查对现有产品技术等相关信息进行分析比较,评估产品的创新性和市场的适应性,依据专利检索和市场调查的结果,对产品创意进行改进、修正和完善。

3. 产品设计和产品开发

在产品设计阶段,需要根据产品创意对其功能进行系统的设计,然后依据产品设计方案对产品进行开发。在产品开发阶段,并非仅仅经历一次流程就可以实现。由于市场需求变化多端,产品创新是永无止境的。产品开发流程的运行可能往复多次,甚至呈现螺旋状上升状态,每一次或若干次的循环往复都进入技术水平和管理水平的更高阶段,使产品能够更有效地满足消费者的需求。

4. 产品测试

对开发出的新产品进行测试、评估和后期调研,根据产品测试结果,最终衡量是否将产品商业化和批量生产。创业者可以采用迭代创新的方法,先设计出最简可行化产品(Minimum Viable Product,MVP),然后通过不断试验和学习,以最小的成本和有效的方式验证产品是否符合用户需求。如果产品不符合市场需求,最好能"快速地失败,廉价地失败",而不是"昂贵地失败";如果产品被用户认可,也应该不断学习,挖掘用户需求,迭代优化产品。

总体来看,产品开发的基本流程是,通过需求分析产生产品创意,对产品创意的创新性和可行性进行检验;然后充分应用创造性思维、发散性思维,在功能或结构等层面对创意方案进行重新设计;再将方案付诸实践,进行新产品开发;最后将开发出的新产品在小范围内进行测试。

5.2 产品创新分析工具

产品创新分析工具是指在创造一个新的产品过程中,辅助创新者得出更好的产出或者将老的产品改进得更加符合预期的工具。

产品设计的目标是满足用户需求,因此对需求的研究是产品创新的重要内容。有的理论认为,需求代表一种不平衡,是期望状态与现状的差距,所以这里介绍的产品创新分析工具主要是围绕用户需求进行分析的。

5.2.1 需求进化分析

1. 什么是需求进化分析

(1)需求的定义。需求可以定义为用户在主观上对产品的期望状态与产品现状的差距,也就是理想与现实的差距。期望状态与产品的理想状态是不同的,期望状态是主观概念,是指用户在主观上对产品功能的期望,不仅包含对产品功能的期望,也包含对产品设计约束的期望。产品的理想状态是客观概念,是产品功能完美实现的状态,它一般主要指产品的功能方面,很少涉及产品的设计方面因素。

有的理论将需求分为实际需求、可能需求和理想需求。实际需求是需求的当前状态，是需求的现实状态；可能需求是现实需求的潜在状态，是当前需求的扩展；理想需求是创意思维主体对需求理想状态的理解。

（2）需求进化分析的定义。人的需求时刻都在变化，也可以说需求总处于进化状态。需求的进化受客观规律支配，是有规律可循的，在此基础上，根据需求进化的规律开展的分析，就是需求进化分析。

需求进化分析可遵循五个原则，即需求进化理想化、需求进化动态化、需求进化协调化、需求进化集成化、需求进化专门化。

在很多情况下，需求进化理想化通过需求进化动态化、需求进化集成化及需求进化专门化来实现，后三者又经常通过需求进化协调化来实现。

2．需求进化理想化

需求进化理想化是指增加需求的数量、提高需求的质量、减少实现这些需求的时间消耗及副作用，是需求进化的趋势。

需求进化理想化水平趋于无穷大是需求进化理想化的进化趋势。根据这种趋势，可以有四种方法推进需求进化的理想化，即增加需求的数量、提高需求的质量、减少满足需求的时间或成本、减少实现需求的副作用。

（1）增加需求的数量。这可以增加需求进化理想化水平，增加需求的数量可以通过发现新的需求或使现有需求多样化来实现。通过专门化或发明不同的实现方法可以使已存在的需求多样化。

（2）提高需求的质量。开发或应用更高级的技术或发明新的方法可以提高需求的质量。

（3）减少满足需求的时间或成本。通过并行地满足多种需求、用一种方法满足几种需求等方式可以达到减少满足需求的时间的目的；降低成本则有多种方法。

（4）减少实现需求的副作用。为了减少副作用，需要分析系统的构成及实现方法，对可能出现副作用的功能进行调整。常用的调整方法为采用无废弃物的原材料，或者采用能够抵消或减小副作用的技术，也可以利用某些资源或效应，如生物效应等。

3．需求进化动态化与需求进化协调化

需求进化动态化预示需求具有以下四种进化趋势：

（1）需求会随时间、空间、结构、条件的变化而发生变化。

（2）需求要适应特定的位置、场所、地区及特定的人群，需求要适应特定的时间、地点及形式。

（3）需求将体现民族特性、职业、年龄、性别、受教育水平、宗教信仰、季节或一天中的时刻等。

（4）需求将体现减少人的介入，如机械化、自动化、可控制等。

需求进化协调化是指构成系统的各子系统之间在参数、结构、条件、空间、时间等方面协调。协调是动态的，而失调则会导致失望、矛盾、破产、灾难、生态破坏等负面结果。需求进化协调化还可以理解为改进系统存在的不协调因素。

4．需求进化集成化与需求进化专门化

需求进化集成化包括有用功能或特征集成应用，有害功能或特征得到补偿或保持在一定的水平之下，有如下几种集成的方法：

- 集成相同或相似的需求；
- 产生具有不同特征的相似需求；
- 产生竞争或多样化的需求；
- 集成不同种类的需求；
- 集成相反的需求。

需求进化专门化是指将需求浓缩，使其更精确并具有更高的质量，确定该类需求的步骤是：

- 选择需求中最重要的部分；
- 扩展这部分需求；
- 提供更好的条件充分满足这部分需求。

5．需求进化的应用

产品创新一般可分为未来产品的创造或对已有产品的改进。

未来产品的创造，就是创造出目前不存在的产品，该产品创新的需求进化就是明确一个有待开发的领域，然后利用需求进化的五个原则来预测或发现新的需求，再将需求转换为新功能并开发出相应的产品。

而大量的产品创新是对已有产品的改进。已有产品可以是本企业正在生产中的产品，也可以是其他企业生产的竞争产品。在不违反专利法的情况下，借助已有产品进行创新，是企业常见的创新活动。首先，选择产品原型，发现该产品的缺点及潜在问题，然后确认用户目前及未来还没有满足的希望，分析这些问题或希望，最后确定新需求。

利用需求进化趋势来开展产品创新可采用以下步骤：

（1）选择原型产品。本企业或市场上销售的产品，经过选择都可以作为产品创新的原型。

（2）确认原型产品的缺点或问题。可以按传统方法进行，如现场考察、倾听用户的意见、产品沟通会等。

（3）确认原型产品的缺点或潜在问题，可采用需求进化的原则逐条分析用户需求。

（4）问题分类及系统化。对已存在的、未来的缺点及问题进行分类并系统化，如采用

质量屋或需求树等方式来表达目前及未来的需求。

（5）确定新需求。分析上述需求，结合开发人员的经验与实现的可能性，确定新需求。

需求进化的应用主要包括需求提取、需求分析、需求确认，其结果是得到待开发产品的功能需求。需求进化的原则可用于需求提取和需求预测，其基本原理为：需求进化理想化水平处于无穷大的状态，是理想需求状态，是所有需求进化的最终状态，需求均向理想需求方向进化。前文介绍的需求进化的原则指明了需求进化的方向，按这几个方向逐步接近理想需求的需求是未来需求，即向理想需求进化过程中的每一个或一组需求状态都是未来需求，在这些需求中未出现过的需求则是新需求。

5.2.2 卡诺分析

1. 卡诺分析的定义

日本东京工业大学教授狩野纪昭（Noriaki Kano）在日本质量管理大会年会上宣读了《魅力质量与必备质量》的研究报告，建立了著名的卡诺（Kano）需求模型。

卡诺需求模型定义了三个层次的用户需求：基本需求、期望需求和兴奋需求。这三个层次的用户需求根据绩效指标分类就是基本因素、绩效因素和激励因素。基本需求是用户认为产品必须有的属性或功能。期望需求要求提供的产品或服务比较优秀，但并不是必须有的产品属性或服务行为，期望需求是用户希望得到的。在市场调查中，用户谈论的通常是期望需求。兴奋需求要求提供给用户那些完全出乎意料的产品属性或服务行为，从而使用户产生惊喜。

卡诺分析（Kano Analysis）是在卡诺需求模型上建立起来的，是基于产品属性对用户的重要性进行的相关分析。可以利用卡诺分析对产品属性进行分析，以辨识哪些属性能更多地影响客户满意度。卡诺分析的主要适用于分析客户满意程度、客户忠诚度等相关的问题。在产品的设计过程中，并不是功能越多越好，有时候过多的功能会导致用户在使用时变得迷茫，产生不合理的开发费用，并且最终结果也未必会提高用户的满意度。

此外，在市场调查和访谈过程中使用卡诺分析，能够筛选用户和产品的重要度及优先级，形成产品总体的大框架，用来帮助团队厘清哪些功能可以直接影响用户的满意感。但卡诺分析是一种产品创新的分析工具，强调的是梳理现有的因素和资源，并不适用于产生创意灵感的初期阶段。

2. 卡诺分析中的相关属性

在卡诺分析中，可将产品和服务创新的特性分为五种属性，即必备属性、魅力属性、期望属性、无差异属性和反向属性，如图5-2所示。

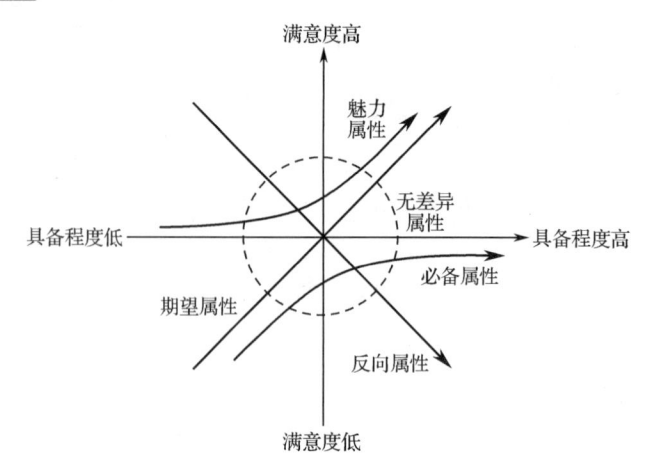

图 5-2　卡诺分析中的五种属性

（1）必备属性。必备属性指的是一个产品满足用户最基础的需求，一般指比较基本的安全、可靠、隐私等需求。这类需求是用户的需求底线，需要尽可能地保证产品能够实现这些需求，否则会大幅度地降低用户的满意度。

（2）魅力属性。魅力属性指的是某些要素能让用户对产品的质量产生好感，可能是风格、交互、功能上的提升或者增加了用户想象不到的一些特质，让其产生眼前一亮的惊喜，感受到产品的魅力，从而提高满意度。一般而言，魅力属性是用户的潜在需求，即使没有也不会降低用户的期待值，但是如果有，会让产品增色不少。

（3）期望属性。期望属性指的是用户期待的属性，在必备属性满足后，用户会对某些产品的属性有所期待，如果能够满足到这些期待，可以提升用户满意度。

（4）无差异属性。无差异属性指的是可有可无的一些属性，该属性大多是承载或者连接主要功能的作用。这种属性的存在与否，不会对用户产生影响。

（5）反向属性。反向属性指的是会有负面情愫产生的属性，是指在使用产品的过程中可能会使用户产生不悦、不便利或者没必要的一些产品特质。在大部分情况下应该避免反向属性，但在特定情况下，可以成为一些商业策略，如用户付费后可去除广告等。

3. 卡诺分析的操作流程

卡诺分析的操作流程如下：

步骤 1：在评估每个产品的属性时，要考虑以两个问题：
- 如果产品具备这种属性，顾客会觉得怎么样？
- 如果产品没有这种属性，顾客会觉得怎么样？

例如，如果餐厅提供免费的餐巾纸，你会觉得怎么样？如果餐厅不提供免费的餐巾纸，你又会觉得怎么样？

步骤 2：要用"满意""中性""不满意"回答上面两个问题。

步骤3：将产品的每个属性都重复步骤1和步骤2。

步骤4：将产品的每个属性都归类在图5-2所示的象限中，可以根据属性所在的区域来判断该属性是否会让客户满意。

此外，在产品设计的过程中，需要尽量避免无差异属性和反向属性，至少要做好必备属性和期待属性，努力做好魅力属性。

4．卡诺分析的理解

通过卡诺分析可以判断用户对产品的满意度的变化过程。

从产品功能的角度来看，功能不断完善是为了更好地满足用户需求。如果产品功能完全满足了用户需求，那么用户对产品的满意度曲线称为期望特性曲线，这种状态也称为一对一质量或者线性质量，它表示产品的质量达到了规范要求，即产品功能完全满足了用户需求。

在产品创新的过程中，期望特性曲线表示用户对未来新产品功能的一种期望。事实上，期望特性曲线仅仅是产品功能的合理状态。当产品功能不能完全满足用户需求时，用户满意度不能达到需求与满意的一一对应，则产品特性曲线在期望特性曲线的下侧，此时的产品特性曲线称为基本特性曲线，它表示产品必须具备的基本特性，即虽然产品没有完全满足用户需求，但只有具备了这些特性，用户才能接受，否则属于不合格产品，无法让用户接受。

与此相反，当产品某些特性超出用户的期望，给用户带来了意想不到的使用效果时，产品特性曲线则在期望特性曲线的上侧，称为兴奋特性曲线。此时，用户对产品的满意度超出自身的期望值，会成为产品的忠实用户。

随着时间的推移，产品性能不断提高，用户对产品的期待会更高，产品的兴奋特性曲线就会转变为期望特性曲线甚至基本特性曲线，这对产品的设计开发也提出了越来越高的要求。卡诺需求模型表明，用户对产品的期望是不断变化的，对产品的期望会越来越高，只有通过与用户交流，倾听用户的心声，获取用户真正的需求，才能开发出真正符合市场需求的产品。

5.3 产品设计与开发

5.3.1 产品设计

1．产品设计的流程

在产品设计的流程中，具体的设计方法是多种多样的，但各种设计方法都需要由设计团队来完成，如技术人员、专家和工程师等。在产品设计的流程中，设计团队要根据产品创意来找出解决问题的具体方案，制作产品原型或模型等，最终实现产品的制造。然而，产品设计的流程往往不是一次成功的，需要循环往复或者利用迭代的方法不断进行。随着

3D打印等新技术的出现，近年来产品设计的流程进步飞速。

产品设计的流程大致可分为以下几个阶段：

（1）分析阶段。分析阶段包括了项目承接和调研分析。在分析阶段，设计团队首先需要承接设计项目并找出问题所在，然后利用自身资源找到最优解决方案，最后开展调研分析，收集材料，从中寻找解决问题的办法，收集的材料包括数据、调查问卷、文章以及其他来源的材料。

（2）概念阶段。概念阶段是确定主要解决问题的阶段，之前提出的产品设计问题在这个阶段变成了主要解决的对象，而设计要求的限制条件就成为新产品开发过程中的边界。

（3）整合阶段。整合阶段包括创意形成、选择、实施和评估等几个方面。

- 创意形成是指设计团队为解决问题而提出不同的想法和方案，这些想法和方案不能带有任何偏见，并且必须是原创的。
- 设计团队筛选解决方案，选出可以成功的方案并据此编写产品设计纲要。
- 制作产品原型，实现上一阶段的设计纲要并实现产品制造。
- 进行产品测试和评估，并根据测试结果改善产品。然而，这个阶段并非产品设计的最后一个环节，产品原型也许未能达到预期效果，所以产品设计是不断循环的过程。

2．最简可行化产品理论

最简可行化产品（Minimum Viable Product，MVP）是指在产品设计和开发中只具备最基本功能的产品，而这些最基本的功能又能够为产品及其后续开发提供足够且有效的研究基础。

最简可行化产品理论旨在解决产品开发，尤其是在产品初次发布中的问题，主要目的是更早地接触用户，占领市场并验证用户需求。传统的瀑布式产品开发流程从调研到设计、研发，再到推向市场，是一个漫长的过程，如果调研结果不准确将导致后续的产品开发会功亏一篑；利用最简可行化产品理论进行小样本调研分析，并快速进入市场，更早地接触用户，将会快速得到反馈，以便设计者不断修改产品，减少试错的成本。

在很多产业中，减少产品功能会让开发、测试和生产成本大幅降低，因此，将产品功能简化会让投入和产出的比例更加合理。但是，产品功能过少，往往会导致其日后投向市场的失败；而产品功能过于繁杂，则会导致收益回报率降低，至有亏损的风险。最简可行化产品既可以用于产品制造和营销，也可以用于产品设计的创意产生阶段、产品原型阶段、产品演示阶段或产品展示阶段。

5.3.2 产品开发

1．产品方案

产品方案是指对拟建项目产品的品类、规格、功能等技术参数和市场竞争性的规划，其中对产品规格的规划方案需要考虑产品的材料结构、使用寿命、用户习惯和反馈等因素。在产品方案中，对产品性能的描述是应用得较为普遍的一种产品开发方式。例如，在一个建造项目中，产品方案能够直观地反映建造过程的输入和最终成品的产出，因而投资者能够很快得出是否值得投资的结论，或者一个创业项目在争取投资时，专业且详尽的产品方案能让评估人员有效地鉴别该项目能否达到相应投资的要求。

2．产品模型

产品模型是指等比例缩放的产品或等体积的结构样例、设备样例。一般情况下，产品模型的外观、形状和颜色等特性与最终成品是很接近的。与产品原型类似，产品模型也是为了从用户那里获得反馈的，其目的也是对产品设计进行修改。产品模型的存在不仅是为了收集用户对产品外形的意见，同时也可以发现产品外形是否有缺陷，从而避免影响其使用、操作、放置和搬运等。

相对产品原型而言，产品模型的制作速度较快，而且成本较低。

目前，产品模型广泛应用在以下领域：

（1）汽车、飞行器及高速列车。此类行业中的风洞试验可分为实物试验和模型试验，为了降低成本及节省时间，开发人员需要利用模型来进行试验。

（2）消费品。此类产品模型主要用于展示产品的外形，并从用户或投资人方面获得他们对产品外形的修改意见。例如，相机、饮水机和抽油烟机等。

（3）家居装潢。此类产品模型主要用于家居市场的展示和楼盘样板间等。

（4）建筑。例如，售楼处的模型。

（5）餐饮业。例如，餐厅门口的菜品模型。

（6）系统工程和软件工程。

产品模型与产品原型经常被混淆。在上述的领域中，产品模型是在纸上或者计算机图片中设计的用户界面，而且往往是静态的。

3．产品原型

产品原型是指早期用来测试一个概念或流程的样品。制作产品原型是为了之后的生产和制造，或者从中进行认知和迭代，以便对产品设计进行修改和完善。

产品原型是产品设计过程中的早期样品，往往和成品的尺寸相同，内含真实的组件，也具有操作功能。其作用是让设计人员直观地了解产品的运行情况，从而得知各项功能的运行是否正常。在产品开发过程中，有些失误和不足是难以直接发现的，所以制作产品原型目的之一就是让这些缺点充分暴露出来。但是，这并不意味着设计人员进行一次修改就能让产品的功能达到设计预期，根据以往的经验，产品原型需要经过多次制作后才能完成产品设计。

（1）实体产品原型。产品原型主要是指实体产品原型，是指将产品设计方案实现并制作出的实体,实体产品原型与最终产品材料一样或用较为低廉的相似材料替代。随着近年来 3D 打印技术的发展,很多领域的产品原型制作可以依靠 3D 打印技术来快速实现。与传统制造技术相比,通过 3D 打印技术制作的实体产品原型能够实现某些较为复杂的结构,实现精准制造。早期的 3D 打印技术多被用于制造领域的实体产品原型,而现在已被广泛应用于航空航天、医学及医疗器械、汽车制造等多个领域。

(2)数字化产品原型。随着计算机科学的发展,计算机建模技术越来越成熟,这让一部分实体产品原型不再那么重要,为了顺应数字化技术的潮流,出现了数字化产品原型。数字化产品原型是指利用 3D 建模技术将产品的设计转化成数字化产品原型。数字化产品原型在设计过程中的一大优势就是它可以允许不同部门、不同职责的设计人员建模,让各方的设计数据实时更新和快速修改,保证了各设计人员之间数据传输的准确性,从而提高设计的效率。由于具有上述优点,数字化产品原型的出现让实体产品原型的重要性大大降低,但很多行业中还是将数字化产品原型作为辅助方式,与实体产品原型共同展示产品的功能。

除了设计的便捷性,数字化产品原型的另一个优点是能迅速实现设计内容的可视化。为了降低成本,实体产品原型的材料和外形与最终成品有时是不一致的,而数字化产品原型可以做到外形与设计意图保持一致,且无须增加成本。此外,数字化产品原型与实体产品原型一样,可以测试产品的性能,而且数字化产品原型的开发时间常常比实体产品原型的制造时间短,因此,数字化产品原型能够为产品开发的迭代过程节省大量的时间。

4. 用户体验

用户体验(User Experience)是指用户在使用产品过程中的一种主观感受,是用户对使用或期望使用的产品、系统或服务的认知印象和回应。用户体验主要包括系统、用户和使用环境这三方面因素。

用户体验包括用户在使用一个产品或系统之前、使用期间和使用之后的全部主观感受,涉及情感、喜好、认知印象、生理和心理反应、行为、成就等多个方面。在产品开发中,针对用户体验的相关研究有助于帮助产品设计和改进系统。

用户体验可以通过产品展示、概念体验、实物体验等途径获得。

(1)产品展示。产品展示是指向用户或投资者详细介绍产品规格、款式和性能等。需要指出的是,这里介绍的产品展示是指广义的产品展示,包括服务展示。产品展示的最终的目的是吸引潜在的用户,产品展示的方式是多种多样的,包括最简可行化产品和一些市场营销手段等。

(2)概念体验。概念体验是指对产品或服务的概念进行的体验,是没有实物的。产品展示方式中的产品演示、产品解说视频等都是产品概念体验的方式,很多概念体验都是在产品开发过程中进行的,也就是为了让用户在没有产品实物的前提下对产品或服务的情况有深入的了解。这种概念体验对分析用户体验非常有帮助,可以通过用户体验的反馈来对产品进行修改。通过概念体验，观察用户对产品的哪些功能较满意，以及需要增加哪些功能，可以得知他们认为该产品是否便于使用，通过对用户体验的反馈进行长期观察，还可以了解市场动向。

（3）实物体验。与概念体验不同，实物体验是指用户对产品模型、产品原型或成品等实物进行使用的过程。如果仅仅采用视觉和听觉的方式让用户进行体验，有时无法使用户对产品有充分的了解。实物体验能够使得产品与用户进行直接的"沟通"，并让设计人员直接了解用户的情感和心理。实物体验可以在产品开发过程中进行，也可以在产品投向市场时进行。实物体验的基础就是从用户的生活感受和情境中找到出发点，让用户从自身感受中找到共鸣并认可所体验的产品，通过亲自参与体验过程，产生一些印象深刻的回忆，所以，实物体验要挖掘用户的心理需求和生活形态，并据此对体验过程进行进一步的设计和完善，最终使该产品能够满足用户的需求。

5.4 市场调查与评估

5.4.1 市场调查的定义

市场调查是指用科学的方法，有目的、系统地收集、记录、整理和分析市场情况，了解产品市场的现状及发展趋势，为决策者制定政策、进行市场预测、做出经营决策、制订计划提供客观、正确的依据。

市场调查是从用户那里收集关于用户信息的行为。当开发者进行一个有难度、有风险的产品项目开发时，如果收集到的关于用户的信息能够让他更好地做出决策，那么他就需要做市场调查。市场调研包括消费者调查、区域市场观察、产品调查、广告研究等多种类型。面向产品开发的市场调查，主要是针对用户对产品创意的认可度、产品的市场趋势和现有的产品进行简单的了解。

5.4.2 市场调查的方法

由于处于产品创意阶段，没有成型产品可以让用户进行体验，因此，基于产品开发的市场调查主要是针对市场信息的收集和分析。市场调查的方法主要有观察法、调查法和二手资料收集法等。

1. 观察法

观察法是指调查人员到活动现场或借助一定设备对调查对象进行观察并如实进行记录的方法。这种方法既可以用来收集用户信息，也可以了解竞争对手。

观察法主要应用于：

（1）消费环境。在开发新产品前，了解消费环境可以提高产品的适应性。

（2）产品的使用情况。产品的使用情况不仅可反映用户对产品的态度、消费习惯（使用用量和次数），而且有助于发现产品的新用途，对企业改进产品、宣传产品都有帮助。

（3）用户需求和购买习惯。调查人员跟踪和记录用户的购买过程，如用户的性别、年龄，以及用户观察产品的顺序、停留时间、行进路线等，这有助于企业改进服务，如了解用户的特征、关注点等。

2．调查法

通过与调查对象进行直接交流来获取信息的方法称为调查法，该方法主要用于了解观念性或概念性的信息。根据交流方式的不同，调查法可以分为访谈调查和问卷调查两大类。

（1）访谈调查。访谈调查是与调查对象进行口头交流来获取信息的，这种方法有利于获得更多的信息，所得到的信息便于处理，被拒绝的可能性较小，而且反馈及时。但是，访谈调查需要投入大量的人员，调查费用高，调查范围有限；并且调查结果受调查人员的主观因素影响大，不同的调查人员的提问技巧和理解能力存在差异，从而会影响调查结果的客观性。访谈调查主要用于收集需要深入了解的信息，调查对象应该是能提供较多信息的权威人士或有代表性的人员。

（2）问卷调查。问卷调查是通过被调查者填写问卷的方式来收集信息的方法，这种方法程序简单，对调查人员的要求不高，其主要的优点是成本较低、调查范围广、方便信息处理。但是，问卷调查也存在一些问题，其主要缺点是回答的真实性相对较差，而且拒答率较高。问卷调查适合了解对问题的看法、态度，对已知答案的选择，对问题的简单建议或要求，尤其适合用大量数据进行比较分析的定量研究。

3．二手资料收集法

二手资料收集法也称为现有材料收集法，是指调查人员通过购买、搜索、整理等手段收集已有资料的方法。这种方法人员投入少、费用低、速度快、资料完善。例如，每年各个行业的行业协会、政府统计机构和一些职业咨询机构都会对特定行业或特定产品发布专业的统计分析报告，报告内容相对系统完善，是十分有效的资料收集途径。

另外，也可以通过对互联网上的各种行业数据、新闻报道、行业访谈等信息进行收集和整理，自行分析。这种途径的缺点是所有的资料和数据都不是一手数据，资料数据的准确性无法验证，统计结果受统计人员的主观影响较大，无法亲自了解用户的意愿、看法和态度，适合对行业整体情况、发展前景等宏观信息的研究。

5.4.3 市场调查的作用

1．产品发展预测

产品的开发和市场营销需要在对市场情况有所了解的情况下，才能够更有针对性地制订研发计划和营销策略。市场调查包括了解现有产品的发展前景、在市场上的销售情况和潜力、用户需求和极端需求等。这些问题都需要通过市场调查才能够得到具体的答案。

市场调查的主要作用之一就是帮助研发人员根据调查结果和当前形势做出正确的决策，确定产品研发的方向。可以单独使用一种市场调查方法，也可以将多种市场调查方法结合起来使用，通过决策来把握产品研发的方向，通过差异化来打造自身的核心竞争力，进而打造出独特的产品概念，完善产品开发流程。

2. 吸取先进经验和最新技术

随着科技的快速发展，新发明、新技术、新产品层出不穷，技术上的不断更新必然会反映在市场产品上。通过市场调查，可以及时了解技术发展和市场动态，为企业和研发人员提供最新的市场情报和技术生产情报，以便更好地了解先进经验和最新技术。

3. 提高产品竞争力

由于技术水平的不断进步，市场的竞争日益激烈。由于政治、经济、文化、地理等市场环境和市场因素的不确定性，市场情况会不断发生变化。为了适应这种变化，企业和研发人员需要广泛地开展市场调查，以应对各种市场因素和市场环境变化，不断地提高产品的市场适应性和竞争力。

扩展阅读：比尔·盖茨与微软（Microsoft）

比尔·盖茨是世界上最成功的企业家之一，他所创建的微软曾经是市场价值最大的公司，市值超过 5000 亿美元。

自 1975 年创立以来，微软一直是世界上最大的个人软件制造商，历史上没有哪家公司像微软一样对计算机行业有着如此深刻的影响。曾经的世界十大富豪有三位来自微软，即微软的两位共同创立者比尔·盖茨和保罗·艾伦，以及微软前任 CEO 史迪文·巴尔默。据美国西雅图地区的一份报纸报道，微软至少造就了 5000 多个百万富翁，大多数是工程师。

然而，在微软起步时，微软并没有被看成一个善于发明创新的公司。微软幸运地遇到了 IBM，获得进入 PC 市场的机会。1980 年，IBM 的 PC 需要一种操作系统软件，在无法与当时最期待的合作伙伴——CP/M 的生产商合作之后，IBM 把机会给了微软，让微软来为 IBM 设计一套操作系统软件。微软拿到这个项目后，花费 5 万美元向当地一家小型软件开发公司（西雅图计算机产品公司）买了一种操作系统软件。就这样 MS-DOS 诞生了，这也是比尔·盖茨财富的开始。MS-DOS 不仅为微软创造了几十亿美元的利润，也为其垄断地位奠定了良好的基础。而这个操作系统软件的最初创造者蒂姆·帕特森（Tim Paterson）在 1981 年成为微软公司的一名雇员。

微软并非从一开始就意识到了研究、发明、知识产权和专利等概念的重要性。在这方面，微软也曾为此付出过昂贵的学费。例如，1993年，一家位于加利福尼亚的小公司Stac Eleetronis就MS-DOS中的一个程序STACKER中的数据压缩技术向微软提起了专利侵权诉讼。1994年微软败诉，被判支付1.2亿美元。

之后，微软又曾面临过DEC公司（后来被康柏公司收购，康柏公司又被HP公司收购）的专利侵权诉讼威胁。曾在DEC公司工作过的高级技术人员大卫·卡特勒，即VMS操作系统的总设计师，后来加入微软。据称，大卫·卡特勒使用了某些DEC公司的发明创造，用于Windows NT操作系统的开发。微软最后被迫向DEC公司支付了1.6亿美元来了结此事，名为两个公司达成"战略销售协议"。

面临这些挑战，比尔·盖茨决定要改变微软知识产权策略。

以下是1991年比尔·盖茨写给微软的高级经理的内部备忘录片断：

如果人们理解得到专利的过程并把他们当时新的想法都申请专利的话，整个工业的今天将会处于一个完全停止的状态。我确信某些大公司会把一些明显的事情，比如用户界面管理、算法，或者其他至关紧要的技术都申请专利。哪怕我们假定这公司不需要任何我们的专利，他们仍然有17年的时间来分享我们的利润。解决这个问题的方法是我们尽可能多地申请专利，然后与这些大公司来交换专利权。据我所知，我们还没有做过任何专利交换。我们尚未找到一种方式来运用我们技术许可的优势，以避免让我们自己的客户给我们造成专利的麻烦。我知道这些不是简单的问题，但是他们通过法律和其他应该得到更多努力。例如，我们需要与HP做一种专利交换作为我们的新的关系。

自那时以来，微软执行其专利的策略，尽可能多地申请专利，不管这项专利对微软是否有用。到2005年，十多年下来，微软已拥有近4000项美国专利，这和其他公司相比是名列前茅的。

就连比尔·盖茨也成为拥有诸多专利的发明家了。

第 6 章
如何利用游戏化思维进行产品设计

6.1 游戏化思维的概念

游戏,并不是一个陌生的概念。小朋友们玩的捉迷藏是游戏,朋友聚会玩的扑克牌是游戏,作为电子竞技项目的"魔兽世界"更是游戏。在我国的传统中,存在着许多对游戏的偏见,游戏被视为玩物丧志。例如,《资治通鉴》中"游戏"共出现二十余次,游戏的结果通常是无道昏君屠戮苍生、奸佞小人祸国殃民。在这样的文化背景下,我们往往过分强调游戏的负面影响,忽视了游戏的正面认知。

游戏,是人为创造、有规则、有互动、有反馈、公平的、为达到一定目的、满足需求、自愿参加的活动,它是一种基于物质需求满足之上的,在一种特定时间、空间范围内遵循某种特定规则的,追求精神需求满足的社会行为方式。人类文明越发展、物质生活水平越高,精神需求就越渴望,游戏就会越深入生活的更多情景之中。

游戏具有自主性、模拟性、高参与度、强激励性、可量化进展、即时反馈等特点,好的游戏总能通过满足游戏玩家的各种需求,让玩家"沉迷"其中不可自拔。这给我们带来了思考:除了娱乐,游戏还有更加积极的意义吗?如何让人们在游戏的同时,做更加有意义的事情?怎样才能把游戏开发的思维跨界应用到产品设计领域,让产品具有游戏般的愉快体验呢?这就是游戏化思维要解决的问题。

6.1.1 工具化思维的局限性

长期以来,相当一部分产品设计者坚持一条根深蒂固的基本原则:帮助用户最高效地完成任务,用最短的时间去完成任务。这是一种典型的工具化思维。产品的目的是满足用户的需求,工具化思维的本质就是把满足用户需求的方式流程化、规范化之后,不断优化流程,减少重复并提高效率。

Donald A. Norman 在《Emotional Design》中表示:"当我们接触一样东西的时候,除

了关心它有多好用，也关心它有多好看。更重要的是当我们使用它的时候，反映出了我们的自身形象。我们的背景、年龄和文化等都会在我们使用的东西中得到体现。"也就是说，用户在与产品交互时，发挥积极作用的不仅有产品的可用性和易用性，还有情感体验，即产品唤起了用户的某种情感。人是有感情的，在我们接触产品、使用产品及使用产品后的过程中，会对产品产生一系列情感，这种情感支配着我们的行为模式。工具化思维只聚焦于可用性和易用性，而忽视了用户的情感体验。产品不等于工具，效率不是衡量产品好坏的唯一标准，工具化思维更不是产品设计的唯一思维。

与使用工具完成劳动不同，游戏往往能够将用户的情感体验发挥到极致。游戏的这个特点和效应恰恰能弥补工具化思维的局限性，比起效率指标，它更重视用户的情感体验。通过影响人们的情感，它能把产品从单调乏味的工具变成让人爱不释手的玩具，它能把原本索然无味、甚至困难重重的劳动过程变得妙趣横生，它可以改变用户看待任务的原有方式，让用户产生愉悦的情感体验，进而使用户在游戏的过程中不知不觉地完成任务，甚至以超出预期的成效来完成任务。

如果我们要设计一款地铁出口的楼梯，那首先要权衡用户需求、设计目标、用户体验、工程预算、可实现性、后期维护和相关法规等。用户需求是出站和进站。设计目标是让用户方便而快捷地出站和进站，还要鼓励用户多走楼梯，避免因过多用户等待电梯而造成出口拥堵。在用户体验方面，从视觉上讲，必须考虑楼梯层次是否分明；从人体工程学上讲，必须考虑楼梯宽度和高度是否适合主流用户的脚长，楼梯坡度是否合适，是否需要设置平台来缓冲以免用户产生疲劳，还要考虑异常情况，如选用防滑的材质以应对雨雪天气等。上述的思维过程即工具化思维的体现，聚焦于可用性与易用性，但设计过程基本就到此为止了，而基于游戏化思维的设计，则才刚刚开始。

例如，瑞典首都斯德哥尔摩的 Odenplan 地铁站，德国大众公司运用游戏化思维在此设计了一款外观酷似钢琴键盘的音乐楼梯（见图 6-1），人们每踩下一级楼梯就会产生一个美妙的音符。自从推出音乐楼梯后，选择走楼梯的市民比乘电梯的市民多了 66%，他们喜欢通过上下楼梯来感受音乐带来的运动快感和趣味，一些人还专门用这个音乐楼梯演奏自己的乐章，并拍摄视频上传到 YouTube 上，与人们分享成就。这种对人类行为的影响力是工具化思维触不可及的。

图 6-1 瑞典地铁站的音乐楼梯

6.1.2 功能游戏

相当一部分人对游戏的认知停留在游戏的娱乐性上，认为娱乐是游戏的唯一功能。其实不然，除了娱乐游戏，还有一类游戏是功能游戏，有时也被称为严肃游戏或应用性游戏。

与娱乐游戏有所不同，功能游戏都是出于娱乐之外的其他目的被创造出来的，是以解决现实社会和行业问题为主要目的，以教授知识技巧、提供专业训练和模拟为主要内容的游戏。

根据"跨界发现游戏力"的资料显示，功能游戏最早可以追溯到1994年美国海军开发的"全光谱战士""美国陆军""虚拟伊拉克"。2006年后逐渐扩展到教学、医学、制造、科研等领域。2013年，安利公司为了让新加入公司的营销人员能够更加直观、深刻地体会营销环境，通过整合安利公司优秀营销人员的智慧及经验，将他们从事安利事业时所经历的种种境况浓缩为一个个有趣的游戏桥段，开发出了国内首创大型3D培训游戏——安利人生90天。这款游戏的魅力在于其特定的游戏背景、引人入胜的故事情节、具有激励作用的游戏机制、玩家渴望的角色设定、真实的交互式体验、适当程度的挑战、竞争和风险，不断激励玩家在游戏中进行学习，实现了寓教于乐的目的。

1. 功能游戏的特征

功能游戏具备三个特征：
- 跨界性：功能游戏既可满足玩家的娱乐需求，又可提供娱乐以外的有意义目的。
- 多元性：功能游戏能应用于多个领域。
- 情景化：功能游戏多服务于具体的应用，需要结合情景来定制开发。

2. 功能游戏的分类

按照性质，功能游戏可以划分为三类：

（1）教学游戏：通过玩游戏来教会用户如何做某事。这类游戏最重要的特点是，即使用户对学习使用这个工具没有兴趣，它也可以作为一种游戏来享受。"Phantomation"就是这样一款游戏，它旨在教会玩家如何使用动画软件画素描，不仅向玩家展示了工具，还解决了深入了解工具过程中所遇到的各种难题。

（2）有意义的游戏：这是一种试图传递有意义信息的游戏，这类游戏不是想教用户一种工具或一种做某事的方法，而是试图以一种吸引人和有意义的方式告诉用户那些从未想过的事情。众所周知，在非洲撒哈拉沙漠以南的地区，水是极为缺乏的珍贵资源，大部分人对如此恶劣的生存环境并没有直观的概念。"Ayo：A Rain Tale"这款游戏的背景设定在撒哈拉沙漠以南的非洲，那里水资源缺乏，玩家将化身主人公亚青一起踏上危险的旅程，克服各种各样的挑战和打倒形形色色的敌人，才能取得所需要的水源。这款游戏的初衷就是为了告诉全世界，多数非洲妇女和儿童当前的境况。

（3）有目的的游戏：有目的的游戏的想法是，玩游戏会在真实世界中产生某种真实的结果。"FoldIt"是一款组合游戏，玩家可以通过折叠来预测蛋白质的结构，了解蛋白质是如何折叠的，可以帮助开发治疗各种疾病。曾经有玩家在短短10天内，就解决了一个科学家们十多年来一直试图解开的一种酶结构。

6.1.3 游戏化与游戏化思维

功能游戏在具备使用功能的前提下,以游戏的形式提供给玩家使用,其本质上仍然是游戏,所以需要考虑游戏的体验。

游戏化是指在非游戏应用中使用游戏机制,通过游戏元素和游戏规则,鼓励用户做出设计者所期待的行为。游戏化在本质上是一种方法和方式,最终体现形式可以是活动、玩法、机制等,并不一定以游戏为载体。

游戏化线上系统最早可以追溯到1980年,埃塞克斯大学(University of Essex)的教授、多人在线游戏的先驱理查德·巴特尔(Richard Bartle)率先提出这一概念,它的原意是把不是游戏的东西(或工作)变成游戏。第一次明确使用游戏化这个概念是在2003年。英国的游戏开发人员尼克·培林(Nick Pelling)开设了一家顾问公司,为电子设备设计游戏界面。虽然尼克的公司并没能获得成功,但在随后的几年,像埃米·金(Amy Jo Kim)、妮科尔·拉扎罗(Nicole Lazzaro)、简·麦戈尼格尔(Jane McGonigal)、本·索耶(Ben Sawyer)等游戏设计师,以及伊恩·博格斯特(Ian Bogost)、詹姆斯·吉(James Paul Gee)、拜伦·里夫斯(Byron Reeves)等研究人员却开始广泛而深入地讨论将视频游戏用于严肃用途的可能性。在2010年,游戏化这个词开始被人们广泛采用。

游戏化利用人类钟情博弈的心理倾向,鼓励人们从事索然无味的杂事。产品的游戏化设计以及游戏化运营机制,可以有效地提升用户的使用体验、提高用户黏性、激发用户活跃度并且创造更好的产品。

游戏化思维是指,把非游戏化的事物分解或抽象为游戏元素,然后把游戏元素巧妙地组合到游戏机制中并进行系统运作的思维方式。

6.1.4 游戏化实践的类型

游戏化实践主要有三大类型:内部游戏化、外部游戏化、行为改变游戏化。

1. 内部游戏化

内部游戏化指的是在企业中利用组织内的游戏化提高生产力、促进创新、增进友谊,或以其他的方式鼓励员工,从而获得更多的成果。内部游戏化有时也被称为企业游戏化。

微软的不同语言操作系统的测试工作,本来是极其枯燥的工作。但微软却为该工作设计了一个游戏:如果员工找出错误,该员工所在地区就会得到相应的积分,积分越高的地区在排行榜上越高。这一活动促使大约4500位微软员工利用业余时间查看了50万个Windows 7的对话框,记录并报告了6700处系统误差,使得数百个错误得以及时修复。更为可贵的是,大多数人觉得这一过程是令人愉悦的,甚至让人有些上瘾。谷歌也在其报销系统中加入了游戏化理念,如果某个员工的差旅机票费用低于公司拨款,省下的部分便会捐赠给一个名为"员工的选择"的慈善团体。

2. 外部游戏化

外部游戏化针对是的企业和用户的之间的关系，是一种营销手段，目的是获得更好的营销效果，改善企业和客户之间的关系，提高客户参与度，以及他们对产品的认同感和思诚度，并最终增加企业的利润。外部游戏化丰富了企业理解和激励客户的方式。

我们平时吃的冰激凌都是商家制作好的，但是，有些冰激凌店把冰激凌的成分——奶糕、曲奇碎块、咖啡，分开放在三个器皿端上来给顾客，让顾客自己将曲奇碎块、咖啡倒入奶糕中搅拌后再食用。相比制作好的冰激凌，这种自制冰激凌显然更加容易吸引消费者，销售额会更高。自制冰激凌让吃冰激凌变成了一种趣味性游戏，令本来花钱买享受的顾客不但自己动手而且还乐在其中。人们天生会对"自己能够自主掌控"的事情的兴趣度很高，这种自制冰激凌游戏就让顾客的自主意识和参与感得以充分发挥，从而让顾客会喜爱购买并且玩这种自制冰激凌的游戏。

3. 行为改变游戏化

行为改变游戏化的目标是改变用户的行为和习惯，或者产生一种新的行为和习惯。例如，通过游戏化的工具或活动鼓励人们调整饮食结构、增加运动量、节约用电、利用公共交通工具出行等。行为改变游戏化通常由非营利组织或政府机构予以推广，但它们依然可以创造出良好的效果。

6.1.5 游戏化设计的要素

所谓的游戏化设计，就是在非游戏情景中使用游戏元素和游戏设计技术。把游戏化设计这个抽象的概念分解开来，涉及三个要素：游戏元素、游戏设计技术、非游戏情景。

1. 游戏元素

游戏是一种综合、全方位的体验，但它也是由许多小的部分有机组成的，我们称这些小的部分为游戏元素。游戏化设计就是将游戏元素加入产品设计和运营当中，让用户体验游戏元素带来的体验与激励，这从根本上扩大了游戏化发挥作用的范围。具体来说，游戏元素是那些在游戏中涉及的组成部分，包括具体的对象（如棋子、怪物等）和一些抽象的概念（如游戏规则、积分、等级、排行榜等）；在后面的相关章节中，我们会更加具体地讲解这部分的内容。在将游戏化融入实际的商业活动中时，往往会涉及这些游戏元素。但是引入游戏元素的目的并不是为创建一个完备的游戏而防止漏掉有用的东西，而是将这些基本的游戏元素融入商业活动中来达到商业目标，并通过适当地调整一些游戏元素，使商业活动更加引人入胜或更适应特定的商业目标。

2. 游戏设计技术

游戏设计技术是为了提高产品游戏化的可玩性、挑战性和持续性，让用户在体验过程中激发其活跃度、持久度。从表面上看，在商业活动中融入游戏元素是非常简单的，只要将相关的游戏元素直接嵌套进入商业活动中就行了，但是实际上并没有这么简单。如果在一个商品销售网站页面中嵌入一个小的放松游戏或者直接将积分、消费排行，就认为已经成功使用了游戏设计技术，那就大错特错了。因为大多数客户并不认为这种积分或者消费排行多么有趣，他们关心的是商家与客户产生了哪些良性互动，这些互动带来了什么样的收益。游戏设计技术的使用是为了将游戏元素融入商业活动中，强调的是有机融入，而不是简单嵌入。简单地嵌入游戏元素对于商家的利润提高到底有什么作用？积分和消费排行对客户来说意味着什么实实在在的价值或乐趣呢？这些游戏化的东西是真的有必要，还是为了游戏化而游戏化呢？这些都是必须考虑的问题。该如何决定将哪些游戏元素用在哪里？如何使整个游戏化体验大于各游戏元素的总和呢？这就是游戏设计技术要解决的问题。

3. 非游戏情景

非游戏产品和游戏产品的不同之处在于产品的具体使用情景，非游戏情景指的是用户在日常使用产品过程中完成的操作、任务和目标。游戏化思维就是通过游戏化设计技术将游戏元素融入非游戏情景当中，从而给用户带来更好的使用体验并激发他们的参与热情。用户并非想要通过产品进入另一个虚拟世界，他们的目的是更加深入地介入产品、业务或交易。需要明确商业活动中的具体问题是什么？目标是什么？是提高销售量，还是增强用户的黏性，还是为了提高员工的效率和积极性？这些具体的情景就是非游戏情景，只有明确面对的商业活动中的非游戏情景，我们才能够清楚到底怎样使用哪些游戏元素。

6.2 游戏化系统的用户动机

人类愿意去做一件事情，进而去做好这件事情，往往是在某种动机的推动之下进行的。动机是由一种目标或对象所引导、激发和维持个体活动的内在心理过程或内在驱动力，是人类大部分行为的基础。

6.2.1 内在动机与外在动机

在组织行为学中，动机主要是指激发人行为的心理过程。通过外部的激发和鼓励，使人们产生一种内在驱动力，使之朝着所期望的目标前进。动机可以分为内在动机和外在动机两种。

1. 内在动机

内在动机是那些想要做某件事的冲动感觉，是一种发自内心的、被渴望驱使的动机。内在动机使人享受任务本身，甚至愿意花钱去做这件事。例如，非常想看某部电影的动机、非常想吃某种美食的动机。

2. 外在动机

感到自己不得不去做某件事的动机就是外在动机，这种动机来自外部。例如，为了能够完成学业，必须认真完成布置的作业，显然这并不能带来任何的愉快感觉。外在动机来自目标或奖励，任务本身不必有趣或吸引人，但是由于目标和奖励的存在，会让人们想要完成任务。通常，人们每天去工作，不一定是因为他们真的热爱工作，而是因为他们想要谋生、发展事业、取得更高成就。例如，高额的薪酬会让你做原本不喜欢的工作，而一旦外在奖励消失，你便会开始讨厌这份工作，甚至比之前更讨厌。

判断外在动机和内在动机的一个很简单的方法是，如果目标或奖励消失了，人们还会有动力去完成期望行为吗？例如，如果篮球选手知道自己无论怎么努力，最后都将一无所获，他还会选择篮球这个职业吗？如果答案是否定的，则是外在动机；如果答案是肯定的，则是内在动机。

6.2.2 自我决定理论

外在动机和内在动机涉及心理学的两种理论，分别是行为主义理论和自我决定理论。行为主义理论强调的是人只是被动地应对外部的刺激，而自我决定理论专注于人类本身的发展趋势，即内在的需求。

自我决定理论由美国心理学家德西和瑞安提出，强调自我在动机过程中的能动性。他们认为，通过满足人类的能力需求、关系需求和自主需求三种基本需求，可以起到增强人们做某事的内在动机，同时也可以在一定程度上促使外在动机内化。

不论行为主义理论还是自我决定理论，都是有用的，但是曾经或者现在的大部分企业一直是根据行为主义理论来制定各种规则的，现在我们逐渐意识到自我决定理论同样是非常重要的。

1. 能力需求

能力需求指的是人们希望具备积极处理与外部环境的关系的能力，如学会驾驶汽车、学会跳舞等。

2. 关系需求

关系需求指的是人们有和家人、朋友甚至陌生人互动的内在需求，表现为社会联系中更高的欲望目标，渴望展示自己，从而带来追求更大目标的动力。

3．自主需求

自主需求指的是人们在做事情时希望能够有选择的空间，可以掌握自己的生活，而不是被指定必须做某件事。在有效的游戏化方案中，用户自主选择参与，而在行动过程中，用户有权决定如何面对各种挑战以及实现最终目标的具体策略。

游戏是自我决定理论的一个完美实践。以时下热门手游——王者荣耀为例，这款手游中布局了大量可选的英雄、装备系统，可供玩家自主选择搭配，根据游戏需要进行选择；它还包含丰富的社交要素，除了好友之间可以"互联、互赞、互通"，还设置有公会系统和师徒系统，为玩家之间打造情感沟通机制，助力产生情感共鸣以构建长期联系。而玩家也可以通过游戏的胜负、优秀表现的激励来满足自身的能力需求。通过自我决定理论，我们可以了解游戏会这么吸引人的原因。而产品游戏化，通过对游戏元素和游戏设计技术的运用，将游戏中吸引人、激励人的部分运用于产品设计领域，可以帮助产品更能吸引消费者的目光，从而在产品上停留更多的时间。

6.2.3 用户动机理论对游戏化设计的启示

1．外在动机对内在动机的挤出效应

当内在动机能够被充分感知时，游戏化系统的设计者应当着重引导用户发现内在动机，不要让外在动机过分影响用户行为。在执行一项有趣的任务时，采用有形的外部奖励会在一定程度上提高任务完成的绩效，当外在动机变得实实在在、可预期、有条件时，内在动机就会慢慢消散，最终适得其反。心理学家通常将这一现象类比于经济学中的挤出效应（Crowding-Out），即奖励挤出了乐趣。

跑步不仅是一项健身运动，更是一种释放压力的方式，很多人将跑步当成兴趣，在享受自我中让生活变得更加美好，这就是内在动机的积极作用。一款智能跑鞋在市场推广的初期，为了让用户克服最初的惰性，通常会采用各种策略和技巧，使用 App 记录用户的运动量并提供奖励，其中包括一些有形的奖励，如运动商城的优惠券等，甚至是直接给现金。在初期，这样做的确能够快速提升用户的积极性，但是停滞期随之而来，因为用户很快就会感受到跑步的唯一理由是获得那个所谓的奖励，当用户在潜意识中认为慢跑 40 分钟等同于 2 元钱时，就会认为 40 分钟可以创造更大的价值，再也不愿意为了 2 元钱去花费宝贵的时间。

2．外在动机的使用场合

外在动机会挤出内在动机，那么在什么情况下使用外在动机呢？如何发挥外在动机的效用呢？外在动机适用于那些本质上并不十分有趣的活动，在用户从事漫无目的的活动

时，外在动机可以产生积极的效果。换句话说，外在动机可以帮助人们享受那些无聊的活动。与内在动机驱动的活动不同，外在动机可以帮助一个人在处理枯燥、重复、单调的工作时获得积极的效果。

拼多多是一家电商平台，不管使用什么样的游戏化模型，最终目的都是要尽可能促进成交，增加销售量，以获取更多利润，而拼多多的用户原本目的也是用更低的价格购买商品，所以使用外在动机来吸引用户是十分有效的。滴滴作为以交通服务为主打业务的互联网平台，基于社会效用和安全性的考虑，其并不适合引入激发用户内在动机的社交或UGC（User Generated Content，用户原创内容）机制，司机希望多接单多挣钱，乘客仅将其当成满足交通出行需求的工具，在这种情况下，对平台使用者提供确定的外在动机是必然的选择。

3．用好反馈机制

游戏之所以引人入胜，很重要的一个原因就是及时、频繁的反馈机制能够给玩家以满足感和挑战欲望。对于游戏化系统的设计而言，反馈机制也是需要考虑的重点，用好反馈机制应当考虑到以下关键点：

（1）提供有关进展目标的信息反馈。例如，您已经获得3颗星星，累计5颗星星就可晋升为五星级会员，享受生日邀请券和咖啡邀请券，这样的信息反馈能够激励用户完成任务的未尽部分，产生继续消费的欲望。

（2）提供具有引导价值的信息反馈。用户会根据反馈回来的指标来调整自己的行为，所以发挥引导价值的重点是指标选取。如果一个网络社交平台给用户的反馈是转发评论数，而不是原创内容数量，那么用户会更加积极地转发他人言论，而不会主动撰写原创性内容，久而久之该平台就会变成谣言传播者和"标题党"的聚集地。

（3）采取变量奖励方案。变量奖励方案在确定的预期回报之外，提供一些意想不到的反馈。例如，某个支付渠道每次消费会获得0.5%的返现，如果用户突然收到"您的本次消费获得免单特权，每天都有8888人获得免单大礼，赶快把喜悦和幸运分享给朋友吧！"，用户会因为得到意外的奖励而备感惊喜，产生中奖的兴奋情绪，从而调动起用户不断尝试及展示炫耀的内在动机。

4．整合内在动机和外在动机

将外在动机设计为可以被融合、内化和整合的内在动机是游戏化设计的核心，实现内在动机和外在动机的整合，能起到事半功倍的作用。

例如，一位学生弹钢琴是为了完成家长布置的任务，如果每天练习时间达不到2小时就会被惩罚；另一位学生弹钢琴的目的是熟练掌握曲目，并在学校的新年文艺汇演上一展身手；还有一位学生弹钢琴则是因为喜爱音乐，希望成为一名音乐家。第一位学生从事的是外在动机驱使之下的苦闷活动，第二位学生的行为虽然来自外在动机，但已经与个人需求进行了融合，而第三位学生则将外在动机内化到自我价值和自我意识中，后两位学生都能主动、自主、高效地完成任务。

除了自我提升的需求和自我价值的实现，还有两种常见的整合内在动机和外在动机的方法，即荣誉感和归属感。荣誉感主要通过一些游戏元素来彰显，例如，点数和排行榜，它们能吸引用户炫耀自己；归属感主要通过社交游戏机制来实现，例如，在线角色扮演游戏鼓励玩家形成紧密联系的公会，用户在参加一个公会后，也会变得更加愿意坚持一些无聊的收集资源的任务，不是因为任务变得更加有趣，而是因为玩家之间的相互合作极大地改变了玩家感知到的动机，玩家的动机融合到了一个对集体更有意义和价值的内部动机上。

5．不要成为剥削工具

游戏化的初衷是激发人们开展活动的兴趣，不要把游戏化看成一种变相的、能更多地压榨客户与员工的工具。游戏化是一种方式，能为人们提供真正意义上的快乐，能帮助人们在得到发展的同时实现自己的目标。

以进度条、点数、排行榜等形式展现员工的工作绩效是企业内部游戏化的形式，但是如果企业内部游戏化目的不是为了使某一项具体任务更加有趣从而提高工作效率，而是为了压榨员工的业余时间或者变相削减人力成本，那么这样的游戏化就会沦落为剥削工具，偏离了游戏化的初衷。

6.3 游戏元素

游戏元素是游戏化的具体表现形式或工具，将游戏元素按照游戏化机制，引入非游戏化产品设计、运营中，构建成可以有效激发用户主动、积极参与的机制，达到非游戏化产品游戏化的目的，是提高用户的游戏化体验的必要方式。

6.3.1 基本元素：PBL

大多数游戏和游戏化系统都采用了三种最基本的元素：点数（Points）、徽章（Badges）和排行榜（Leaderboards），简称 PBL 元素。尽管设置 PBL 元素不是游戏化设计的全部，但任何游戏化系统在建立时都应当考虑到 PBL 元素的作用。一方面，PBL 元素使用得当，它们将发挥巨大作用；另一方面，PBL 元素也有一定的局限性。如果不了解 PBL 元素的优缺点，就很难建立成功的游戏化系统。

1．点数

点数的最常见形式就是遍布在各行各业的积分，用户可获取一定的积分，大部分情况下用户还能够用这些积分来兑换某些奖励。人都有攀比的心理，高积分会给用户带来心理上的满足感。因此用户会不断追求更高的积分，用户与产品之间的纽带从而得以建立。有效的点数系统可通过对用户进行有效激励来驱动用户完成设计者的期望行为。在游戏化中系统，点数有 6 种应用方法：

（1）有效积分。这是点数在游戏化系统中最典型的功能。点数不仅是衡量用户在游戏化系统中参与度高低、表现好坏的量化标准，还是评定用户等级和权限的基本依据。例如，在一款健身运动 App 中以综合运动量达标的天数作为积分项，达标天数为 596 天的用户显然比达标天数为 52 天的用户坚持时间更为持久，运动效果更好；在某模拟飞行游戏中，经验点数在 200 点以上才可以申请模拟飞行驾照，400 点以上才可以解锁波音 737 或空中客车 A320 级别以上客机。点数用于积分时，明确体现了当前的进度以及与目标的距离。

（2）确定获胜状态。在一个有输赢机制的游戏中，点数可以定义游戏过程中获胜的状态。如果用户想通过点数取胜，就可能会放弃战利品而选择点数。

（3）在游戏化系统进程和外在奖励之间建立联系。许多游戏化系统根据点数向用户发放奖励，或者允许用户用一定的点数兑换奖品。例如，在某餐馆点评类 App 中，取得 100 个点评可以获得 500 元的消费券；航空公司的会员可以用飞行里程来兑换实物商品。这种形式的市场推广和宣传已经在营销领域得到了长期的应用。

（4）提供反馈。明确的反馈是好的游戏化系统的一个关键要素，点数能够快速、简单地实现这一点，它是最详细的反馈机制。每一个点数都是提供给用户的反馈，告诉用户他们做得很好，正在不断前进，从而使用户有持续参与的动力。

（5）成为对外显示用户成就的方式。在多人线上游戏中，往往能看到游戏社区中其他玩家的得分，点数可以向他人展示自己做得怎么样，可以作为参与者地位或者身份的标志。

（6）为游戏化系统的设计者提供分析数据。用户获取到的点数很容易被设计者追踪和存储，从而通过这些重要指标准确分析相关游戏化系统的运营。例如，获得用户的普遍进度，用户因何原因在哪个环节出现了障碍等。

在游戏化系统中，可以根据积分的用途将积分细分为两类：状态积分和兑换积分。例如，在淘宝中存在淘气值、天猫积分两类积分。

状态积分用来记录进度和进行反馈，一方面，状态积分可以让用户知道距离胜利状态（Win-States）还有多远；另一方面，它也是用户跟踪进度的反馈系统，可以向人们展示他们的得分以及行为带来的改变，往往可以激励人们朝着正确的方向前进。淘气值是根据购买金额、频次、互动、信誉等行为综合得出的分数，把用户分级后并给予相应的特权，它属于状态积分，其作用是明确期望用户采取的行为，记录用户的进度并阶段性地反馈给用户。

兑换积分是指可用于兑换其他东西的积分，基于用途的不同，兑换积分也有很多类型。有的兑换积分只能用来兑换物品或者和其他用户进行交易，而有的兑换积分允许用户和系统外的人进行贸易。天猫积分可通过交易或活动来获取，它可以兑换积分权益、兑换购物券、参与各种积分活动等，它属于兑换积分，把期望用户采取的行为加入积分体系，通过完成这些行为可获得奖励的兑换积分。

2. 徽章

徽章用于描述用户在游戏化系统中取得的阶段性成果或成就。当用户完成了挑战或者积累到了一定的分数，系统应当给予用户一定的奖励或者授予相应的等级称号。徽章与点数的区别是，点数是数值化的，往往表现为自然数的连续变化，突出一点一滴的积累过程；而徽章是根据点数划分出的若干阶段，它是阶梯形、综合性的成就体现。例如，某航空公司的精英会员计划中，每年飞行累计达到 20 个积分航段可以成为银卡用户，达到 40 个积分航段则可以成为金卡用户，在这个系统中，积分航段是一种点数，银卡会员、金卡会员则是一种徽章。

徽章在游戏化系统中发挥着重要的作用，应该从徽章的作用这一角度来思考如何设计一个良好的徽章机制。具体来说，徽章的作用有以下几点：

（1）徽章可以为用户提供努力的方向，这将对激发用户的动机产生积极影响。

（2）徽章可以为用户提供一定的指示，使其了解系统内什么是可以实现的，以及系统是用来做什么的，这可以被视为"入伙"或参与某个系统的重要标志。

（3）徽章是一种信号，可以传达出用户关心什么、表现如何，通常表现为一种记录用户声誉的视觉标记，玩家往往会通过获得的徽章向别人展示自己的能力。

（4）徽章是一种身份的象征，是在游戏化系统中个人历程的一种肯定。

（5）徽章可以作为团体标记物。一旦获得徽章，用户就会与其他有相同徽章的个人或者团体产生认同感。一个良好的徽章系统应当将徽章和用户的认同感结合在一起。

除此之外，游戏化系统的设计者还应当考虑到以下两点：

（1）徽章系统的重要特征之一是它的灵活性。设计者可以出于不同的目的，根据业务需求，在同一个游戏化系统中，针对不同的用户设计出多种徽章系统，从而使得每个用户都能在自己认同的激励机制之下得到有意义、有趣的徽章。

（2）徽章和用户等级的设置是为了给参与度高的用户感受到尊享感，让他们感受到自己已经与普通用户不一样了，即他们是稀缺的、等级更高的用户，由此衍生出的功能特权给设计者提供了很大的操作空间。例如，如果想加快自己的迅雷下载速度就要充钱买会员，通过下载速度的对比，让用户选择成为更高等级的用户。

3. 排行榜

排行榜是另一种常见的游戏元素，相比于点数和徽章，排行榜提供了一个更具有对比性的激励机制，它将用户的表现用排名的形式表现出来，让用户知道他与其他用户的成绩对比。在使用得当的情况下，这种排名可以起到巨大的激励作用，对用户提升排名提供强的大驱动力。

排行榜是 PBL 元素中最难使用的，因为它会带来相当大的副作用。如果用户看到自己和位居榜首的顶级玩家差距如此之远，很可能会终止继续尝试的努力；在一个商业环境中单纯引入排行榜通常会导致零和博弈，降低绩效，所以一个单纯的排行榜是非常危险的。如何避免呢？可以参考的方法如下：可以像徽章系统一样灵活，在不同维度和属性上进行多方向的追踪排行；在保留总排行的同时，引入月排行或日排行；定时对排行进行清零，能够让用户轻装上阵，没有任何顾虑等。

4. PBL 元素应用总结

点数、徽章和排行榜是游戏化系统的重要特征，也游戏化系统开发的起点。PBL 元素提供了系统快速游戏化的基本模板：用点数让用户感受到成长的快感，凭点数享特权；用徽章给用户以成就感和技能认证，彰显其尊贵的身份；用适当周期的排行榜刺激用户成长，给予用户被关注的感觉。

尽管 PBL 元素极富价值，但使用不当也会让设计者陷入困境。PBL 元素并非放之四海而皆准，也不是游戏化系统开发的唯一方案。如果想获取游戏化系统的最大价值，就必须超越 PBL 元素。

6.3.2 游戏化系统的元素体系

按照抽象程度的高低，游戏化系统中的游戏元素可排列为三层，分别是动力元素、机制元素和组件元素。游戏化系统中游戏元素的金字塔分层结构如图 6-2 所示。

图 6-2 游戏化系统中游戏元素的金字塔分层结构

1. 动力元素

动力元素是游戏化系统中最高层面的游戏元素，也是最抽象的游戏元素。动力元素在游戏化系统中的作用就像企业文化对企业的作用一样，它在宏观角度和顶层设计上确定了用户感受到的氛围和情感，不仅是温馨的、舒适的、激烈的，还是故事性的、社交化的等。最重要的动力元素包括 5 项：

（1）约束：限制或者强权的权衡。
　　（2）情感：好奇心、竞争力、挫折感、幸福感等。
　　（3）叙事：连续的、一致性的故事情节的讲述。
　　（4）进展：玩家的成长和发展。
　　（5）关系：社会互动产生的友情、地位、利他等感情。
　　游戏化系统的开头一般会引入一段剧情，例如，解救公主（超级玛丽）、报复偷鸟蛋的猪（愤怒的小鸟）等，通过剧情让人们感觉自己的行为更加有仪式感和意义，这就是叙事的价值。Zamzee 是一家儿童可穿戴设备提供商，在产品中使用故事激发孩子们进行锻炼的动机，例如，孩子们在成为巫师的学徒之后，每学一个咒语就需要上下楼梯 15 次，通过引人入胜的故事让孩子们相信自己在魔法世界中获得了运动的回报，相比其他孩子，参与者提升了 59%的运动量。

　　2．机制元素

　　机制元素是为了实现动力元素而采取的更加具体化的游戏元素。机制元素实际上是游戏化系统中的情景，每一个情景都是对一个或多个动力元素的实现和传达。游戏化系统中常见的机制元素有如下 10 种：
　　（1）挑战：拼图或其他花大力气才能够解决的任务，或者不同用户之间的对抗。
　　（2）机会：随机性的游戏元素。
　　（3）竞争：一个玩家或者一组玩家取胜，而其他玩家或组失败。
　　（4）合作：玩家为了实现共同的目标而共同努力，相互配合。
　　（5）反馈：玩家表现情况的信息。
　　（6）资源获取：获得有用的或者有价值的收藏物。
　　（7）奖励：一些行动或者成就的福利。
　　（8）交易：玩家之间直接或者通过中介进行交易。
　　（9）回合：不同的玩家轮番上阵。
　　（10）获胜状态：一个或者一组玩家的获胜、失败或者平局。
　　例如，支付宝"集五福抢红包"活动，仅凭个人力量很难集齐五福，最好的办法就是与好友共享，各取所需，这属于游戏化系统中机制元素中的合作元素。又如，社交电商拼多多的拼单机制也是合作元素的体现者。

　　3．组件元素

　　这是游戏化系统中最具体的游戏元素形式，是能够应用在不同情景中的游戏元素，最基本的有 15 种重要的组件元素：
　　（1）成就：既定目标。
　　（2）头像：可视化用户形象。

(3) 徽章：可视化成就。
(4) 打怪、打 Boss：尤其在一定等级的、残酷的生存挑战中。
(5) 收集：成套徽章的收集等。
(6) 战斗：如短期战役、一大波僵尸来袭等。
(7) 内容解锁：要求玩家达到一定的目标。
(8) 赠予：与他人共享资源的机会。
(9) 排行榜：显示进度和成就。
(10) 等级：用户在游戏化系统进程中的定义步骤。
(11) 点数：进展的数值显示。
(12) 任务：预设的挑战，或者与目标和奖励相关。
(13) 社交图谱：表示玩家在游戏世界中的社交网络。
(14) 团队：玩家组。
(15) 虚拟商品：游戏化系统中潜在的价值或者与金钱等价的价值。

前文讲述的点数、徽章和排行榜，也可以在这些组件元素中找到。实际上，PBL 元素可以作为游戏化系统的具体组件元素，正如之前强调的，它们只是其中一小部分游戏元素而已，对于某个具体应用来说，它们可能并不是最好的选择。研究游戏化系统中游戏元素的金字塔分层结构可以让我们认识到在游戏化系统设计中可能被用到的游戏元素的多种选择。

4. 整合

把所有这些游戏元素有选择地结合在一起，就是游戏化系统设计的具体任务，要让这些游戏元素各司其职，游戏化系统才会更加引人入胜。需要再次强调的是，游戏元素是必需的，但仅有游戏元素是绝对不够的。建设一个新的游戏化系统要比分析现成的难得多，特别是想要建立一个引人入胜的游戏化系统，不仅要了解这些概念，还要确保这些游戏元素运用得当。没有一个游戏化系统能包括所有的游戏元素，在进行游戏化系统设计时，并非所有的组件元素、机制元素都会应用到产品中，而是根据产品目标、用户群体类型，有针对性地将组件元素与机制元素进行自由组合，从而形成激发力，达到游戏化的目标。

6.4 游戏化系统的构建方法

对于构建游戏化系统而言，仅仅了解游戏化和游戏化思维的基本概念还不够。游戏化系统是可测量和可持续的工程系统，以服务具体的业务为目标，需要包含创造、计划、执行、评估等环节在内的一整套机制。一个良好的游戏化系统设计过程不仅要融合创意设计思维，而且要有满足商业需求的技术可行性。创意设计思维为游戏化系统构建提供了框架和方法，包括六个步骤。

6.4.1 第一步：明确商业目标

游戏化系统必须围绕确定的目标来展开，在进行游戏化系统设计前，先要明确目标，再有针对性地进行游戏化系统设计，比如提高用户使用产品的活跃性、提高用户黏性，或者通过游戏化系统提高产品的传播和口碑。只有明确了商业目标才能保证游戏化系统不是为了游戏化而游戏化。

例如，某奢侈品电商网站开发了一个游戏化系统，目的是通过在社交网络中开展奖励分享，增加网站的访问人数，这个"成功"的游戏化系统在短时间内迅速提升了浏览量，然而成交量却没有变化。该奢侈品电商网站的商业目标是提高利润，提高浏览量只是若干种手段之一，而不是目的。在这个案例中，游戏化系统需要针对的是打开网页之后，有什么"有趣""有利"的机制元素吸引用户，使得他们愿意购买奢侈品。

明确商业目标的步骤如图 6-3 所示。

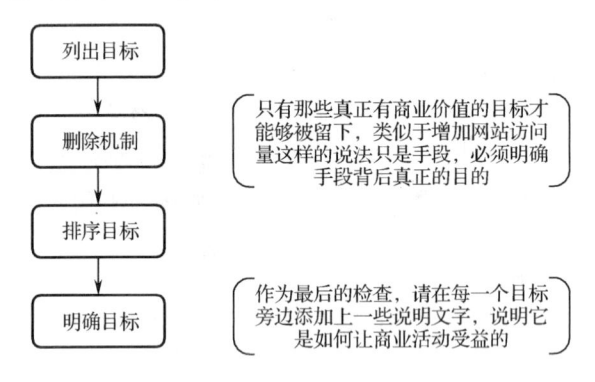

```
┌────────┐
│ 列出目标 │
└────┬───┘
     ↓
┌────────┐      ┌ 只有那些真正有商业价值的目标才
│ 删除机制 │      ┤ 能够被留下，类似于增加网站访问
└────┬───┘      └ 量这样的说法只是手段，必须明确
     ↓            手段背后真正的目的
┌────────┐
│ 排序目标 │
└────┬───┘
     ↓
┌────────┐      ┌ 作为最后的检查，请在每一个目标
│ 明确目标 │      ┤ 旁边添加上一些说明文字，说明它
└────────┘      └ 是如何让商业活动受益的
```

图 6-3 明确商业目标的步骤

首先，列出一份清单，标明所有潜在的目标，并使每个目标尽可能精确；然后，删除那些只是手段而非目标的内容，把目标范围逐渐缩小，使这个清单慢慢变少，留下来的内容必须是为了实现更重要的目标而存在的；随后，对留下来的目标进行排序，挑选现阶段最重要、最急需的目标；最后，明确游戏化系统要实现的目标，并在每一个目标的旁边添加上一些说明文字，说明它是如何让商业活动受益的。要经常查看这个清单，保证在游戏化系统的实施过程中脚踏实地地专注于真正重要的东西。

6.4.2 第二步：划定目标行为

根据第一步明确的商业目标，有针对性地进行游戏化系统设计，将游戏化系统的基本方向和想法创建完成。划定目标的步骤如图 6-4 所示。因为目标行为是完成上述目标的有力支撑，所以要合理划定目标行为，确定需要培养或鼓励用户的哪些行为习惯，勾画一个基本的框架：是做成一个擂台挑战形式，还是一个闯关形式，或者是一个养成形式。如果希望提高产品的活跃性，就需要让用户每天登录或使用产品；如果希望提高产品的变现能力，那么就需要通过游戏化系统提高用户购买或付费的转化率。

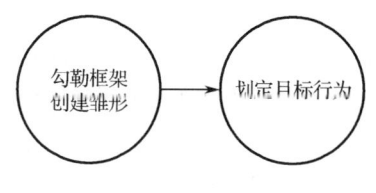

图 6-4　划定目标的步骤

6.4.3　第三步：描述你的用户

1．围绕用户问一些问题

围绕用户问一些问题，这些问题越直接越好。例如，你的用户是谁？与产品是怎样的关系？这些用户需要什么样的激励？是什么让他们不去完成相关的任务，是任务没有价值？还是任务没有趣味性？他们尝试但没能完成任务，是缺乏动力？还是缺乏能力？若是因为缺乏动力，系统的设计就需要以提高用户的参与度为导向；若是因为缺乏能力，系统的设计就需要调整用户使用的难度曲线。

2．进行用户细分

用户细分在市场营销和人力资源中是一种常见的做法。在游戏化系统中，它也尤为重要。因为产品面对的是不同的用户，他们的特点不一样，游戏化系统应当能够为他们提供各自能够接受的和喜欢的东西。

游戏的设计师常常使用一些分类用户的模型作为细分的起点，这些分类模型同样值得游戏化系统的设计者借鉴，对用户从不同的方面进行细分。常见的用户类型有：

（1）成就型：这类用户喜欢不停地升级，不停地获得点数和徽章，致力于获得奖励、认可和声望。

（2）探险型：就像探险家乐于探寻新的内容一样，该类用户致力于挖掘和发现新事物。

（3）社交家：这类用户被游戏的社交方面所吸引，而不是游戏本身，游戏只是一种社交工具，喜欢和他人互动、与他人分享、向他人炫耀等。

（4）杀手型：这类用户希望挑战并击败别人，追求战胜对方的刺激和能力。

将这四类用户映射到非游戏化产品中，可以演变成荣誉心强的用户、热衷于尝鲜的用户、喜欢和朋友互动的用户，以及渴望胜利的用户。每类用户都有自己的行为偏好，根据用户类型的不同，针对目标用户做到差异性，选择有针对性的游戏化手段，让每类用户都能得到符合各自期望的体验，才能取得意想不到的收获。当完成用户细分之后，游戏化系统的设计者会获得巨大的设计空间。例如，为不同年龄和性别的用户提供个性化的头像、为不同类型的用户设计各自的徽章系统等。

3．注意不同等级的用户

在游戏化系统中会有不同等级的用户，应该为不同等级的用户提供不同的乐趣触发点，保证不同等级的用户都能够有持续不断的动力。每位新用户在初期都面临着学习成本和陌生感的挑战，在这个阶段需要较多的引导和提升。例如，在首次打开 App 应用程序或版本更新后显示向导页面；新用户可能还需要朋友们的肯定来增强自信，这时就需要社交关系中的朋友的参与和帮助。一旦新用户变成成熟用户后，就需要一些更高强度的刺激或者更加新奇的体验以保持对游戏化系统的兴趣。而当成熟用户成为专家之后，就需要足够难度的挑战来保持他们持续参与的积极性，与此同时，他们往往也需要强化自己的专家地位。

以上描述用户的流程，如图 6-5 所示。

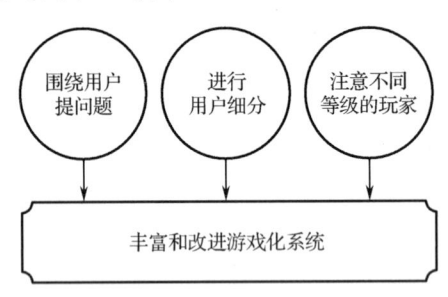

图 6-5　描述用户的流程

6.4.4　第四步：制订活动周期

游戏化不是一个点，而是一个持续的过程。用户的产品使用周期也同样符合这个规律，从使用产品开始，伴随着一系列的流程后总会到达任务完成的终点。用户行为由其动机产生，当行为的结果获得正向反馈之后，又会产生新的动机，反馈和动机构成了用户行为的两个关系因素。在一个好的游戏情景中，用户可以随时知道自己行为的结果，及时获得反馈，这就需要设立短期可达成、清晰可量化的、反馈及时的目标。以健身为例，需要设立一个确定的时间段内可量化的目标并设置奖励，比如一个月内体重与体脂要达到某个数值，达成目标后可购买一件一直想要而迟疑下不了手的物品作为实物奖励，一旦通过这段时间的努力、坚持达成了拟定的目标，便会得到精神上与物质上的双重奖励，从而获得自豪感、成就感与满足感，进而在这种"阳性强化法"的正向激励机制作用下进入下一个阶段的健身计划中。一个严密的游戏化系统应该像分阶段的健身目标一样展现它的周期性，游戏化系统的周期性一般来说表现为两个方面，分别是反馈周期和进阶周期。

1．反馈周期

所谓反馈周期，就是要为用户的行为做出反馈，但是单纯意义上的反馈是没有明显意义的，反馈的意义在于为用户的下一步行为创造动机，引导用户投入新的行为中，如授予点数，而这种反馈又会反过来刺激用户采取进一步的行动。反馈周期如图6-6所示。

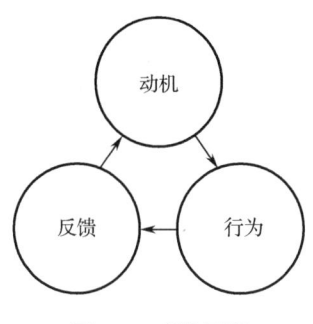

图6-6　反馈周期

2．进阶周期

进阶周期是指游戏化系统应该体现短期任务与长远目标的结合，像阶梯一样展现出进步和进展的特点，如图6-7所示。如果用户在第100天和第1天的体验感受是完全一样的，那么他们就会感到厌倦。

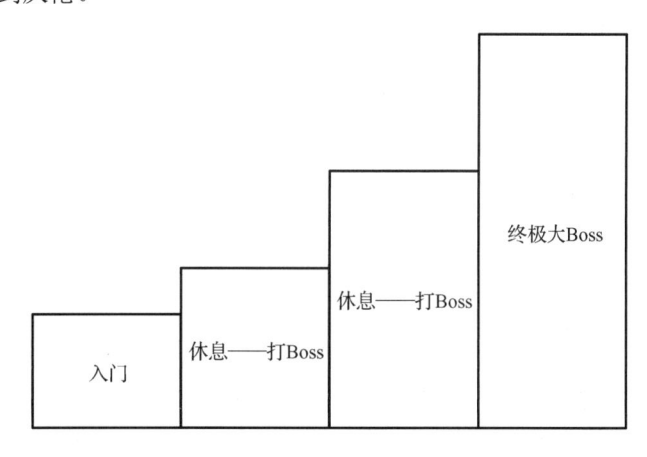

图6-7　进阶周期

在大多数游戏使用的模型中，经过一段时间相对容易的游戏体验，在成功完成每个子阶段的挑战后，游戏的难度都会逐步增加，一般来说，级别越高难度就越大。在"魔兽世界"中，玩家从1级到2级所需的时间和游戏经验值远比从20级到21级的要少，同样的道理也适用于从84级到85级的升级过程。在经过了一个升级挑战后，短暂的休息时间可以让玩家喘口气,也可以让玩家体验一下由掌控感带来的幸福感。每一级的最后挑战,则以几乎难以想象的挑战,让玩家热血沸腾,只有经过命悬一线的殊死搏斗才能最终升级到更高的等级。

对于非游戏化产品来说,很多产品也针对用户在产品中可以完成的体验或权限进行了等级机制的设计,用户通过签到、点评、评论等各种方式进行升级,以获取在产品使用过程中不同的使用体验。

有一点应该注意的是,应该将随机化引入进阶过程中,就像前面所说的那样,任何固定的机制都会引发用户的乏味情绪,当出现令人意想不到的奖励时,用户的兴趣会最大程度地得到激发。

6.4.5 第五步:不要忘记乐趣

在游戏化系统实施的过程中,设计者往往忙于拼凑游戏元素,处理用户、目标、规则以及动机等元素的复杂性,被太多的细节包围着,很容易让人忘记初心,忽视了游戏的乐趣。如果用户认为游戏化系统没有乐趣,他们很可能没有使用的欲望。设计者应当不断提醒自己,用户是不是自愿参加入游戏化系统?如果不提供任何外在的奖励,用户是不是依然愿意参与其中?如果答案是否定的,则应该考虑怎样能让游戏化系统更加有趣。

游戏设计师拉扎罗总结出的 4 种类型乐趣可对游戏化系统的设计师起到相当大的参考作用,她总结出的游戏能够引发人们的 4 种类型乐趣为:

(1)挑战乐趣:通过挑战或解决难题得到的乐趣。
(2)放松乐趣:休闲享受的乐趣。
(3)试验乐趣:通过新的尝试或体验得到的乐趣。
(4)社会乐趣:通过与他人的互动得到的乐趣。

需要注意的是,不同产品的目标是不同的,不同的用户群体希望通过产品得到的乐趣也不同,即使是同一个人,在不同的状况下,乐趣点也是变化的。在对非游戏化产品进行游戏化设计时,要关注用户通过产品得到的乐趣,根据产品目标、用户体验有针对性地进行产品的游戏化设计。

6.4.6 第六步:测试、使用及迭代

上面的五个步骤基本完成了游戏化系统的设计和构思,但距离游戏化系统的成品还有一段很长的路要走。游戏化系统的设计是一个不断实践、不断试错的过程,实现一个成功的游戏化系统,需要搭建一个框架,并在这个框架的基础上不断地进行填充和调整,没有任何捷径可走,只有不断地进行测试和重复检验。首先要建立游戏化进程,看看它们是如何工作的;接着要测试游戏的设计,看看什么能真正起效,什么不能起效;然后构建和分析系统,不断进行改变和迭代,帮助系统进一步完善;接下来和用户互动,了解用户喜欢什么,不喜欢什么;最后回到规划设计环节,并重新开始检验。

游戏化系统的早期需要先通过内部测试，收集反馈信息并修改方案，然后面向少数的目标用户推出测试版本，不断地通过收集和分析用户的数据进行产品的迭代，最后才进一步应用到更广泛的用户群。

实际上，游戏化系统的最初版本只需要包括一些必备的功能与特征，可以保证对用户具有一定吸引力，并符合商业目标的要求即可；然后不断进行迭代，根据用户的数据不断添加新功能，以新的手段吸引用户，从而使用户保持一种新鲜感。

扩展阅读：亚马逊公司的"一次点击性购物"专利

亚马逊公司是世界上最为成功的因特网公司之一和世界上领先的在线交易商业网站之一。它成立于1995年，亚马逊公司的创建者是杰夫·贝佐斯。

网上购物，对大多数人来说是一种比较省力省事的购物方式，它尽可能地用类似于传统商场购物的方式来服务于大众，包括许多购物篮子和购物车的传统，用户会希望从购物车里增添某些商品，或者排队结账。杰夫·贝佐斯创建的亚马逊公司是第一家大型的网上零售商。1994年，杰夫·贝佐斯是在华尔街工作的一个计算机科学家，当时他正在互联网上寻找商机，他决定在网上出售一种商品——已经被电子化的书籍，这是一种人们知道内容的商品（或者是可以展出的样品部分），而且在邮寄时不容易腐烂或损坏。而衣服和食品就比较麻烦，因为人们通常需要试穿衣服或者品尝食物。

亚马逊公司著名的"一次点击性购物"专利，是在1997年由杰夫·贝佐斯和西雅图总部的其他三人共同申请的，即美国专利第5960411号，其内容是"经过一种通信网络以设置购物指令的方法和系统"，该专利详细地解释怎样应用"购物车"模型、在网上像在真正的超市中那样买到他需要的产品——说明你自己，点击货品，然后付款。

就在"一次点击性购物"专利颁发的23天以后，亚马逊公司向西雅图的联邦法院提出了对巴恩斯和诺布尔公司的法律诉讼，要求停止该公司使用他们的专利，理由是已经侵犯了亚马逊公司的"一次点击性购物"专利。亚马逊公司以专利作为武器，与竞争者进行无情的竞争。

自从亚马逊公司获得专利以来，许多专利的使用者和开发者都感到非常愤怒。在他们看来，一个至为明显的理念在于：互联网应鼓励技术创新。例如，互联网的先驱者蒂姆·博恩斯·李（麻省理工学院的教授，以发明万维网而闻名的发明家）就有意地没有申请关于万维网的专利，而是让它自由地被使用。

第 7 章

如何将创意设计应用于商业模式创新

7.1 创意设计与商业模式创新

7.1.1 规划创意设计的商业前景

一般来说，优秀的创意设计被认为是企业获得商业成功的重要战略之一。在广义上也可以理解为，创建新商业目标的设计思维方法和思维方式有助于以一种新的方式提高服务和用户体验。成功的创意设计通过扩展整个组织和整个企业发展过程的设计思维，能够帮助企业开辟新的机遇，进行商业模式创新，设置更戏剧性的增长策略，并发展其业务模式，更好地抓住市场机会。

面对不断变化的社会和市场，以及不断革新的技术，市场期望比以往任何时候都高，企业需要以新的方法来应对巨大的挑战。在众多的商品和服务中，消费者所期待的是更好、更成熟的定制产品和服务。

许多企业发现，过去很成功的模式和基础设施现在变得过于僵化，以至于上升为新的挑战和机遇。许多企业正在寻找更好、更快和更有效的方法进行组织调整和人力资源调动，以及发展他们的商业模式，使他们处于领先趋势。在一些新兴的领域，创意设计在发现新机遇方面扮演着很重要的角色。

这里以一个成功的商业模式创新案例——耐克跑鞋的设计为例进行说明。面对逐步低迷的市场，美国耐克公司对用户进行了广泛、深入的调研，挖掘出了跑步者对于跑步运动的深层需求——运动+共享，独具创意地将芯片植入跑鞋，诞生了"耐克+"，使跑步者可以进行实时共享。为了能够改变和激励每个跑步者，耐克公司将这种创意思维植入"耐克+"：将一个芯片植入一个设计独特的跑鞋里，用户在运动时，可将跑鞋连接到 iPod 来测量个人成绩，还可连接到跑步者的网上社区。

耐克公司对跑步者的深层理解超越了对跑鞋的使用。跑步者被获奖运动员所设定的标准深深地激励着,他们追求个人更好的成绩、对个人目标的实现,以及他们与他人分享激情的动机。在 2006 年推出这一措施之前,耐克跑鞋占有美国所有跑鞋销售量的 48%,到 2008 年年底,已经售出超过 130 万双耐克跑鞋给那些充满激情的跑步者,他们已经在网上记录了超过 1 亿千米的记录。到 2012 年,耐克跑鞋的市场份额是 61%,这要归功于"耐克+"所产生的销售量。在这种情况下,每个人都是胜者。充满激情的跑步者有了一个新的推动个人成绩和更广泛连接团体的手段,而耐克公司通过与消费者更深入、更吸引人的关系得到了巨大的销售量和客户忠诚度的回报。通过成为消费者价值生态系统的一个组成部分,耐克公司的合作伙伴(如美国苹果公司)也赢得了胜利。而这一切的灵感都来自对用户的深层理解。

7.1.2 探索商业模式创新的思路

商业模式创新的重点是将新的创意设计整合到目前的运营模式中,并反复反思以下问题:

- 在当前的系统里,我们可以利用什么?
- 在当前的系统里,我们必须要解决哪些棘手的问题(障碍、局限、冲突)?
- 对于每一个关键问题,解决问题的可能策略和方法是什么?
- 我们如何加固当前系统,以至于对整个企业来说它是专有的、可持续的?
- 有哪些支持这项突破性创新的投资?

通过这种反思过程,创意设计的原型首先是基于关于概念上的解决方案,然后是关于商业模式创新和不间断地对用户价值进行整体评估,这样企业就可以为突破性创新和竞争优势制定战略。通过挑战目前的商业模式和探索促进成功的新方法,可以设计新的模式,为市场和企业创造出新的价值。

此外,在商业模式创新中我们需要注意以下几个方面。

1. 专注力

需要企业对周围的世界和市场有敏捷的认识。我们需要密切注意那些可见的、可以清楚阐明的,同时感受那些隐藏的不能明确表述,在创新过程中,所有的事情都是互相关联的。

2. 开明的合作

团队中的每个成员不仅必须要一起合作,也要接受新的见解和想法,不管该见解和想法是否适合自己的范式。商业模式设计者要想从新的见解中汲取想法,并有效地形成其他的想法,就必须接受合作时产生的摩擦和融合,并且要必须摒弃自我。

3. 假设性的思考

在收集新的用户见解和探索新可能性时,一个重要的能力就是假设性思考,其关键是在抓住新机遇和设计新可能性时,允许跳跃性的推理。颠覆性的创意往往要彻底突破约束和障碍才有可能实现,对于商业模式设计而言更是如此。罗杰·马丁(Roger Martin)在"整合思维"的概念解释中提出,接受对立的思维模式,能够激发创造新的更好模式的力量。创意设计思维可以帮助解决商业模式中的冲突,保持以用户为中心,并设计各种"假设性"的商业模式,最终将价值传递给用户和企业,使企业将创意设计应用在商业模式创新中。

7.2 什么是商业模式

7.2.1 商业模式的概念

虽然商业模式这一概念最早出现在20世纪50年代,但直到20世纪90年代才被广泛传播和使用,如今商业模式已经成为一个常被企业家、创业者及风险投资者挂在嘴边的名词,大学里也开设了许多关于商业模式的课程。

亚历山大·奥斯特瓦德(Alexander Osterwalder)在其2010年出版的《商业模式新生代》中给出了商业模式的定义,他认为商业模式描述的是企业如何创造价值、传递价值和获取价值的基本原理。商业模式是指企业之间、企业的部门之间、企业与渠道之间乃至与顾客之间存在的各种各样的交易关系和连接方式,一个商业模式描述的是一个组织创造、传递和获取的价值的基本原理。商业模式有助于描述组织如何发挥作用和产生收入,帮助管理人员概括公司用来产生价值的不同的活动和创造价值的机制。

随着社会的发展,市场需求日益清晰,市场资源也越来越能得到准确的界定,市场上存在的机会将超脱已有的基本形式逐渐演变为商业模式中的创意。而随着商业模式自身的提升,创意这一定义逐渐复杂化,它包含了产品或服务的概念、市场的概念、供应链及营销的概念。创意的准确化和差异化最终使其演变为一个完整的商业模,一个结合市场需求和市场资源的系统。但商业模式又不仅仅是创意这么简单,一个全面且有效的商业模式需要将创意转化为收入且保证收入的流动性。

7.2.2 商业模式构成要素

1. 商业模式三要素说

在《商业模式创新白皮书》中,哈佛大学教授马克·约翰逊(Mark Johnson)、克莱顿·克里斯坦森(Clayton Christensen)和SAP公司的CEO孔汉宁(Henning Kagermann)将商业模式要素概括为以下三个要素:

(1)客户价值主张:企业以一个既定的价格向客户或消费者提供产品或服务时所需要完成的任务。

(2) 盈利模式：企业用来为股东和投资者实现经济价值的过程。

(3) 资源和生产过程：为支持客户价值主张和实现盈利模式所采用的具体的企业经营模式。

2. 商业模式四要素说

瑞士的奥利弗·加斯曼（Oliver Gassmann）等人设计的商业模式由四个要素组成，并以"神奇三角"（见图 7-1）的形式体现，商业模式的四个要素分别是：

(1) 客户：谁是我们的客户？客户是商业模式的核心，客户在商业模式中的位置非常重要，准确理解客户的需求是实现商业模式的基础，要区别哪些客户适用于你的商业模式，哪些客户不适用。

(2) 价值主张：我们为客户提供什么？价值主张阐述了公司和企业能为客户提供的东西（包括产品和服务），并在此基础上详细介绍如何满足目标客户的需求。

(3) 价值链：我们如何生产产品？要想实现价值主张，企业需要设计一系列的流程和活动，这些流程和活动以及相关的资源和资质都可以用价值链来表现。

(4) 盈利机制：为什么商业模式可以创造利润？盈利机制阐述了该商业模式在经济上可行的原因，它包括成本构成、利润生成机制等。盈利机制阐述了商业模式的可行性，也可以向每个公司的股东及相关利益者解答该商业模式是如何创造利润的。

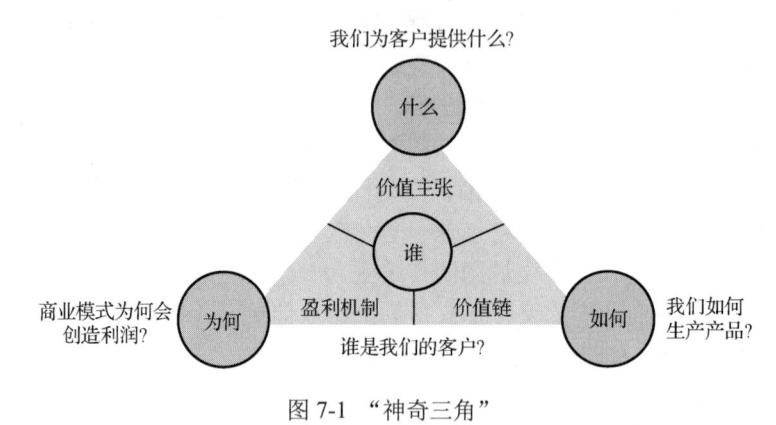

图 7-1 "神奇三角"

3. 商业模式九要素说

亚历山大·奥斯特瓦德在《商业模式新生代》一书中综合了各种概念的共性，并在此基础上提出了商业模式的九个要素，如图 7-2 所示。

(1) 价值主张：即企业通过其产品和服务所能向消费者提供的价值，价值主张确认了企业对消费者的实用意义。

(2) 目标消费群体（客户细分）：即企业所瞄准的消费者群体，这些群体具有某些共性，从而使企业能够（针对这些共性）创造价值。定义消费者群体的过程也称为市场划分。

（3）渠道通路：即企业用来接触消费者的各种途径，这里阐述了企业如何开拓市场，它涉及企业的市场和分销策略。

（4）客户关系：即企业同其消费者群体之间所建立的联系，我们所说的客户关系管理与此相关。

（5）关键资源：即资源和活动的配置。

（6）核心能力：即企业执行其商业模式所需的能力和资格。

（7）合作伙伴网络：即企业同其他企业之间为有效地提供价值并实现其商业化而形成的合作关系网络。

（8）成本结构：即所使用的工具和方法的货币描述。

（9）收益来源：即企业通过各种收入流来创造财富的途径。

综合上述三种要素说可以看出，商业模式包含三个核心要素，即客户、价值和利润，每种商业模式都试图清晰地阐述三个内容：产品、将产品转为财富的方式方法，以及可以保持盈利的方法。

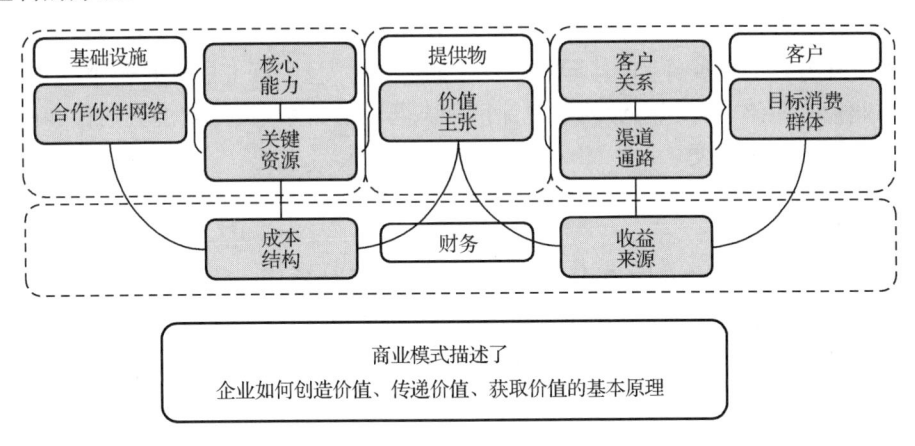

图 7-2 商业模式的九个要素

7.2.3 成功的商业模式特征

1. 整体性

成功的商业模式首先必须是一个整体，它应该有自己的结构而不仅仅是一个或几个零散的组成因素。商业模式中各组成部分之间存在必然的内在联系，这种内在联系能够与企业自身状况融为一体，并且能够将企业内部与企业的经营管理系统有机地结合起来，形成内外匹配行之有效的模式，形成一个良性循环。

2. 差异性

商业模式的差异性是指其具备与原有的任何商业模式都不同的特点，且该特点不会轻易被竞争者模仿，通过独特的价值取向和不会轻易被模仿的创新特性来提高企业的竞争力。成功的商业模式要能提供独特的价值，有时候这种独特的价值是新的思想，有时候是产品和服务独特的性质或组合。产品和服务的组合要么可以向客户提供额外的价值，要么可以使顾客在实现同等价值时降低成本，或者用同样的价格获取更多的利益。企业通过确定自己与众不同之处来提高本行业的进入门槛，从而可以保证利润的来源不受其他企业的侵犯。例如，戴尔公司是直销模式的标杆，人们都知道如何运作直销模式，但想变成第二个戴尔公司却很难，原因就在于除了直销这一模式，戴尔公司背后拥有一套自成体系的、完整的且难以模仿的资源配置和生产流程。

3. 适应性

商业模式的适应性是指在面对宏观环境、市场竞争环境以及客户需求的变化时企业的应对能力。成功的商业模式不是一成不变的，今天为企业带来盈利的商业模式可能在明天就会成为企业亏损的主要原因，甚至阻碍企业的前进和发展。商业模式是一个动态的概念，成功的商业模式应该始终和企业的发展保持动态匹配的关系，运用它的灵活性和应变能力去应对内外环境的不断变化。

4. 可持续性

虽然成功的商业模式应具备灵活性和应变能力以便根据市场情况随时进行调整，但频繁地调整或更换商业模式不仅会增加企业的运营成本，也会对目标客户和组织内部带来一定程度的混乱。因此，在考虑企业商业模式的灵活性和应变能力的同时，设计的商业模式要有一定的前瞻性，在决定最终商业模式之前要进行反复的修改和调整，以确保其具备一定的可持续性。

7.3 几种常见的商业模式类型

7.3.1 直销商业模式

世界直销联盟对直销的定义是：直销指企业直接销售商品和服务，绕过传统批发商或零售通路，直接从消费者接收订单。直销商业模式是我们最常接触的商业模式之一，在直销商业模式中，企业的产品由生产商或服务商直接销售，而不是通过像零售商店这样的中间商和其他渠道来销售。直销商业模式能够消除零售的边际收益和其他成本，节约的部分成本还可以给消费者带来实惠。直销商业模式还可以满足消费者的个性化需求，帮助企业更好地了解消费者需求，推动产品和服务的创新和升级。直销商业模式如图 7-3 所示。

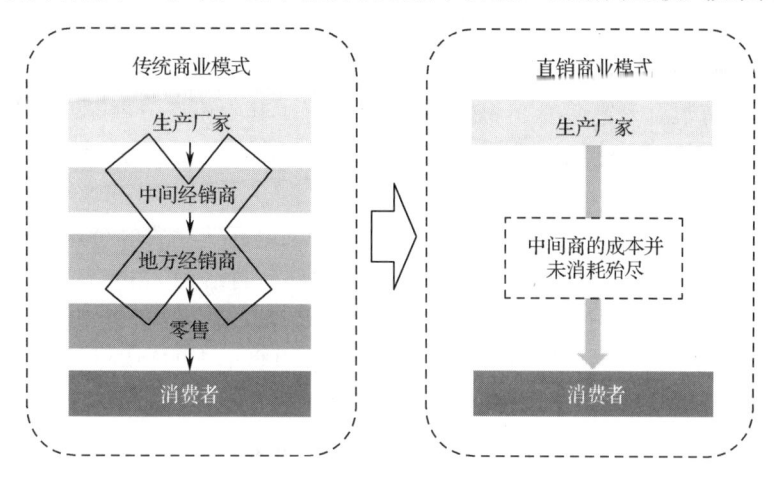

图 7-3 直销商业模式

直销商业模式的典型案例是戴尔公司，这家计算机公司自 1994 年成立以来一直专注于直销模式。最初戴尔公司通过电话接收销售订单，之后随着互联网的发展，戴尔公司直接通过网络在线接收订单，接下来自己购买配件组装计算机。这意味着戴尔公司无须车间和设备生产配件，也无须在研发上投入资金，更不需要拥有库存。消费者可根据自己的需求得到自己想要的计算机配置，根据这些客户需求，戴尔公司将广告直接提供给特定的目标客户，投放到客户的私人手机上。这种模式能在第一时间掌握消费者是看了哪些广告而对产品感兴趣的，这使戴尔公司可以更加精准地满足客户需求，从而达到一个良性循环。

7.3.2 长尾商业模式

长尾（Long Tail）这一概念最早是由美国《连线》杂志的前主编克里斯·安德森（Chris Anderson）提出的，用来描述如亚马逊（Amazon）公司和网飞（Netflix）公司的商业模式。简单来说，长尾商业模式的核心是少量多种类地销售产品。传统销售模式是以销售较少种类的热销产品来获得绝大部分的销售收入的，但长尾商业模式致力于提供种类繁多的小众产品，虽然每一种产品的销售量相对较少，但将这些小众产品的销售额汇总，得到的收入可以像传统销售模式一样可观。甚至在极端案例中，小众产品带来的利润可以大大超过热销产品。为保证消费者能够在更广泛、更多样的产品体系里找到能满足个人需求的产品，长尾商业模式需要拥有足够大的货架空间，而互联网的发展恰好满足了长尾商业模式的需求：互联网拥有可以无限扩大的货架空间，能够"存储"更多的产品，多种类的产品既能满足大众的需求，又能迎合小众的喜好。

长尾商业模式典型案例：

创建于 1995 年的在线零售商亚马逊和网上交易平台 eBay 都是应用长尾商业模式的先驱。根据有关资料统计，亚马逊公司 40%的营业收入来自线上图书销售，而传统书店很难做到这一点。对亚马逊公司来说，利基产品的长尾效应不仅为其带来了价值可观的收益，还使它区别于传统的图书销售。在 eBay 网站上，独立的个体通过在线商品交易创造了长尾效应，每天都有数百万笔交易在 eBay 网站上进行，其中不乏一些罕见而独特的产品，比如罗马教皇十六世（Pope Benedict）的大众高尔夫牌汽车，或者与沃伦·巴菲特（Warren E. Buffet）共进午餐的机会。

另一个案例是 YouTube 公司，它也是成功运用长尾商业模式的公司之一。2005 年创建于美国的 YouTube 公司是世界上最大的在线视频分享网站。2006 年，在谷歌公司以 16.5 亿美元收购了 YouTube 公司以后，YouTube 公司成为谷歌公司的子公司。专业用户和业余用户都可以在 YouTube 公司的网站免费上传和分享内容丰富的视频，包括个人视频、电影、电视剪辑短片、电影短片、教育资料和视频博客，几乎没有时效限制。视频存储的低成本为大规模、多样化内容的提供创造了条件。搜索引擎和目录浏览功能可以帮助用户快捷地搜寻并播放该网站上的数百万个视频短片，以及从其他网站和社交媒体平台分享到 YouTube 公司网站上的视频。

7.3.3 免费商业模式

正如"免费"这个词的字面意思所表达的，消费者不需要有偿得到产品或服务。那么就一个商业模式体系而言，如何在免费提供产品或服务的同时做到最终盈利呢？答案是提供免费产品或服务的企业必须从其他方面创造收益，也就是说，在免费商业模式中，客户只是至少有一类是可以免费地享受产品或服务的。商业模式的不断创新和发展使得免费商业模式变得可行，免费商业模式中其他客户为免费享受产品或服务的客户提供了财务支持。

以下三种方式可以将免费商业模式变得可行：

1. 基于多边平台的免费商业商品（基于广告）

多边平台的商业模式是指将两个或两个以上彼此独立但又相互依存的客户连接到一起。多边平台创造的价值来源于充当平台中不同群体间的媒介，促进它们彼此间的互动。对于多边平台中的某一类客户来说，平台的价值来源于其他客户的存在。多边平台的价值提升在于它所吸引的客户数量的增加，这种现象也被称为网络效应。基于广告的免费多边平台的模式是多边平台商业模式中的一种较为特殊的类型，多边平台一边是为吸引客户而设计的内容、产品和服务，而另一边则是为多边平台带来收益的广告商。

基于广告的免费多边平台商业模式的一个典型案例是 Merto 报纸，这份最初在斯德哥尔摩免费发行的报纸比行业中的其他竞争者更优秀的地方在于，它改变了传统报纸的发行模式：首先它用免费发放取代了原本的售卖模式；其次，它选择在公共交通集结地和人流密集的办公区等地或发放，或放在显眼的货架上供人们自取阅读；最后，因为阅读对象的变更，Merto 报纸的内容只需满足年轻上班族在乘坐交通工具时阅读即可，内容的减少直接降低了报纸的编辑成本。Merto 报纸在改变自身商业模式的同时，为防止竞争者模仿和复制自己的模式，它严格控制了自己的分销网络，包括重要站点的地铁和巴士站的报纸架，在人流量大的重要区域选择成本相对较高的人工发放方式来提高市场占有率，迫使竞争对手在选择市场时退而求其次。

2. 免费增值模式：免费的基础版和付费的高级版

风险投资家弗雷德·威尔逊（Fred Wilson）在 2006 年首次对免费增值模式进行了描述。免费增值模式主要基于网络，将免费的基础版服务与付费的高级版服务相结合。免费增值模式的特点是大量的用户选择免费的基础版服务，并且这其中的大部分用户永远也不会变成付费用户，而少数的用户会为高级版服务支付费用，而通过这一小部分付费用户的收入就可以补贴免费用户。

音乐流媒体服务商声田（Spotify）公司是一个以免费增值模式为基础运营的典型案例。免费用户会定期收到很多自动弹出来的广告，如果他们想不再受广告的困扰就要付费升级为更加人性化的高级版本。Spotify 公司始建于 2006 年，成立仅仅一年后就拥有 100 多万用户，之后公司调整了其免费增值模式，允许免费用户每个月在有限的时间内免费使用音乐流媒体服务，从而刺激他们升级到此服务的付费版本。

另一个以免费增值模式为基础的著名企业是多宝箱（Dropbox）公司和领英（LinkedIn）公司。Dropbox 公司为用户提供了一定量的免费云储存空间，用户可以根据自己的意愿每月支付一定的费用来扩展云存储空间。领英公司的用户可以通过购买"高级徽章"来访问领英公司的高级版本，这样他们就会在网络搜索中占据有利位置，同时也能匿名浏览其他会员的个人资料。

3. 钓鱼模式：剃刀和刀片

钓鱼模式的特点是最初免费或者以较低的价格向用户提供有吸引力的产品，但该商品会不断地鼓励用户对相关产品或服务进行消费。剃刀和刀片这一著名的商业模式起源于吉利公司。20 世纪一个知名企业家金·坎普·吉列（King Camp Gillette）发明了一款可以替换刀片的剃须刀，当他首次向市场推销剃须刀时，他决定以较大力度的折扣，以很低的价格出售剃须刀柄，甚至在其他产品的售卖中免费赠送剃须刀柄，虽然剃须刀柄没有赚取利润，但要想使用吉利剃须刀只能购买与其配套的刀片。低价出售或免费赠送剃须刀柄的行为为吉利公司的刀片增加了市场需求，吉利公司从可替换的刀片中获得了较高的收益，弥补了剃须刀柄的成本损失。另外，吉利公司拥有超过 1000 项的专利，通过专利垄断，吉利公司的竞争对手很难进入可替换刀片的剃须刀市场，从而保护了吉利公司的市场份额。

另外一个例子是早年的移动通信行业向用户免费提供手机，但前提是要使用该运营商的服务。如今对于无线网络运营商来说，免费提供绑定了服务资费的手机已经是一种标准的操作方式。虽然初期运营商会因为免费送出手机而蒙受损失，但用户后续不断缴纳的服务费会很快会弥补这部分损失。运营商通过提供免费手机使用户得到满足，用户通过不断缴纳服务费来回报运营商。

7.3.4 开放式商业模式

开放式商业模式是企业为了实现商业价值最大化，打破组织的界限，整合企业利益相关者的所有知识和资源（创意、技术等），通过内外部资源的耦合来增大企业价值和利益的一种商业模式。开放式商业模式适合与外部合作伙伴进行系统配合而创造和获取价值的企业。开放式商业模式是由全球"开放式创新之父"亨利·切萨布鲁夫（Henry Chesbrough）提出的，是指将企业研发的流程向外界开放。他主张在一个以散发的知识为特征的世界中，组织可以通过将外部的知识、知识产权和产品整合进自身的创新流程，从而更好地利用自己的研发能力创造出更大的价值。

来自美国宝洁公司的案例：

2000年6月宝洁公司的股价处于持续下跌的态势，当时保洁公司的新任CEO雷富礼（A. G. Lafley）临危受命，为了恢复宝洁的活力，坚决主张把产品创新作为公司的核心价值。但比起在自己的研发工作中增加投入，他选择建立一套新的创新文化体系：将内部研发转变为开放式研发，旨在通过外部合作方的力量拉动宝洁公司内部的创新能力。为此，宝洁公司在自身的商业模式中搭建了三座"桥梁"：高科技企业家、互联网平台以及退休专家。高科技企业家指宝洁公司与高校和其他企业中系统地建立关系的高级科学家，他们扮演猎人的角色，在全球范围内为宝洁公司内部的挑战寻找解决方案；互联网平台是宝洁公司与全球范围内的问题解决专家相连接的媒介，该平台将宝洁公司遇到的问题发送给全球范围的科学家让他们提供解决方案，最终被采取的方案的提供者将得到现金奖励；退休的专家也是宝洁公司内部问题解决方案的一个重要来源，向退休专家征询知识的平台也是宝洁公司专门建立一座在企业与外界之间连接的"桥梁"。这套创新文化体系为宝洁公司带来的效果是很明显的：2006年宝洁公司的合作创新率不足15%，而在2007年已超过了50%，虽然研发投入稍有增加，但宝洁公司的生产效率却提升了85%。

7.4 商业模式创新的概念

商业模式创新是商业模式的动态视角，但商业模式概念的多样性和复杂性，以及商业模式构成要素的变化程度与变化关系为商业模式创新的概念定义增添了难度，因此对于商业模式创新概念的界定也出现了很多不同的观点。

宝齐莱（Bucherer）等人认为商业模式的不断变化过程就是商业模式创新，特地变革一个企业核心元素和商业逻辑的过程也是商业模式创新。魏炜等人认为商业模式创新是指寻找企业的新逻辑、新方法,从而为利益相关者创造和获取价值,主要关注发现新方式以产生回报,为消费者、供应商和合作伙伴定义价值主张。还有学者认为当4个及以上的商业模式构成要素都发生变化时才可将其定义为商业模式创新。但商业模式内各构成要素之间是复杂而有机的系统结构关系,并不是简单的排列组合,且各要素对商业模式的影响大小也不同,相比其他要素的变化,处于商业模式核心地位的构成要素的变化会对整体商业模式的变化产生更为决定性的作用。同时,关键要素的变化也会带动其他构成要素的变化,因此商业模式创新不能简单依靠发生变化的要素个数来判断。

一般来说,商业模式创新是企业对已有商业模式的再设计,是指商业模式作为一个整体所发生的变化或改进,它可以由一个或几个关键要素的变化所引发,但最终一定会对整个商业模式的各方面都产生了影响,并使商业模式作为一个整体发生改变。

新商业模式的出现包括以新企业形式出现的全新的商业模式,以及在原有企业的基础上发展演变而成的新商业模式两种不同的基本途径。前者商业模式创新的过程表现为拥有新模式的新企业创业过程,而后者商业模式创新的过程则表现为企业内部的旧模式被替代,新模式逐步形成发展的过程。无论以上哪一种途径,商业模式创新的核心问题都是寻求新的模式,探索新的机会是否成立的问题。

实现商业模式创新需要企业具备以下3个条件:

(1)向客户提供全新的产品或服务,或使用新的方式提供原有的产品或服务,或在新的领域开辟新的产业。例如,格莱美银行是第一个给穷人提供小额贷款服务的银行,在此之前银行只贷款给有钱人。

(2)企业的商业模式至少有多个要素与其他企业有明显不同,而不是仅存在细微的差异。例如,与传统书店相比,亚马逊公司提供的图书种类更多,客户可选择的图书范围更广,亚马逊公司通过互联网平台出售产品,对客户来说购买过程更加便捷。

(3)企业的商业模式在成本、竞争力、盈利能力及可持续发展等方面有良好的表现。例如,格莱美银行从公益和慈善的角度出发开发了为穷人提供服务的业务,虽然此举不以盈利为主要目的,但实际上格莱美银行一直在盈利;亚马逊公司因其产品的多样性,打破传统书店的运营方式,利用互联网渠道销售以及存货周转速度快的独特商业模式,短短几年就跻身于世界第一大书店;亚马逊公司支持消费者在购物时使用信用卡支付,消费者支付的货款通常是24小时内到账的,而亚马逊公司付给供应商的时间通常是收货后45天,这意味着客户的钱在一个半月内都在亚马逊公司手中。

7.5 商业模式创新设计方法

仅靠一时的灵感和凭空想象是无法得到好的商业模式的,优秀的商业模式更多地是依靠科学的手段和工具进行拆解和分析,并在此基础上多次修改、整合和优化后产生的。下面会介绍三种商业模式创新设计的方法,通过这些方法能够更好地探索、创造以及打磨出优秀的商业模式。

7.5.1 商业模式画布

在《商业模式新生代》一书中,亚历山大·奥斯特瓦德等人首次勾勒出了商业模式的框架,他们提出的商业模式画布(见图7-4)构建了一个可以灵活描绘或设计商业模式的工具。将商业模式涉及的九个关键的模块整合到一张画布之中,设计者可以在画布的合适区域内写下模式的关键理念和原则,在各个区域被填满的过程中可进一步观察及发展该模式最强大的理念和互动关系。商业模式画布不仅能够在构想商业模式理念时提供灵活多变的计划,且更容易满足用户的需求,更重要的是它可以在设计的同时从中观察商业模式中各要素的互动性。

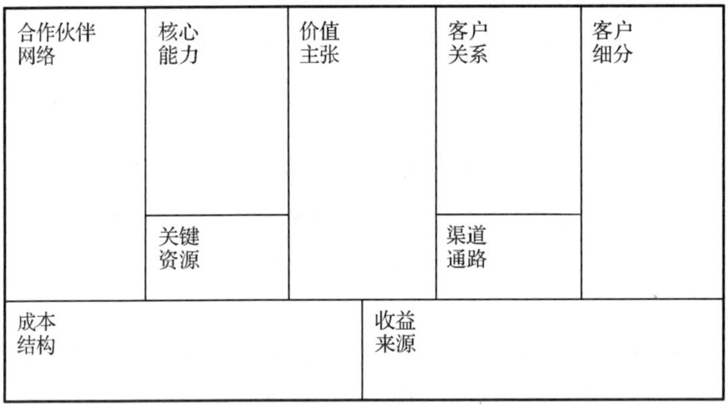

合作伙伴网络	核心能力	价值主张	客户关系	客户细分
	关键资源		渠道通路	
成本结构			收益来源	

图7-4 商业模式画布

支付宝公司的商业模式画布:

支付宝公司成立于2004年12月,是阿里巴巴旗下第三方支付公司。截至2012年12月,支付宝公司的注册账户突破8亿,日交易额峰值超过200亿元人民币,日交易笔数峰值达到1.058亿笔。支付宝公司的业务范围主要是提供简单、安全、快速的在线支付解决方案,包括余额支付、透支支付、网上银行、货到付款、转账服务、生活助手等。作为第三方支付平台,支付宝公司主要为网络购物环境下买卖双方提供担保交易服务,此外还有缴费、转账、信用卡还款等功能。

案例分析:
首先从四个视角分析支付宝公司的商业模式:
提供什么:支付宝公司提供简单、安全、快速的在线支付解决方案。
为谁提供:个人用户(网购消费者)及企业用户(网络零售商)。

如何提供：支付宝公司以技术创新解决网络购物交易安全问题，带动信用体系的建立与完善。

成本结构：支付宝公司的成本主要来自平台维护费用、销售推广费用以及银行划款手续费用。

支付宝公司的盈利主要来自面向商家的收费，包括支付产品、行业解决方案、第三方服务以及广告等其他业务。

接下来从商业模式画布的九个模块来分析支付宝公司的商业模式。

1．价值主张

支付宝公司致力于为电子商务提供简单、安全、快速的在线支付解决方案，公司不仅从产品上确保用户在线支付的安全，同时更致力于让用户通过支付宝在网络平台上建立彼此信任的关系，帮助建设和改善"更纯净"的互联网环境。

2．客户细分

支付宝公司为以下四类客户提供服务：
（1）电子商务服务提供商：如旅游网站、航空公司等。
（2）互联网内容提供商：如门户网站、虚拟社区、视频网站等。
（3）中小商户：电子商务平台网络零售商。
（4）个人用户：网购消费者。

3．渠道通路

支付宝公司作为网络服务提供商，基于互联网接触顾客并为顾客提供服务。支付宝公司通过一系列手段，借助辅助平台（如阿里旺旺客服中心）快速、准确、便捷地为客户提供及时沟通，以及问题的解决通道。

4．客户关系

针对个人用户（网购消费者），支付宝公司主要提供在线自动化服务以及在线社区，让用户交流知识和经验，帮助解决用户间的问题。目前互联网中有大量的个人用户为支付宝公司创造了巨大的市场价值和行业门槛；针对企业用户，支付宝公司与之保持良好的合作关系，为共同创造价值而积极努力。

5．关键资源

支付宝公司的关键资源来自它的支付平台、知识资产、创新技术及人力资源。

6. 核心能力

持续地维护和发展支付平台的功能，同时不断创新开发新的业务模式。

7. 合作伙伴网络

支付宝公司跟国内外 180 多家银行以及 VISA、MasterCard 等机构建立了深入长远的战略合作伙伴关系，支付宝公司已经成为金融机构在电子支付领域最受信任的合作伙伴。

8. 成本结构

支付宝公司的成本主要来自平台维护费用、销售推广费用以及银行划款手续费用。平台费用主要指软硬件设备的购置与升级、各类人力成本（如员工薪资）等；销售推广费用包括支付宝公司的广告投入和销售费用等；银行划款手续费用是指交易资金流动过程中需要向银行缴纳的手续费，对于千亿级交易额而言，银行划款手续费用是不容忽视的成本。

9. 收益来源

支付宝公司的主要收益来源是服务佣金、广告收入和其他金融增值性服务。支付宝公司自诞生后经历过两个阶段的发展：第一阶段为"根植淘宝"，第二阶段为"独立支付平台"。支付宝公司的盈利来源大约 60%依靠淘宝网，此外还有来自沉淀资金的利息收入。

基于上述分析，可以绘制得到支付宝公司的商业模式画布，如图 7-5 所示。

合作伙伴网络	核心能力	价值主张	客户关系	客户细分
金融机构	管理平台 维护平台	提供简单、安全、快速的在线支付解决方案	用户黏性	个人用户 企业用户
	关键资源 支付平台 支付技术		渠道通路 网络平台	
成本结构 平台维护 销售推广 银行划款			收益来源 服务佣金 广告收入 其他金融增值性服务	

图 7-5 支付宝的商业模式画布

7.5.2 商业模式轮

商业模式机构（BMI）研究出一种轮状框架来创造及分析商业模式，该框架由八个要素组成，我们称之为商业模式轮。吉姆·米尔豪森（Jim Muehlhausen）在《商业模式设计与完善》中对这八个要素的重要性进行了排序。

1. 市场吸引力

你的产品或服务在市场上有吸引力吗？或者你的产品或服务对于你的目标客户，在特别的市场中有吸引力吗？你产品或服务的客户是谁？你面对的最佳客户群是谁？

在优秀商业模式的设计中，最重要的是打造目标客户愿意购买的产品或服务，而打造这种产品或服务的第一步则是选择一个有吸引力的市场。首先要确定行业本身的吸引力，例如软件公司一般比建筑公司更容易获利，有些行业很难盈利，如航空产业，西南航空公司是行业内业绩最好的公司之一，但其净利润有时甚至比不上一个普普通通的软件公司。因此选择一个合适的行业，你的商业模式将会取得更好的效果，创造更多的盈利。其次，要寻找一个有吸引力的利基市场。利基市场是在较大的细分市场中具有相似兴趣或需求的一小群顾客所占有的市场空间。有时候选择好的利基市场甚至比选择好的行业更为重要，维斯达印刷公司就是一个例子：在维斯达印刷公司创办时，传统的印刷业正受到毁灭性的打击，在数不清的印刷企业纷纷倒闭时，维斯达印刷公司将目标顾客群体锁定在小微企业身上，传统印刷企业认为小微企业商机太少，利润不足，但维斯达印刷公司却将他们变成了世界上最有盈利能力的客户，同时结合先进技术，实现了企业利润的增长。

2. 独特的价值主张

你会采用哪些特别的销售主张去推销你的产品或服务？在销售的过程中，你如何保证你的产品或服务价值的差异化？价值主张对于你的目标客户来说重要吗？他们重视这个问题吗？

通过独特的价值主张，打造一个具有差异化的产品，强有力的产品也是商业模式中最重要的组成部分。独特的价值主张使你提供的产品或服务与竞争对手不同，客户不仅会选择差异化产品，还愿意为此付出额外的费用。例如，苹果和亚马逊这两个优秀的公司通过为客户提供竞争对手无法提供的产品与服务，成功地获得了较大的市场份额。迪士尼的游乐设施与其他游乐园几乎相同，实际上所有的游乐园都有游行、表演、人偶互动，也有刺激好玩的游乐项目和活动，但迪士尼的门票却比其他游乐园贵25%，门票价格并没有影响迪士尼的客流量，事实上迪士尼是客流量最多的游乐园。虽然95%的设施和产品都与其他游乐园没什么不同，但另外5%的不同却是迪士尼拥有的最独特的价值：令人难忘的动画电影角色、魔幻的氛围、干净的停车场、无与伦比的服务水平，以及建立在难以忘怀的游客体验之上的企业文化。

3. 盈利模式

如何通过销售你的产品或服务获得利润？

即使找到了有吸引力的市场，也拥有了独特的产品或服务，一个优秀商业模式的核心仍然是需要获得可观的利润，因此需要打造一个可盈利的收入模式来获取超高利润。可盈利的收入模式包括收入模式拥有高毛利和获取的毛利要大于运营成本或间接费用两个部分。例如，星巴克的成本并不比其他咖啡店高，但星巴克有独一无二的品牌营销模式，这让它获得了更高的利润，占有了更大的市场；又如，百思买（Best Buy）60%的盈利来自延长保修这一销售策略，这让它在21世纪初赢得了大量的客户，获得大量的收入；汰渍洗衣粉是价格最低的洗衣粉之一，但其销售量或销售额是行业第一名，拥有行业领先品牌和庞大的生产规模让汰渍洗衣粉获得了超高的利润。

4．销售业绩模式

你能否制订合理的销售计划？能否按计划执行销售工作？能否将计划转变为真实的销售？

想要一个商业模式成功，必须要创造一个能够落实营销流程的销售体系，真正地将客户的需求转变为企业的利润。爱迪生发明了电灯泡，但当时的人们常用的照明设备是蜡烛和煤油灯，人们拒绝使用电灯泡，因为他们害怕电灯泡引发火灾。为了让人们使用电灯泡，爱迪生不得不免费为纽约的一栋大楼安装电灯泡。这个例子说明没有产品能够不经过推销就被广泛接受，即使是伟大的发明。因此，成功的商业模式要创造一个行之有效、可重复利用的销售体系。

5．持久的竞争优势

面对竞争对手，你是否拥有自己独特的优势？能否保证长期拥有竞争优势？和竞争对手之间的竞争是不是良性且有意义的？

竞争优势可以使商业模式保持强有力的状态。竞争优势通常由多种因素共同组成，例如你是第一个进入市场的人，或者你拥有独家产品，又或者你的产品有独一无二的特点。拥有知识产权就是一个创造并能保持竞争优势的核心要素，知识产权可以确保产品的独特性，企业也可以通过知识产权商业化来提高竞争优势。例如，由华特·迪士尼（Walt Disney）创建于1928年的卡通形象——米老鼠是最著名的知识产权商业化案例之一。迪士尼把米老鼠作为商标授权给一家企业，用以生产书包、电影、电子游戏等各式各样的产品，迪士尼用知识产权商业化创建了一个无比强大的品牌，并从中获得了巨额利润。

6．创新因素

你是否将创新融入产品或服务的各个环节中？你的产品或服务是否具备比竞争对手更强的创新性？你如何保证你的创新速度比竞争对手更快？

优秀的商业模式需要长久充满活力，而保持活力的最好办法就是创新。目标客户的转换、营销模式的改变、产品或服务方向的调整、营销策略的组合和拆分等都属于创新的范畴，通过这些方法可以设计和强化你的商业模式。如果做不到创新，你的商业模式可能会给公司的发展带来危险。例如，柯达被数码相机打败，数码相机正在受到像素越来越高的手机摄像头的威胁，如果不能及时创新，失败就会快速降临。即使咖啡行业的顶尖企业星巴克，也一直没有放弃产品创新。除了咖啡产品的创新，星巴克在 2001 年推出了礼品卡（Gift Card），礼品卡的初衷是想让顾客购买并将其作为礼物送给他人，但调查显示大部分顾客是买来自己使用的，只是因为在结账时使用礼品卡更方便、更快捷。意识到顾客这项需求后，星巴克在 2009 年推出了星巴克移动支付，该项目负责人设计了特殊的条形扫码机器，这一创新方案要早于苹果公司和谷歌公司，极具创新性。另外，星巴克一直在致力于店面创新，2015 年推出了 Starbucks Express 的概念店模式，在大约 50 平方米的面积里提供专为该区域顾客量身定做的咖啡和相关产品服务。而近年来星巴克最重要的店面创新，则是星巴克臻选店（Starbucks Reserve），在每个城市中少量臻选店中将提供更具独特性的咖啡，以及选拔更严格的咖啡技师，这一采用独立品牌的全新店面体验，好比 Amazon Prime 之于 Amazon。

7．避免隐患

是否存在一些不受你控制的因素？这些因素会对你的商业模式造成损害吗？如何避免不受控制的因素对商业模式运行的干扰？

当拥有一个几乎完美的商业模式时，同时应该考虑的就是如何避免出现隐患。虽然大部分的商业模式在设计的过程中都能避免掉主要的隐患，但随着市场的不断变化和发展，再好的商业模式也会面临隐患。因此要不断提醒自己意识到隐患的存在并为之做好应对和解决计划。例如，有一种隐患是跟随潮流产生的，跟随市场的发展是正确的，但有潮流的产生，就会有潮流的结束，因此就需要跟潮流赛跑，要有比市场更敏锐的直觉，在潮流结束之前转换到下一个潮流中。另一种隐患是受不可控的外力影响，如石油市场，当原油价格在 2007 年从 60 美元一路飙升到 2008 年的 145 美元时，很多企业看好这一市场，不惜投入过亿资金纷纷建立炼油厂，希望通过生产乙醇来获利，且当时政府对生产乙醇的企业有一定的补贴。但随着原油价格下跌到 90 美元，以及政府补贴的取消，很多企业不到五年就纷纷倒闭了。

8．平稳优雅地退出

当你不想继续的时候，你的项目或企业是否能卖出一个好价钱？

企业运营到某个阶段时，经营者可能希望将企业的运营交给其他人，这时候一个具有高度盈利能力的商业模式将是经营者最大的筹码。一个优秀的商业模式应该具备在下一个所有者手中和在你手中拥有相同价值这一特点，当你的企业转交给他人时能做到无缝对接，说明你企业的商业模式拥有很高的完整度。迈克是一家初创企业的老板，只要有重大的交易他都会参加，因为他的谈判能力非常强，因此每次交易的谈判都会有好结果，公司也一步步走向正轨。但迈克如果不出面谈判，公司拿到订单的可能性非常低，因此公司的销售非常依赖于他。迈克因繁忙的日程没有投入更多的精力培训销售人员，也无法将自己的谈判技巧传授给他们，因此即使现在企业有着较高的利润，运行也很平稳，但当迈克想要转手企业的时候，下一任经营者就无法确定公司的实际盈利能力，也无法确保公司离开迈克还能创造可观的利润，因此迈克可能会在出售公司时蒙受损失。

通过对上述八个要素的重要性进行合理区分，可以得到一个对商业模式进行完整、全面分析的商业模式设计工具。但商业模式轮的应用需要具备一个前提：假设所有优秀的商业模式都拥有一个出色的产品、有将产品货币化的能力，以及可持续发展的能力。

图 7-6 所示为商业模式轮的框架。

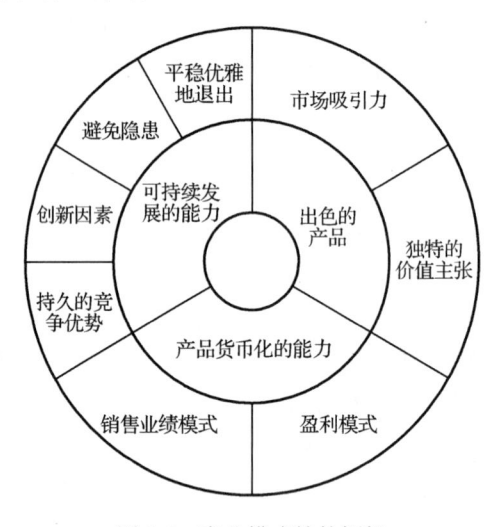

图 7-6　商业模式轮的框架

7.5.3　商业模式创新导航

在 7.2 节中我们提到，由奥利弗·加斯曼等人设计的商业模式由四个要素组成，并以"神奇三角"的形式体现，这个商业模式定义了谁是你的目标客户、你卖什么产品（或服务）、你如何生产产品以及你的公司如何盈利。我们将这四个元素简称为"谁—什么—如何—为何"，这四方面定义描述了一个完整的商业模式。其中"谁—什么"针对的是商业模式的外在方面，而"如何—为何"针对的是商业模式的内在方面。根据这个商业模式模型设计的商业模式创新导航方法包含以下四个步骤。

1．启动：分析商业模式

在进行商业模式创新和设计前，首先要确定一个明确的发展方向。商业模式不是一个独立的结构，而是一个错综复杂的关系网，这个关系网受不断变化的商业环境影响。为了应对商业模式创新的挑战，企业不仅要对自己现有的商业模式和企业内部情况进行深入的了解，更要全面了解企业外部的商业环境对自身商业模式的影响及作用。商业模式创新设计的良好开始起步于对现有商业模式进行详细而深入的分析，包括它与现有商业模式中的其他利益相关者之间的作用，成功的商业模式创新要求对自己的商业模式中的所有参与者（包括客户、合作伙伴、竞争对手等）都有一定的了解。在分析商业模式时不要迷失在具体的细节中，对商业模式的描述既要全面又要足够详细，从而达到了解整体商业模式的目的。

此外，未来的发展和趋势在商业模式创新中发挥非常重要的作用，虽然企业无法改变大环境的发展趋势，但管理者应当具备敏锐的嗅觉，能够察觉甚至提前预知发展趋势的变化，从而及时做出反应，迅速采取应对措施。许多商业模式的成功正是因为它们正确地顺应了社会发展的大趋势。

皮特·马斯（Peter Maas）对 2050 年的趋势进行了预测，列出了九项未来的全球愿景：

（1）知识社会：在成熟社会中，各种基本需求都在不同程度上实现了高度满足，因此，有关个人价值实现的话题将会变得更加重要。

（2）网络和连通性：交通和通信的成本下降，互联网可以让我们以一种新的方式重新发现我们所生活的社会。

（3）集中化：城市化进程将以更快的步伐前进，不仅在发达国家，发展中国家也是如此。

（4）茧式生活：在全球化的世界里，人们都在繁忙的环境和封闭的社会中寻求一个可喘息的机会。

（5）资源短缺：资源的供应量将达到它的极限，当前的 CO_2 和全球变暖的讨论仅仅是个开始。

（6）身份的追寻：当今社会呈现多元化，每个人都在寻求自身的独特性。

（7）安全性：自然灾害、恐怖主义和政治的不确定性都将继续增大人们对安全的需求。

（8）自我管理：作为对全球化的抵制，某些地区人们开始重视和支持地方分权和地方性议题。

（9）人口结构变化：与"金砖四国"相反，发达的工业国家正面临老龄化和出生率下降的问题。

2．构思：调整商业模式

分析商业模式和商业生态系统会帮助挖掘新的商业机会，接下来的挑战是如何将发现的新的商业机会纳入新的商业模式中。在商业模式创新与设计的过程中，设计者常常面临要从多个可行方案中做出选择的情况，而方案的选择并没有一个统一的标准。调查显示，90%的创新都是一个重组的问题，因此，我们可以将已知的、经过实践应用验证的商业模式应用于自己的商业模式中，从而为商业模式创新和设计提供新的思路。钻研已有的商业模式能够帮助设计者用一个结构化的方式开发新的商业模式，这个过程可以帮助设计者跳出行业固有的逻辑，调整自己的商业形态，最终设计出更具创新意义的商业模式。

将经过验证的商业模式应用于自己的商业模式时可以遵循相似性和对抗性两种原则。相似性原则是指从商业模式的内部开始，依次逐步向外扩展，从与你相关的商业模式开始向完全不同的商业模式推进，之后再对它进行调整，让其慢慢与你的商业模式融合。总而言之，相似性原则就是在原有的、相关的领域进行细致的搜索，从而发现新的商业模式。而对抗性原则更愿意对抗各种极端因素，把现有的商业模式和完全不相关的其他行业进行比较，然后研究这些极端因素对你的商业模式的潜在影响。对抗性原则是由外到内逐步取得商业模式创新的进展的，它可以推动设计者主动突破现有思维模式，从而开创全新的商业模式。

3. 整合：塑造商业模式

在设计过程中应用已有的商业模式通常会获得许多关于新的商业模式的构想。想要突破原有行业对商业模式的固有逻辑束缚，很重要的一步是确定并调整新的商业模式。一个新的商业模式成为现实之前，这些新的创意必须被塑造成一个连环的商业模式：谁—什么—如何—为何，它们必须满足企业内部的要求，并且同时与外部环境相一致。

内部兼容性是指在商业模式的各个方面（谁—什么—如何—为何）之间应建立一种和谐的关系。改变商业模式的一个方面相对来说比较容易，但要同时调整其他三个方面使其适应商业模式的改变却很难。如果这四个方面都能实现良好的配合，那么商业模式的创新将获得很大的竞争优势。一般来说，产品和市场方面的调整比较容易实现，而利益和价值方面的调整要在之后的整合阶段才能进行。

外部一致性是指商业模式和公司的环境要保持一致性，这要求在新的商业模式背景下对公司的环境进行检查，由于环境是在不断变化且发展的，因此在整个新的商业模式创新的过程中，设计者要时刻注意公司的环境。

成功的商业模式的评判标准就是它不仅能够突破原有行业的固有逻辑，并且即使它并不依赖已有的模式基础，也能具备高度的内部兼容性。

4. 实施：实现商业模式

当完成上述三个步骤时，商业模式的创新也基本已经完成了。实现商业模式是商业模式创新中最困难的部分。在实施过程中可能会涉及与新的伙伴洽谈合同、开创新的销售渠道、阐述新的营销策略等，在这个过程中要克服所有的阻力，阻力可能来自你的合作伙伴、公司员工及市场。因此，在新的商业模式实施过程中不要急于实现应用，应该按部就班、循序渐进，借助一些原型的开发、进行小规模的试点试验是明智的选择，这样既可以创造更多的机会让所有人了解新商业模式的过程，又可以在商业模式实施前降低风险，在小规模的试点试验可以及时解决出现的问题，进一步对新的商业模式进行调整。

7.5.4 "四核心"商业模式

马克·约翰逊（Mark W.Johnson）在《抓住空白领域》一书中提出了"四核心"商业模式（见图7-7）。"四核心"商业模式由客户价值主张、关键资源、关键流程及盈利模式四个要素组成，该模式比商业模式画布的九区块模式的内涵更广泛，而且在分析商业模式时，"四核心"商业模式更加关注各要素之间的相互作用。

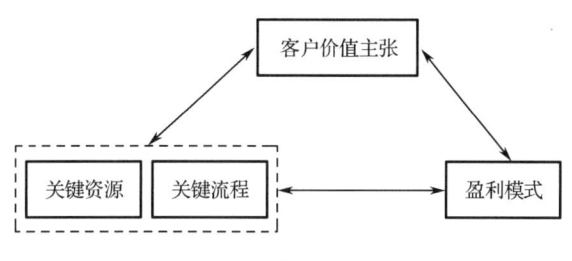

图 7-7 "四核心"商业模式

马克·约翰逊关注的重点是如何帮助企业进行商业模式创新，进入利润更高、竞争更小的空白领域，因此他的方法可以成为构建商业模式的有力工具。

扩展阅读：IDEO 公司从用户身上学习

IDEO 公司是世界上最为成功的设计顾问之一。IDEO 公司在美国加利福尼亚的帕洛阿尔托和英国伦敦都设有分公司，帮助世界上的大型顾客和行业公司设计和开发创新性新产品和服务。

IDEO 公司成功地设计和开发了一套久经考验的流程：

（1）理解市场、客户和技术。

（2）在现实情境下观察用户和潜在用户。

（3）使用原型制造、制作模型和模拟来设想新理念及其可能使用的客户。

（4）通过一系列快速的互动来评估和精炼该原型。

（5）实施这些新理念，使其商业化。

第一个关键步骤是通过对潜在用户的近距离观察来实现的。如 IDEO 公司的汤姆·凯利（Tom Kelly）指出："我们并不十分关心传统的市场研究，我们直击来源，它并不是客户公司内部的'专家'，而是使用产品或使用一些接近于我们希望去创造的东西……我们相信，你必须超越将自己放到客户的角度的阶段。实际上，我们相信，即使询问人们如何看待一个产品或一个想法都是不够的……客户可能缺少语言或能力来解释什么是错的，尤其是什么是缺乏的。"第二个关键步骤是开发原型来帮助评价和精炼从用户处获取的想法，"对待问题的迭代方法是原型文化的基础……你能为任何事物制造原型——一个新产品或新服务，或一种特殊的促销。真正有意义的是将球往前推，达到你的部分目标。"

第8章

如何运用知识产权保护你的创意

8.1 知识产权的概念

知识产权一词是从英文 Intellectual Property 或者 Intellectual Property Right 翻译过来的。我国在《民法通则》颁布前曾普遍使用智力成果权这个概念，但现在知识产权的译法在我国已经是约定俗成的了。

随着知识经济的迅猛发展和经济全球化的不断推进，知识产权问题成为当今世界各国共同关注的热点之一。然而，对于什么是知识产权，无论国内还是国外，都没有一个明确、一致的定义。

迄今为止，大多数国家的法理专著、法律，乃至国际条约，都是从划定范围出发来明确知识产权这个概念，或给知识产权下定义的。

8.1.1 世界知识产权组织所划的范围

1967年，在斯德哥尔摩的外交会议上，缔结了《建立世界知识产权组织公约》（简称"世界知识产权组织公约"）。现在的世界知识产权组织（WIPO）就是根据这个公约成立的。我国于1980年加入了 WIPO，截至2014年4月，已经有187个国家成为该组织的成员国。

"世界知识产权组织公约"共有21条。其中，属于实体条款的，仅有第二条第八款，即该公约为"知识产权"所下的定义。

按照这一定义，知识产权应包括下列权利：

- 与文学、艺术及科学作品有关的权利，这里指作者权或版权（著作权）。
- 与表演艺术家的表演活动、与录音制品及广播有关的权利，这里主要指一般所称的邻接权。
- 与人类创造性活动的一切领域内的发明有关的权利，这里主要指专利发明、实用新型及非专利发明享有的权利。
- 与科学发现有关的权利。
- 与工业品外观设计有关的权利。
- 与商品商标、服务商标、商号及其他商业标记有关的权利。
- 与防止不正当竞争有关的权利。
- 一切其他来自工业、科学及文学艺术领域的智力创作活动所产生的权利。

由于公约第十六条明文规定了"对本公约，不得作任何保留"，故可以认为，世界上大多数国家（包括中国）均已对上述关于知识产权的定义表示接受。

世界知识产权组织公约第二条第八款几乎是无所不包的"兜底"条款。有了这一条款，今后再出现任何可受保护的新客体，公约本身也无须修订增补。例如，即使欧盟推出的无创作性的数据库，在欧、美、日本已日渐发达的"商业形象权"保护，在国际网络新环境下产生的"域名"专用权等，无不能列入这一条款。

不过，近年有人提出，在数字技术广泛应用的今天及将来，"人的确认因素"（包括人的姓名、声音、形象、签字、风格等）可以作为一种知识产权被利用，它既不同于"阿童木""三毛"等并非真人的名称或形象，也不同于名人被商品化之后的形象。这种客体是否被第二条第八款涵盖，就值得讨论了。至今"人的确认因素"究竟能不能列为知识产权，也还在讨论之中。

至于类似电话号码的"域名"，在注册之后被作为某种知识产权，未必能归入"新"范围。因为，电话号码本身在一定条件下也会成为"商誉"。"商誉"则已在原有知识产权范围之中。

8.1.2 世界贸易组织所划的知识产权范围

1994年4月，在摩洛哥马拉喀什的关贸总协定乌拉圭回合的会议上，缔结了《建立世界贸易组织协定》（简称"世界贸易组织协定"）。

在世界贸易组织（WTO）协定文件中，有一份《与贸易有关的知识产权协定》（简称TRIPS），这个协议也构成《世界贸易组织协定》的一部分。

这里的"贸易"主要指有形货物的买卖。服务贸易也是一种贸易，但是从乌拉圭回合的会议最后文件的分类来看，《与贸易有关的知识产权协定》并不涉及服务贸易，而是另外由一个《服务贸易总协定》来规范服务贸易问题。

这里的"贸易"既包括活动本身是合法的贸易，也包括假冒商品贸易，即活动本身是不合法的贸易。在前一种贸易活动中有时存在知识产权的保护问题，在后一种贸易活动中则始终存在打击假冒、保护知识产权的问题。所以，过去有的中文译本，把1994年前《关税和贸易总协定》中的知识产权分协议的标题翻译为"与贸易有关的知识产权协定，包括假冒商品贸易在内"，这虽然从外文的文字顺序上对照，让人感到是逐字翻译出来的，可能使一部分人看不懂是什么意思，使人误认为"知识产权"中包括"假冒商品贸易"，而这又绝非原意，所以这种译法并不确切。学者郑思成则将其翻译为"与贸易（包括假冒商品贸易在内）有关的知识产权协定"。

广义知识产权中的科学发现权、与民间文学有关的权利等，一般与贸易关系不大，所以《与贸易有关的知识产权协定》并不涉及。狭义知识产权中的实用技术（如实用新型）专有权的一部分，《与贸易有关的知识产权协定》也未加规范。可见，《与贸易有关的知识产权协定》所涉及的知识产权既非人们通常理解的狭义知识产权，也非《建立世界知识产权组织公约》中所定义的广义知识产权。

《与贸易有关的知识产权协定》中的知识产权自有它特定的范围，这一范围是由国际贸易实践中的需要确定的，知识产权的范围是：

- 版权与邻接权；
- 商标权；
- 地理标志权；
- 工业品外观设计权；
- 专利权；
- 集成电路布图设计（拓扑图）权；
- 未披露过的信息专有权。

《与贸易有关的知识产权协定》是在美国的强烈要求下缔结的，明确规定对作者的精神权利可以不予保护，这个协定偏向于版权（Copyright），而不是作者权。

对于邻接权，协定中所使用的是最早出自意大利与德国的用法，即有关权。有关权与邻接权这二者没有本质的不同，协定中所涉及的对未披露过的信息的保护，实际上主要指对商业秘密的保护，其中自然也包括对 Know-How 的保护。多年以来，知识产权的理论界以及司法界，关于商业秘密究竟能不能作为一种财产权来对待，一直是争论不休的。但是世界贸易组织的知识产权协定至少在国际贸易领域做了肯定的回答，为这场争论画了一个句号。

保护商业秘密实质上是反不正当竞争中的一部分。多数有法律保护商业秘密的国家，都是纳入反不正当竞争法来保护的，我国也是如此。商业秘密的权利人，有权把其秘密作为技术转让或其他贸易活动之标的。在这个意义上讲，它同专利权一样，是一种积极权利。绝不像有人认为的那样，反不正当竞争法所保护的一切权利都没有赋予当事人以一种积极权利。

8.1.3 关于知识产权的其他划分与结论

国际保护工业产权协会（即 AIPPI）在 1992 年东京大会上认为，知识产权可分为创作性成果权利与识别性标记权利两大类，前一类包括 7 项，即发明专利权、集成电路权、植物新品种权、技术秘密权（也称为 Know-How 权）、工业品外观设计权、版权（著作权）、软件权；后一类包括 3 项，即商标权、商号权（也称为厂商名称权），以及其他与制止不正当竞争有关的识别性标记权。

从以上对知识产权范围的划分来看，我们至少可以认为知识产权有广义与狭义之分。

广义上的知识产权包括下列客体的权利：文学艺术和科学作品，表演艺术家的表演以及唱片和广播节目，人类一切领域的发明，科学发现，工业品外观设计，商标，服务标记以及商品名称和标志，制止不正当竞争，以及在工业、科学、文学和艺术领域内由于智力活动而产生成果的一切权利。

狭义上的知识产权只包括著作权、专利权、商标权、名称标记权、制止不正当竞争，而不包括科学发现权、发明权和其他科技成果权。

8.2 知识产权的特点

知识产权的特点概括起来有以下几个方面。

1. 无形财产权

在有些大陆法系国家，在财产法、担保法等法律中把知识产权称为以权利为标的的物权；在有些英美法系国家，则把它称为诉讼中的准物权或无形准动产。这些不同的表达，均反映出知识产权具有不同于其他财产权，尤其不同于有形财产权的特点。

知识产权的第一个，也是最重要的特点就是无形。这一特点可以把它们同一切有形财产及人们就有形财产享有的权利区分开。一台电视机，作为有形财产，其所有人可行使权利转卖它、出借它或出租它，标的均是电视机本身，即该有形物本身。一项专利权，作为无形财产，其所有人在行使权利转让它时，标的可能是制造某种专利产品的制造权，也可能是销售某种专利产品的销售权，却不是专利产品本身。

可以说，我国《著作权法》第十八条是对知识产权这种无形产权的准确描述。

由于无形，使得这种标的的权利人之外的使用人，因不慎而侵权的可能性大大高于有形财产。同时，也使得知识产权的权利人有可能"货许三家"。例如，一幢房产的所有人，不可能把他的财产权标的同时卖给两个分别独立的买主；但一项专利权的所有人，则有可能把他的专利权同时卖给两个（乃至两个以上）的不同买主。只要这些买主在市场上不"碰头"，就可能永远不知道自己花了"买专利"的钱，实际得到的只不过是"非独占许可"。

无形这一特点给知识产权保护、知识产权侵权认定及知识产权贸易，都带来了比有形财产在相同情况下复杂得多的问题。

同样，这一特点也给知识产权、知识产权法及知识产权法学的研究，带来了许多极其复杂的问题。我们研究知识产权这种无形财产权，不能从无形之物到无物之物，必须与有形物打交道，从接触、认识、了解有形物入手，并联系这些有形物，去研究无形的知识产权。但我们又必须时刻注意不要将这些有形物与知识产权这种无形财产相混淆。例如,当画家出售他的一幅绘画作品时,有形物归了买主,除展出权之外的无形版权仍在画家手中;当画家把画稿交给某杂志社作为插图在杂志上发表时,该有形物上体现的作品在特定杂志上的复制权(无形版权的一部分)许可给了杂志社,而画稿作为有形财产仍旧是画家的。当人们把无形财产权与有形财产权在诸如此类的场合混为一谈时,曾出现过无数的纠纷。研究知识产权的目的之一,正是要避免这类混淆,以便解决有关纠纷。

2. 专有性

笼统地讲,有形财产权也具备专有性特点,强调知识产权的专有性有两个必要之处。

第一,侵害有形物的专有财产权,一般须采取入他人室、取他人之物等明显的违法行为,而侵害知识产权,则往往不体现为这类活动。这也正是目前我国不少个人与企业侵害他人知识产权而不知道是侵权行为的主要原因。

第二,一般来说,有形财产权具有专有性,极少可能采用"分身法"处置有关标的。这至少反映出知识产权在专有性上更复杂。此外,知识产权,尤其是工业产权的专有性,还反映出完全不同于有形财产权的"排他性"。例如,两人分别拥有两幢完全相同的房屋,他们均有权互不干扰地出让、转卖、出租等;而两人分别搞出完全相同的发明时,则在分别申请的情况下,只可能由其中一人获专利权。获专利权之人将有权排斥另一人将其自己搞出的发明许可或转让第三者,另一人只剩下在先使用权。不了解知识产权的这种排他专有性,往往是使某些发明人丧失了自己本应享有的权利的一个主要原因。当然,专有性这一特点,在知识产权中并非没有例外,在商标允许共同使用的国家,在《与贸易有关的知识产权协定》承认商业秘密属于知识产权之后,尤其如此。如果有例外就不能将专有性列为特点,那么可能世间一切事物均无特点可言了。即使下文将谈到的地域性,也已有非洲、西欧、北美诸多例外,时间性也有进入公有领域仍须交费使用等例外。

专有性也是把知识产权与公有领域中的人类智力成果相区分的一个重要特点。知识产权固然是人类智力成果中的专有权,但并非一切人类智力成果均是专有的。在人类历史的长河中,曾有过漫长的智力成果不受法律保护的年代。知识产权是个历史的概念,知识产权保护制度只是在科学技术与商品经济发展到一定阶段才产生的法律制度。

可以说,知识产权为权利人所专有。权利人以外的任何人,未经权利人同意或者法律特别规定,都不能享有或者使用这种权利。

3. 地域性

简单来讲,知识产权的地域性是指某一国法律所确认和保护的专利权,只在该国领域内发生法律效力。

知识产权保护制度,无论中外,均起源于封建社会,它们的雏形均是封建社会的地方官、封建君主、封建国家通过特别榜文、赦令的形式授予的一种特权。当时只能在发布赦令的官员、君主或国家权力所及的地域内才产生出特权，超出有关地域，该特权也就不再有效了。封建社会之后，知识产权的性质发生了根本变化（它们不再是君主给的"特权"，而成为依法产生的民事权利，也称为法权），但地域性特点仍旧保留了下来。也就是说，迄今为止，除了知识产权一体化进程极快的地区，专利权、商标权、版权这些传统的知识产权，均只能依一定国家的法律产生，又只在其依法产生的地域内有效。

有人认为，现代的不同国家，也都各有自己的有形财产法（许多均在其民法典中），因此地域性也并非知识产权的特点。这些人没有注意到，在国际私法中被多数国家接受的一条原则是：有形财产适用财产取得地法或物之所在地法。知识产权则适用权利登记地法或权利主张地法，这反映出知识产权不同于有形财产权的地域性特点。

知识产权的地域性特点在工业产权方面未引起太多异议。在版权领域，则一直存在由误解产生的异议。有人认为，由于版权是自动产生的，无须行政批准，故在一国享有版权的作品，其他国均应承认其版权，而不应固守"只依一定国家的法律产生，又只在其依法产生的地域内才有效"的陈规。

应当指出，这种认识并不是什么新论，而是法国、比利时等国在近100年前就提出过，也实行过，但后来又都被否定了的理论。这种理论在历史上被否定的主要原因有三个。第一，按照这种理论，版权国际公约根本没有缔结的必要了，因为各国都将自动承认依他国法律产生的版权为版权，都将在本国把未经许可使用这项权利视为侵权。但事实上谁也没有自动这样做。随着版权公约的实际出现，这种理论就日渐在国际上销声匿迹。第二，按照这种理论，各国版权保护期就不应当有差异。例如，在德国，版权保护期是作者有生之年加死后70年；在中国，则是作者死后50年。德国法律还规定，在作者死后的50年到70年这段时间，要求世界上其他国家（如中国）承认凡在德国享有版权的作品在自己国内也有版权，则大多数国家认为这是荒谬的。第三，各国版权法差异较大，要求普遍承认在作品来源国构成侵犯版权的行为，在其他国也都构成侵犯版权，就等于要求各国处理版权纠纷的法官，必须通晓世界各国的版权法，而这在事实上是做不到的。

因此，版权与工业产权一样，至今仍旧具有人们的常识所理解的地域性。在全世界并未就版权保护期、侵权认定等达成完全一致意见之前，提出承认他国之版权为本国版权，并以此突破传统地域性，只会重犯历史上的错误。

在全球计算机网络系统迅速发展的1994年之后，"侵权发生地""被告所在地"等越来越难以确定。同时，一作品若被非法上网或在网上被非法使用，世界上大多数国家都可能一并成为同一侵权行为的发生地。只是到了1997年，人们才不得不开始讨论至少在版权领域，地域性是否应有新的含义。也有人提出，在不久的将来，各国版权制度若不尽快"一体化"，则版权的国际保护将不可能实施。

4．时间性

法律对知识产权的保护有一定的期限，知识产权只在法定期限内有效。

从历史唯物主义的观点来看,应当认为知识产权仅仅是随着实用技术及商品经济的发展,才"历史地"产生出的一种无形财产权,是一种特殊的民事权利。

虽然人类智力创作成果早在原始社会就存在,但把这种成果作为一种专有权给予保护,只是封建社会中、后期(在有些国家则是资本主义社会前期)的事。例如,在西方采用活字印刷术以及中国采用雕版印刷术之前,批量复制他人的文字创作成果是不可能的,因此也不可能产生出版权这种专有权。

时间性还有另一方面的含义,就是人们一般讲的法定时间性,即指其价值的有效期。

过去,有人在看到国际条约及国内法以及知识产权学者论著中强调知识产权的法定时间性特点时,反驳说,有形财产中的主要项目是所有权,而所有权具有永恒性,至于物权标的的时间性,则不应与知识产权中权利的时间性混为一谈。这些人忘记了,有形财产所有权的永恒性是以有关财产标的的存在为前提的。房屋作为物倒塌后,房屋的所有人此时只是一堆砖头的所有权人了;一张桌子如果被火烧成灰,其原所有权人就可能"一无所有"了。而知识产权中的所有权,是不以有关物的灭失为转移的,这种所有权才真正应具有永恒性,但法律却限定了它只在一定时间内有效。此外,作为产权标的,只能拿知识产权中的权,与有形财产权中的物相比。例如,各国担保法均把知识产权作为以权利为标的的权,知识产权质权作为权利质权的一种,并没有称为作品质权或发明质权,更不会称为图书(文字作品的载体)质权、建筑物(建筑艺术作品的载体)质权。权利标的、受保护客体及有关载体在这里必须分得清清楚楚,不容混淆。在有形财产权领域,标的、客体及载体往往同是一个。在国际公约以及大多数国家的立法中,知识产权与有形财产权的这种不同,一般也是清楚的。

5. 可复制性

由于知识产权是一种无形的精神财富,需要借助于一定的载体才能体现出来。也就是说,它在表现形式上肯定是与所有人相分离的,因此只要有合适的载体它就可以被不断地表现出来,或者说被复制出来。这就意味着,知识产权可以同时被多人使用,而不会带来自然的损耗。换句话说,不论知识产权的所有者转让与否,他人都有可能通过一定的方式复制它、使用它,因而法律上对知识财产的保护要比对有形财产的保护复杂得多。法律上对有形财产的保护只要确保它不被非法侵占、毁坏就行,而对知识财产的保护则要确保它不被非法复制、传播、剽窃、假冒、毁誉等,这显然要难得多。

8.3 知识产权的类型

8.3.1 专利权

首先,需要厘清专利和专利权的概念。专利权与知识产权有联系更有区别,具有自己的特点。

从字面上讲，专利是指专有的利益和权利。专利一词来源于拉丁语，原先的意思是公开的信件或公共文献。

一般人常常把专利和专利申请两个概念混淆使用。例如，有些人在其专利申请尚未得到授权时就声称自己有专利。其实，专利申请在获得授权前，只能称为专利申请；只有最终获得授权的才可以称为专利。可以很明显地看出，这两个概念所代表的意思有很大的不同。

所谓专利权，是指一项发明创造，经申请人向代表国家的专利主管机关提出专利申请，经审查合格后，由该主管机关向专利申请人授予的在规定时间内对该项发明创造享有的专有权。简而言之，专利权是发明创造的合法所有人依法对其发明创造所享有的独占权。

1．专利权的主体与客体

（1）专利权的主体。

① 发明人和设计人。狭义的专利权的主体是指专利申请获得授权后，依法享有专利权并承担相应义务的人。广义的专利权主体还包括完成发明创造的人以及专利申请人。从下面的论述可以看出，不同的主体有着不同的资格条件，当然也有着相应的权利和义务。

按照专利的分类，完成发明、实用新型的人称为发明人，完成外观设计的人称为设计人。

一项发明创造往往需要多人的共同努力和参与，大家都有大小不等的贡献，但是在谁是发明人或者设计人的问题上面，必须予以明确。《专利法实施细则》对发明人、设计人做出了明确规定："专利法所称发明人或者设计人，是指对发明创造的实质性特点作出创造性贡献的人。在完成发明创造过程中，只负责组织工作的人、为物质技术条件的利用提供方便的人或者从事其他辅助工作的人，不是发明人或者设计人。"

发明或设计都是要由人来完成的，法律的规定体现了以人为本。

② 职务发明创造和非职务发明创造。一项发明创造完成后，要向国家知识产权局提出专利申请，审查合格方能授权。首先要明确的是，谁有权提出申请或者说谁具有申请专利的权利。对于申请专利的权利以及相应的专利权归属问题，《专利法》《专利法实施细则》做出了具体的规定。

③ 合作或者委托完成的发明创造。在实际中常常见到，一项发明创造需要两个以上单位或者多人合作来完成；还有的发明创造，需要委托其他单位或者个人来完成。《专利法》没有对合作关系和委托关系进行明确区分。一般可以理解为，如果各方均派人参与开发，则为合作关系；如果一方只出资而由另一方根据其要求进行开发，则为委托关系。

无论合作完成还是委托完成的发明创造，对于申请专利的权利及专利权的归属，《专利权》第八条做出了一致的规定："除另有协议的以外，申请专利的权利属于完成或者共同完成的单位或者个人；申请被批准后，申请的单位或者个人为专利权人"。

（2）专利权的客体。专利权的客体，也称为专利法保护的对象，是指依法应授予专利权的发明创造。《专利法》第二条对专利保护的客体做出了规定，包括发明、实用新型和外观设计三种。

① 发明专利保护客体。《专利法》指出："发明是指对产品、方法或者其改进所提出的新的技术方案。"由其定义可知，第一，可授予发明专利权的客体应当是一种新的技术方案；而技术方案是能够解决技术问题所采取的多种技术手段；技术手段通常由若干个技术特征来体现。第二，可授予专利权的保护客体既可以是产品，也可以是方法。也就是说，能够获得发明专利的技术方案可以是产品技术方案，也可以是方法技术方案。

按照《专利法》《专利审查指南》的规定，发明包括如下三种：产品发明，即新产品或新物质的发明；方法发明，即解决某特定技术问题而采用的手段和步骤的发明；改进发明，即人们对已有的产品和方法提出实质性改革的新技术方案。

② 实用新型专利保护客体。《专利法》指出："实用新型是指对产品的形状、构造或者其结合所提出的适于实用的新的技术方案。"

实用新型专利只保护产品。该产品应当是经过工业方法制造的，有确定的形状、构造或者其结合的，并且占据一定空间的实体。至于实现的方法（包括产品的制造方法、使用方法、通信方法、处理方法、计算机程序等），产品的用途，以及未经产业制造的自然存在的物品均不属于实用新型专利的保护范围。

产品的形状、构造、技术方案，都属于实用新型专利保护的对象。

③ 外观设计专利保护客体

《专利法》指出："外观设计是指对产品的形状、图案或者其结合以及色彩与形状、图案相结合所做出的富有美感并适于工业上应用的新设计。"

2．专利权人的权利和义务

专利权人即专利权的所有人，也就是享有专利权的单位或个人。专利权人在专利权有效期间享有法律赋予的权利，并承担法律规定的义务。具体的权利与义务如下：

（1）独占实施权：是指专利权人排他地制造、使用、许诺销售、销售、进口其专利产品，或者使用其专利方法及使用、许诺销售、销售、进口依照其专利方法直接获得的产品的权利。该权利是专利权最基本的权利。专利权人的独占实施权是有限制的，如不得以生产经营为目的等。只有在法律允许的条件下，专利权人才有独占实施权。依照专利类型不同，专利权人的独占实施权的具体内容也不同。对于发明和实用新型产品专利而言，专利权人享有制造、使用、许诺销售、销售和进口权；对于发明专利，专利权人还享有使用其专利方法及使用、许诺销售、销售、进口依照该方法直接获得的产品的权利；对于外观设计，专利权人享有制造、销售、进口其外观设计专利产品权。

（2）许可实施权：专利权人有时不具备实施发明创造专利的条件，如大专院校、科研单位或者个人就常常属于这种情况；或者专利权人的实施不能覆盖整个市场；或者由于其他原因,专利权人就可能允许其他单位或者个人实施其专利,并从中获得一定的经济利益,以弥补研究开发的投资。专利权人允许他人实施其专利,通常要与被许可人达成协议,这个协议就是一般所说的专利许可合同。根据各国的法律规定和实践,专利许可合同必须是书面的。专利权人还应当将其与他人签订的实施专利许可合同,在合同生效后3个月内向国务院专利行政部门备案。

(3)专利转让权:专利申请权和专利权可以转让。专利权转让后,原专利权人失去了所有权,而受让人成为新的专利申请权人或者专利权人。转让专利申请权或者专利权时,当事人应当签订书面合同,并向国务院专利行政部门登记,由国务院专利行政部门予以公告,专利申请权或者专利权的转让自登记之日起生效。这样规定是为了保障转让的稳妥、安全,避免发生纠纷。为了使公众了解专利权的法律状况变化,转让专利权后有必要登记、公告,在登记公告前,转让合同即使已经签字、盖章,在当事人之间也不能生效。

此外,还有专利标记权、署名权、获得奖励和报酬的权利等。

专利权人的义务在于缴纳年费。《专利法》第四十三条规定:"专利权人应当自被授予专利权的当年开始缴纳年费。"没有按规定缴纳年费的,专利权在期限届满前终止。不过,对于交纳费用有6个月的宽限期,专利权人可以在自应当缴纳年费期满之日起6个月内补缴,同时缴纳一定的滞纳金。期满仍未缴纳,自应当缴纳年费期满之日起终止专利权。国务院专利行政部门每年征收年费的目的是促使专利权人自己积极实施或许可别人实施,还可以淘汰无价值的专利。专利权人只有在发明创造可以给自己带来经济效益时,才有必要交纳年费,否则就应考虑放弃专利。

8.3.2 商标权

商标权是指商标所有人对法律确认并给予保护的商标所享有的权利,它主要是指商标所有人对其注册商标所享有的专用权,也包括与此相联系的商标续展权、商标转让权、商标许可权等。商标专用权是商标权的核心,没有商标专用权,商标权也就失去了存在的意义。我国与世界上大多数国家一样,实行注册在先原则,即商标权的取得根据注册确定。我国《商标法》第三条明确规定:"经商标局核准注册的商标为注册商标,包括商品商标、服务商标、集体商标、证明商标;商标注册人享有商标专用权,受法律保护。"可见,在我国商标权实际上指的是注册商标专用权。

商标权的保护是指国家运用法律手段制止、制裁一切商标侵权行为,以保护商标注册人对其注册商标享有的专用权。商标权的保护是商标法的核心。

注册商标所有人享有使用注册商标的专用权,这种权利是绝对权。保护商标专用权,以法律手段制裁商标侵权行为,这不仅有利于保护商标权人的专有权,有效打击侵权行为,而且还可以帮助消费者正确地区分、识别不同的商品或服务的来源,规范市场竞争秩序。随着我国高新技术产业的形成与发展,保护注册商标的专用权,有利于规范高新技术市场竞争秩序,促进高新技术产业的健康发展。

以下是注册和使用商标的相关说明事项。

1. 商标标志需具有显著性

商标标志的显著性又称为区别性或者识别性，是指用于特定商品或服务的标志具有能够将这种商品或服务的提供者与其他同种或类似商品或服务的提供者加以区分的特性。不具有显著性的标志不能被称为商标，更不能获得商标注册。

2. 商标三维标志不具有实用功能性和美学功能性

《商标法》第十二条规定，以三维标志申请注册商标的，为获得技术效果而需有的商品形状不得注册。这反映了商标法不保护实用功能的原理。著作权法与专利法的保护对象有严格的区别，任何实用功能均不能成为著作权法的保护对象，因此，如果艺术美感与实用功能无法分离，则该艺术美感不能受到著作权法的保护。该原理在商标法中也完全适用，商标法保护的是可以识别商品或服务来源，从而能够承载商誉的标志，而不是技术方案。如果三维形状是为获得技术效果而需有的商品形状，亦即使商品具备特定的功能或者使商品固有的功能更容易地实现所必须使用的形状，则其不能作为商标注册。

3. 商标标志内容不能违反法律禁止性规定

作为商标使用或注册的标志在文字、图形等内容上不能违反法律的禁止性规定，否则不得注册。如果审查时未能发现，日后一旦发现，商标局或商标评审委员会可以随时予以撤销，任何人都可以申请撤销，而且不受时效限制。在欧盟等地区，标志内容违法被称为撤销商标注册的绝对理由。

4. 不得使用误导性地理标志

根据我国《商标法》第十六条规定，地理标志是指标识某商品来源于某地区。该商品的特定质量、信誉或者其他特征，主要由该地区的自然因素或者人文因素所决定的标志。地理标志与一般的地名标志有所不同，它不仅指示了商品的产地，更重要的是表明该商品的特定质量、信誉或者其他特征与该产地密切相关，这种相关性既可能是由土壤、气候、地貌等自然条件造成的，也可能是由人文历史因素决定的。例如，新疆吐鲁番的特定地理环境使其能够出产高质量的葡萄，而法国特有的浪漫氛围和传统工艺使其香水闻名天下。

5. 标志的注册不能损害他人的在先权益

商标经过注册之后，注册人就可以获得专用权。除非他人进行正当使用或在先使用，否则不能在相同或类似商品上使用相同或近似的商标。

8.3.3 版权

版权也称为著作权,是指文学、艺术和科学作品的创作者对其所创作的作品享有的权利。

文学、艺术和科学作品是著作权产生的前提和基础。创作者正是基于他对作品的创作产生的一种智力成果,才有条件依据法律享有一定的权利。也正是基于这种权利,才能够取得相应的物质上和精神上的回报。著作权是作者的精神权利与经济权利的合一,其中的精神权利是与作者的人身密切相关的权利,在绝大多数情况下都只能由作者本人享有和行使;经济权利可以让作者或者其他权利人控制作品的使用,从而获得相应的经济利益。

根据我国《著作权法》的规定,作品是否发表,不成为著作权取得的先决条件,作品只要完成,作者就依法自动取得著作权。当然,对于外国人和无国籍人的作品,《著作权法》在遵循作品完成后自动取得著作权的基础上,结合我国的立法体例,增加了"首先在我国境内出版"和"首次在中国参加的国际条例的成员国出版,或者在成员国和非成员国同时出版"的规定。

版权的特征有以下几点:

1. 著作权是产权

产权即财产权,同其他知识产权一样,著作权虽然包括人身权和财产权两个部分,但从著作权制度和立法现实来看,都说明规定著作权和制定著作权法的出发点和归结点都不是为了保护作者之人身权,而是为了界定和保护作者之财产权。著作权无疑属于产权。

2. 著作权是专有产权

作为权利,都具有专有性,非权利人不得享有,但著作权等知识产权有另一种含义。我们说著作权是专有产权,是指只有作者或者法律特别认可的人才能享有著作权。也就是说,它不为所有民事主体所享有,只是民事主体中具有特定身份的人才享有。而物权、债权、人身权等只需要有民事主体资格即可享有,在民事主体资格之外并无其他法律身份的要求,因而不具有这种意义上的专有性。

3. 著作权具有人格权属性

知识产权包含人身权和财产权两部分。但与其他知识产权相比,著作权具有人格权属性。专利权、商标权等知识产权中的人身权属于身份权,如表明发明人身份的权利、注册商标专用人身份的权利,其中不含人格权因素。而著作权则不同,其所包含的人身权既包括表明作者身份的权利,也包括表明作者人格的权利。因为任何一部作品,都是作者的气质、品位、修养、风格的反映,有的作品甚至还体现了作者的世界观和人生观,因而作品实际上是作者人格的延续和表现。正是著作权包含着人格权因素,所以《著作权法》禁止著作权中的署名权转让。

4．著作权具有可分割性

（1）内容可分割。由于《著作权法》禁止著作权中的署名权转让，因此对某些特殊作品，如视听作品和某些职务作品，作者享有署名权，而著作权的其他权利则转归特定关系（如制片人或者所在的单位）享有。权利的内容在相关主体之间的依法分割保护称为法定转让制。法定转让后，相关主体对同一客体，即作品分别享有不同的权利，即著作权法中可能存在分享著作权的问题。分享不同于共享，民法中的共有关系，指相关共享权利，即共同享有一种权利的全部内容；而分享则是相关人分别享有一种权利的不同内容。著作权可分享，是著作权所独有的，不仅物权、债权中没有，而且其他知识产权也没有。

（2）客体可分割。如果一部作品是由几个可独立使用的部分组成的，而这几个可以独立使用的部分又是由几个作者独立创作完成的，那么，整个作品的著作权由这几个可独立使用的部分的作者共有或者由这几个可独立使用的部分的编辑人享有，而每个可独立使用的部分的作者对该部分作品可独立行使著作权，即可能存在整体可分割特征著作权问题。著作权中权利的双层分配（整体与部分）结构，也是其他任何一种民事权利所没有的。

8.4 我国知识产权战略

1．知识产权战略与国家核心竞争力

随着科技的迅速发展和经济全球化进程的加快，知识产权日益成为决定一个国家核心竞争力的关键，制定和实施知识产权战略已十分紧迫。

知识产权战略是运用知识产权法律保护制度，为充分维护自身的合法权益，获得和保持竞争优势并遏制竞争对手，谋求最佳的经济效益而进行的全局性谋划，以及采取的重要策略与手段。知识产权战略是一个集科技、法律、管理、经济等学科于一体的边缘性交叉课题。从知识产权战略的实施主体上看，知识产权战略可分三个不同的层次：国家知识产权战略、行业知识产权战略和企业知识产权战略。从知识产权战略的实施环节上看，知识产权战略可分为三个不同的环节：知识产权创造战略、知识产权保护战略和知识产权应用战略。知识产权战略的实施对企业产权结构调整、优化资源配置、转变经济增长方式、提升国家经济创造力与国际竞争力、振兴民族工业、保障国家经济安全等具有极为重要的意义。

2．我国知识产权战略的基本思路

我国知识产权制度建立较晚，对知识产权战略的研究和运用还处于起步阶段，与日本、美国等拥有成熟知识产权管理制度的国家相比有相当大的差距。长期以来，指导我国发展

科技、参与国际分工和交换的战略思维是比较优势理论。但在当今的国际市场上，具有比较优势的劳动密集型产品并不一定具有国际竞争优势，而且往往在包括科技在内的国际分工中处于从属和被动的不利地位，极易落入比较优势陷阱。因此，我国制定和实施中长期科技发展规划，必须以国际经济综合竞争为导向，将现有的比较优势转化为竞争优势，而其中的关键就在于创造和培育我国的自主知识产权优势。这一优势是相对于比较优势、竞争优势而言的"第三种优势"。这种优势突出的是以技术或品牌（以技术为支撑）为核心的经济优势。在全球知识产权制度进入强保护时代后，我们必须转变国际竞争的战略思维，认真研究和实施以大力提升国家或地区产业核心竞争力为目标的知识产权战略。

我国实施知识产权战略的基础条件、文化观念、法制环境等与欧美、日本等国家相比有较大差异，因此在相关制度的选择与政策安排上必须具有独特性和针对性。首先，我国在知识产权竞争能力上，特别是参与国际竞争的自主知识产权数量和质量上，与欧美、日本等国家相比差距较大，原始性创新能力薄弱，核心技术供给不足并受制于人。

对知识产权采取司法保护与行政保护"两条途径、协调运作"方式，是我国知识产权保护的一个重要特征。所谓对知识产权的司法保护，即对知识产权通过司法途径进行保护，主要是指由享有知识产权的权利人或国家公诉人向人民法院对侵权人提起刑事、民事诉讼，以追究侵权人的刑事、民事责任，以及通过不服知识产权行政机关处罚决定的当事人向人民法院提起行政诉讼，进行对知识产权行政执法的司法审查，以支持正确的行政处罚或纠正错误的处罚，使各方当事人的合法权益都得到切实保护。

目前，我国知识产权司法保护的范围包括对专利权、商标权、著作权（版权）、邻接权以及防止不正当竞争权等涉及人类智力成果的一切无形财产的财产权和人身权，保护范围和水平基本与《巴黎公约》《伯尔尼公约》《罗马公约》等知识产权国际公约规定的范围和水平相同，并受到WTO及TRIPS的积极影响。此外，我国法院的知识产权审判庭还将有关技术转让、技术合作等各类技术合同纠纷案件作为自己的收案范围。

在加强对知识产权司法保护的同时对知识产权的行政保护，是我国知识产权保护体系的一个重要特点。所谓对知识产权的行政保护，是指知识产权行政管理机构运用行政手段打击侵犯知识产权的不法行为，维护知识产权权利人的正当权益。我国现行的知识产权法律法规规定，对有关侵权纠纷，可以请求知识产权管理机关进行处理。我国对知识产权的行政保护是伴随着我国知识产权制度建设同步进行的，在保护知识产权方面做出了巨大的贡献，经过十余年的发展和逐步完善，对知识产权的行政保护已经成为我国知识产权保护体系的重要组成部分。

8.5 专利保护的途径

专利权是发明创造在被授权以后专利权人所享有的权利，而在被授予专利权之前，专利申请人尚不具有专利权。自申请日起至申请公开日止，专利申请人应当加强保密工作，同时专利代理机构及国务院专利行政部门的工作人员及有关人员都负有保密责任。专利权被授予后及专利权整个有效存续期间，专利权人都可以完整地行使《专利法》赋予的权利。

1. 树立专利意识

为了更好地保护大学生的专利成果，首先要树立其专利保护的意识，让他们在创新实践活动中学习专利知识。

2008年，我国颁布了《国家知识产权战略纲要》，推出了一系列知识产权事业发展的中长期规划，体现了国家对创新人才培养以及知识产权事业的高度重视。

由于知识产权和专利领域是一个复杂的知识系统，从发明创意的产生到申请专利、专利授权、专利运用，再到后期的维权、评估、质押、交易，以及更深层次的专利分析、专利预警、专利布局等，牵涉到行政、法律、经济、金融等多个方面。

全面了解知识产权的内容和专利知识，建议大家阅读相关书籍并到国家知识产权局网站获取相关知识和信息。专利权人在自己的专利受到侵犯时，为了依法维护自己的合法权益，可以向人民法院起诉，也可以请求管理专利工作的部门（知识产权局）处理。

有些大学生有了发明意愿及创意，希望付诸实施，但是他们或许还没有弄清楚：如何能提炼出技术特征、技术方案？如何确定这种技术方案是否已经存在？这个专利有没有实用性及经济价值？以上这些问题，都要我们在具备一定专利知识和掌握一定的专利申请技能之后，才能做出回答。

2. 专利保护的行政处理

专利侵权纠纷由当事人协商解决；不愿协商或者协商不成的，专利权人或者利害关系人可以向人民法院起诉，也可以请求管理专利工作的部门处理。在管理专利工作的部门处理专利侵权纠纷时，认定侵权行为成立的，可以责令侵权人立即停止侵权行为，当事人不服的，可以自收到处理通知之日起十五日内依照《行政诉讼法》向人民法院起诉；侵权人期满不起诉也不停止侵权行为的，管理专利工作的部门可以申请人民法院强制执行。

应当事人的请求，进行处理的管理专利工作的部门可以就侵犯专利权的赔偿数额进行调解；调解不成的，当事人可以依照《民事诉讼法》向人民法院起诉。侵犯专利权的诉讼时效为两年，自专利权人或利害关系人得知或者应当得知侵权行为之日起计算。

目前，可以处理专利纠纷的专利管理机关有：国家知识产权局、地级以上市知识产权局等。

扩展阅读：从专利看拉链起源

自从有了拉链，它便成了人们生活中不可或缺的一部分，是20世纪重要、最实用的发明之一。是谁何时发明了拉链呢？毋庸置疑，检索专利是一有效途径。2007年，由英国图书馆的斯蒂芬·范·杜尔肯（Stephen uan dulken）撰写的，美国纽约大学出版社出版的《20世纪影响世界的100个发明》一书，从专利入手对20世纪的100个重大发明寻根，作者认为吉德昂·逊德巴克（Gideon Sundback）在1914年8月27日申请，在1917年3月20日批准的美国专利US1219881（英国专利GB12261/1915）是拉链的起源，为拉链的问世和发展奠定了基础。发明人吉德昂·逊德巴克1880年出生于瑞典，是一名电气工程师，从小就对机械感兴趣，1905年移民到美国，不久开始从事拉链的发明创造，经过5年的努力，提出了上述专利申请。

美国专利US1219881的说明书（包括权利要求）和附图，对该发明创造的拉链记载了如下主要内容。

（1）所述的拉链由一对柔性织物带，以及牢固安装于这对织物带梭缘成交错排列的链牙、拉头和限位挡头组成；一边织物带每个链牙的自由端（具有圆形凹槽）与另一边织物带上每个链牙的自由端（具有圆形凸起部）以及周边的界面相互之间是吻合的；拉头导向移动使上述一边的链牙与另一边的链牙依次交错咬合。

（2）一对织物带各装有一列链牙。链牙一端牢固地卡在织物带的梭缘上，其径向伸出自由端，该自由端顶部为圆形凸起部，底部为圆形凹槽，这样的圆形凸起部和圆形凹槽具有相应的斜坡，两边的链牙交错相对应；在拉头的引导下牢固地将两边链牙的凹槽和凸起部交替稳定地啮合在一起。

（3）拉头为冲压件，上部的顶相连凸轮型帽，由铆钉固定；下部由Y形两面卷边侧板组成。两面Y形卷边侧板之间形成夹持两边链牙的通道，Y形通道下部I形部分形成两边链牙啮合通道，上部分叉部分形成两边链牙分开后各自通道，头部装有拉襻。借助于拉襻滑行，一滑就可使链牙相嵌啮合，再滑回则脱开。

（4）拉链织物带链牙前、后端头装有限位挡头，前、后限位挡头是不一样的。前限位挡头是分别固定在链牙织物带的前端并能进入前限位挡头分叉部分，从而限止拉头再向前拉；后限位挡头在链牙后边固定两织物带并能进入拉头下部的I形部分，从而限止拉头再往后拉。后限位挡头是固定件，使拉链只能从前限位挡头拉开。

该项专利的拉链结构简单、精巧、可靠，侧拉强度大。这对拉链诞生来说是具有重大里程碑意义的。在拉链发明前，人类主要是应用纽扣和紧固件来穿戴衣服和鞋子的，随着便于骑马长筒靴的问世，采用铁钩式扣件既笨重，穿脱又不便。

19世纪中叶，美国、欧洲就出现了一些拉链的专利申请，但有的申请只有构思，而从未实施过；有的申请在实施了，但未能商业化推广。其中值得一提的是美国人惠特康·贾德森（Whitcomb Judson）在1893年的US504038的专利申请，提出通过拉头沿接缝活动打开和闭合一连串钩环式扣件的构思，并将其制在鞋上在芝加哥世界博览会上展示，引起了人们的关注，但由于笨重、钩环搭接松散、易爆裂，拉头移动不顺畅以及制造不易等原因，未受市场青睐，未能实现商品化。吉德昂·逊德巴克的专利发明克服了上述一系列缺陷，关键是链牙的巧妙设计，使拉链具有了实用价值。他自己后来又研制成了冲压部件和将链牙装在织物带上的机器。在 1920 年前后，拉链很快在全世界流行开了，大量用于服装、靴子、箱包等。

　　随着科学技术发展和人类需求的不断提升，有关拉链、拉链制造工艺和制造设备的专利申请和发明层出不穷，拉链材料由最初的金属材料变成了以尼龙等非金属材料为主；拉链结构由单一的闭口拉链变成了闭口拉链、开口拉链和双开口拉链三个大类；注射成形、连续注射成形工艺大大提高了拉链的生产效率，拉链的品种、规格、色彩、功能日新月异，并广泛用于军事、民用、农牧、医疗、航天、航空等领域。

第9章 如何申请专利

9.1 专利数据库与专利信息检索

9.1.1 常用专利数据库

1. 国家知识产权局专利检索及分析系统

国家知识产权局的官方网址是 http://www.sipo.gov.cn/，其官网主页如图 9-1 所示。

图 9-1 国家知识产权局官网主页

创意设计与专利保护

在国家知识产权局的官方网站中，有知识产权相关的信息公开、新闻发布、专利代理管理、政策法规、统计信息和文献服务等方面的权威信息，且支持多门语言浏览。在其系统平台（见图9-2）中，有专为专利相关事务设置的链接，包括专利代理事务、专利申请事务、专利信息利用、专利审查业务等。

图9-2 国家知识产权局系统平台

图9-2中，在专利信息利用中包括了专利检索及分析系统，该系统是目前可供我国普通发明者进行专利信息检索的主要数据库之一，如图9-3所示。该专利检索及分析系统共收集了103个国家、地区和组织的专利数据，同时还收录了引文、同族、法律等数据信息。我国专利数据每周二和周五更新，国外专利数据每周三更新；引文数据每月更新一次；同族数据和法律状态数据每周二更新。访问专利检索及分析系统时，可以通过主页上的分类导航，从人类生活必需、作业/运输、化学/冶金、纺织/造纸、固定建筑物、机械工程/照明/加热/武器/爆破、物理、电学等领域进行检索，也可以利用常规检索、高级检索等功能，通过输入关键词等相关信息进行检索。除此之外，专利检索及分析系统还设置了在线提问、培训视频、定制推送和专利交流四大系统服务。为方便浏览，该系统设置了专利统计快报专栏，将各国各地区最新更新的专利数据统计汇总到一起。另外，经典案例分析模块是国家专利局专利检索及分析系统总结发布的以往与专利侵权相关的案例分析。

图 9-3　国家知识产权局专利检索及分析系统

2．中国知识产权网

中国知识产权网的官方网址是 http://www.cnipr.com/，其官网主页如图 9-4 所示。

图 9-4　中国知识产权网官网主页

中国知识产权网是知识产权出版社有限责任公司于 1999 年创办的，以方便公众检索阅读中国专利文献为最初目的的网站。中国知识产权网收录了我国自 1985 年以来公开的全部发明专利、实用新型专利及外观专利，同时收录了 1827 年以来的全球范围内的专利数据，数据收录广泛。随着互联网知识产权事业的发展，该网站目前已发展成为中英文站点，除了包含中国知识产权大数据与智慧服务系统，还涵盖了行业资讯、视角解读、政策法规、案例评析、产品服务、学院培训、资源分享、社区论坛等各个方面。

中国知识产权网的专利信息服务平台如图 9-5 所示，可以通过输入关键词检索专利信息，并根据申请年份、公布年份、当前权利状态等条件对所要查询的发明专利、实用新型专利或外观设计专利等进行筛选。

图 9-5　中国知识产权网专利信息服务平台

3．专利之星检索系统

专利之星检索系统的网址是 http://www.patentstar.cn/frmLogin.aspx，其主页如图 9-6 所示。

专利之星检索系统由国家知识产权局中国专利信息中心主办，由北京新发智信科技有限公司提供技术支持。专利之星检索系统收录了全球 98 个重要国家和地区的超过 8000 万条专利文献及相关信息，是全球专利数据收录最完整的系统之一。自 2017 年 7 月 21 日起，专利之星检索系统暂停了游客登录查询的功能，需要注册登录后才可以进行检索。

图 9-6　专利之星检索系统主页

4．SooPAT 专利搜索引擎

SooPAT 专利搜索引擎的网址是 http://www.soopat.com/，其主页如图 9-7 所示。

图 9-7　SooPAT 专利搜索引擎主页

SooPAT 专利搜索引擎是 2007 年创建的功能较强大的专利搜索网站，致力于专利信息数据的深度挖掘和信息获取的便捷化，以专利搜索平民化为建设目标。

SooPAT 专利搜索引擎的主页分为中国专利和世界专利两个搜索区，可以分别通过关键词进行常规检索，也可以通过表格检索、IPC 分类搜索和高级搜索等方式检索。世界专利包含了 108 个国家和地区、超过 1.3 亿份专利文献，时间跨度超过 350 年。SooPAT 专利搜索引擎除了主页的搜索功能，还包括专利分析、论坛、法规、图书、网址导航等功能栏目，可以方便快捷地进行专利主题信息检索，如图 9-8 所示。

图 9-8 利用 SooPAT 搜索引擎进行主题信息检索

9.1.2 专利信息检索的主要方法

利用专利数据库进行专利信息检索时，通常可以通过常规检索和高级检索两个功能，利用与专利文件相关的 16 个专利信息进行检索，分别是申请（专利）号、名称、摘要、申请日、公开（告）日、公开（告）号、分类号、主分类号、申请（专利权）人、发明（设计）人、地址、国际公布、颁证日、专利代理机构、代理人、优先权。

大学生在申请专利前，需要通过专利检索确认自己想要申请的专利是否具有独创性和新颖性，是否已有相同或极类似的专利。通常情况下，需要运用常规检索功能，输入能够简要概括自己想要申请的专利的关键词来检索。

9.1.3 关于专利情报的检索

1. 专利情报的概念

美国知识产权高级调查员安东尼·特里普（Anthony J. Trippe）对专利情报的定义是：

利用专利信息确认一个机构的技术能力，利用该情报制定一个技术战略。专利情报具有技术情报、法律情报、经济情报、社会需求情报等多种属性，是利用一定的分析方法、从一篇或多篇相关的专利文献中获得的。

2．专利文献分类

专利文献的数量很大，目前全世界每年出版的专利说明书达 100 多万件，全世界的专利文献总数已达 4000 万件左右。专利申请案件首先需被分类，然后才能有效和正确地通过审查程序，特别是检索的程序，得到授权后公之于世。专利文献的分类是按文献的主题内容或其他特征进行的。分类表是使各国专利文献获得统一分类的一种工具，它的基本目的是作为各专利局以及其他使用者在确定专利申请的新颖性、创造性（包括对技术先进性和实用价值做出评价）而进行的专利文献检索时的一种有效检索工具。分类表按照分类原则大致可以分为按功能划分、按应用划分和混合式分类三种。除此之外，由于分类体系的建立与各家科技水平和专利制度的发展，不同国家也建立了独自的专利分类体系。

现有的专利文献分类法包括 WIPO 和世界绝大多数国家采用的国际专利分类表（International Patent Classification）、美国采用的 USPC（United States Patent Classification）、欧盟用于 INPADOC 的 ECLA（欧洲专利局的分类表）、日本用的 FI 与 F-term、英国德温特（Derwent）公司建立的 Derwent Classification 与 Derwent Manual Code 等。

3．专利情报检索

大学生可以利用互联网进行专利情报检索，按照国家知识产权局的相关站点链接，可以找到相关的专利数据库进行专利情报检索，常用的专利数据库如下。

（1）Derwent 专利数据库。互联网上使用最多的是 Derwent 专利数据库。Derwent 公司是全球最权威的专利情报和科技情报机构之一，隶属于全球最大的专业信息集团——Thomson 集团。Derwent 专利数据库的世界专利索引（DWPI）主要收集工业化国家的专利，报道工程技术各领域所取得的专利，采用国际专利分类表编制专利分类体系，全部是英文文摘，有 700 多万条数据，覆盖 37 个国家和两个国际专利组织，可向用户提供世界上各主要机构发布的专利说明书。Derwent 公司每年向 Derwent 专利数据库添加来自 40 多个专利审核机构的 150 万份专利文件，由 350 名专家和编辑组成团队对这些文件进行评估、专利家族整理、分类和索引，并为每件专利提供高价值的、描述性的英语摘要和题目，这些摘要和题目清楚易懂并可供检索。Derwent 专利数据库整合了 Patent Citation Index（专利引文索引），收录了来自世界 40 多个专利机构的 1000 多万个发明专利，3000 多万个专利，数据可追溯至 1963 年。每周由 40 多个国家、地区和专利组织发布的 25000 条专利文献和来自 6 个重要专利版权组织的 45000 条专利引用信息都会被收录到 Derwent 专利数据库中。Derwent 专利数据库可分为 Chemical Section、Electrical & Electronic Section 和 Engineering Section 三部分，为研究人员提供世界范围内的化学、电子电气以及工程技术领域内的发明信息，经过系统、严格的规范整理，提供高附加值的专利文献题目和摘要，强大的检索途径和面向用户的检索辅助工具，为专利情报检索提供了巨大的便利。

（2）欧洲专利局网络数据库。欧洲专利局网络数据库是欧洲专利局（http://ep.espacenet.com）、欧洲专利组织成员国及欧洲委员会合作开发的，可免费检索包括欧洲专利局数据库、世界知识产权组织数据库、欧洲各成员国数据库、日本专利英文文摘以及世界范围内64个国家的3800多万份专利文献，支持的语种为英语、德语、法语。欧洲专利局网络数据库收录时间的跨度大，涉及的国家多，收录了自1920年以来世界上50多个国家和地区的共计1.5亿多份文献的数据。

（3）Delphion知识产权信息网数据库。Delphion知识产权信息网目前有两个常用站点，即http://www.delphion.com/和http://www.thomsonscientific.com.cn/delphion.htm。由ICG公司和IBM公司共同成立的Delphion知识产权信息网自1997年起被认为是检索、考察、分析、跟踪专利及相关信息的最佳站点。2000年，Delphion知识产权信息网从IBM公司分离，加入汤姆森公司。在2001年7月前，该网站是免费检索的，之后该网站除了美国授权专利的题录数据可免费检索，其他的全文检索和无限制检索均要收费。Delphion知识产权信息网数据库拥有来自全球的5000多万份专利文献，包括以下类别的专利情报资源：

① 美国专利申请（United States Patents-Applications）、美国专利许可（United States Patents-Granted）：文本的题录信息、专利说明书全文的文本信息和图像信息。

② 欧洲专利许可（European Patents-Granted）和申请（European Patents-Applications）：文本的题录信息、专利说明书全文的文本信息和图像信息。

③ 世界知识产权组织专利合作条约PCT出版物（WIPO PCT Publication）专利申请：文本的题录信息、专利说明书全文的文本信息和图像信息。

④ 日本专利文摘（Patent Abstracts of Japan）：文本的题录信息和扉页图像信息。

⑤ INPADOC同族专利和法律状况（INPADOC Family and Legal Status）：文本的题录信息。

⑥ 瑞士专利（Switzerland Patents）。

Delphion知识产权信息网数据库的检索途径有三种：基本（Basic）、首选（Premier）和无限制（Unlimited）。其中，基本检索为免费方式，检索范围有限，只能浏览专利说明书的第一页；后两种为收费方式，首选检索按次付费，可检索世界范围内多个高质量的专利数据库，无限制检索则没有检索次数限制，在检索功能上也更强大。

（4）中国的专利信息检索系统。中国的专利信息检索系统有三个：国家知识产权局（http://www.sipo.gov.cn）的专利检索、中国知识产权网（http://www.cnipr.com）、中国专利信息网（http://www.patent.com.cn/）。

国家知识产权局网站提供的专利信息数据库收录了自1985年4月1日以来所有已公开或公告的近200万条中国专利的文献信息，包括文本式著录数据、摘要和TIF图像格式的说明书，每周三更新一次。用户可在该网站查询近期的发明专利公报、实用新型专利公报、外观设计专利公报、集成电路布图设计公告、法律状态。

检索方法主要是字段检索和 IPC 分类导航检索。国家知识产权局网站的字段检索方式提供了专利号、名称等 16 个检索字段。检索既可以在全部专利中进行，也可以选择在发明、实用新型、外观设计三种专利之 进行。字段检索包括单字段检索、多字段限定检索、模糊检索。模糊检索使用的字符为"%"，代表任意字母、数字或字。

9.2 发明、实用新型专利申请文件的基本内容、撰写要点与书写规范

每一项需要得到专利保护的发明或者实用新型，都必须由有权申请的人以国家知识产权局规定的形式向国家知识产权局提出申请，才有可能取得专利权，获得专利保护。按规定提交的一系列说明材料就是专利申请文件。专利申请文件的撰写对于能否获得专利保护起着重要的作用。大学生对于如何撰写专利申请文件往往知之甚少，本节将主要介绍撰写发明、实用新型专利申请文件的基本内容、要点与规范。

9.2.1 发明、实用新型专利申请文件的基本内容

发明、实用新型专利申请文件主要包括说明书和权利要求书两个最重要的部分。说明书和权利要求书的撰写将会直接影响能否获得专利权以及所获专利权保护范围的大小，也会影响专利局的审批速度。

《专利法》及其实施细则中，有关条款对说明书撰写的内容及格式给出了明确规定。如《专利法》第二十六条第三款规定："说明书应当对发明或者实用新型做出清楚、完整的说明，以所属技术领域的技术人员能够实现为准；必要时候，应当有附图。摘要应当简要说明发明或者实用新型的技术要点。"这里的"所属技术领域的技术人员"是一种假想的人员，指知晓在申请日前所属技术领域中所有的一般知识并能获得现有技术的一切情况，具备从事常规实验的手段和能力的人员。这里的"能够实现"是指所说明的发明或者实用新型能够在实践中实现。如果是一项产品，就必须依照说明的技术方案能够制造出来并达到所说的目的；如果是一种方法，则必须依照其说明的方法能达到所说之目的，在实践中能够使用。根据《专利法》中的这一款规定，撰写的说明书必须将所要寻求保护的发明或者实用新型完整地描写清楚。而其是否清楚、完整地在说明书中被说明，则应当由所属技术领域的技术人员，以他所具备的知识和能力来判断，决不应当以申请人或公众中的任何人的主观断言为依据。说明书必须提供为理解和实施该发明或者实用新型所必需的情报，以达到使所属技术领域的技术人员依照所公开的内容，而不需经过任何创造性的劳动就能够实现该发明或者实用新型的标准。这也就是通常所简称的充分公开的含义。

1. 说明书应当满足的总体要求

（1）说明书应当充分公开发明或实用新型的技术内容。按照《专利法》第二十六条第三款的规定，说明书应对发明或实用新型做出清楚、完整的说明，使所属技术领域的技术人员能够实现。这就要求说明书应当符合以下要求：

① 清楚。说明书需要清楚揭示发明或实用新型的实质。

- 主题明确。说明书需要清楚地揭示发明或实用新型的实质。即从现有技术出发，清楚地写明发明或者实用新型所要解决的技术问题、为解决该技术问题所采用的技术方案，以及该方案所能取得的有益效果，从而使该领域技术人员能够准确理解该发明或实用新型专利所要求保护的内容。
- 前后内容一致，符合逻辑。即说明书的各部分内容应相互关联，成为一个整体，尤其是所要解决的技术问题、技术方案和有益效果之间应当相互适应，不得相互矛盾或不相关联。其余部分也要紧密围绕所解决的技术问题和技术方案展开描述，各部分内容应当相互依存、相互支持。
- 表达准确。说明书应当使用发明或者实用新型所属技术领域的技术术语。说明书应准确表达发明或者实用新型的技术内容，不得模棱两可、含混不清，以至于所属技术领域的技术人员不能清楚、正确地理解发明或者实用新型。

② 完整。说明书完整是指说明书包括《专利法实施细则》第十七条第一款规定的组成部分，不得缺少有关理解、再现发明或者实用新型所必需的任何技术内容。一份完整的说明书应包括下列三项内容。

- 帮助理解发明或者实用新型不可缺少的内容。例如，对所属技术领域和背景技术的描述，对附图的说明等。
- 确定发明或者实用新型新颖性、创造性和实用性所需的内容。例如，所要解决的技术问题、技术方案和有益效果等。
- 再现发明或者实用新型所需的内容。例如，技术方案的具体实施方式。

凡是所属技术领域的技术人员不能从现有技术中直接、唯一地得出的有关内容，均应当在说明书中做出描述。

③ 能够实现。所属技术领域的技术人员能够实现是指所属技术领域的技术人员按照说明书的内容，不需要创造性劳动，就能实现发明或者实用新型的技术方案，解决技术问题，并产生预期的效果。

以下内容被认为由于说明书缺乏解决技术问题的技术手段而无法实现。

- 说明书中只给出任务和/或设想或者只表明愿望和/或结果，而未给出能够实施的技术手段。
- 说明书中只给出含混不清、无法具体实施的技术手段。
- 说明书中给出的技术手段不能解决所述的技术问题。

- 对于由多个技术手段构成的技术方案，其中一个技术手段按照说明书记载的内容不能实施。
- 说明书中给出了需要实验结果才能证实其成立的技术方案，但说明书中未提供实验证据。

（2）说明书应当支持权利要求书。《专利法》第二十六条第四款规定，权利要求书应当以说明书为依据。此规定说明了权利要求书和说明书之间的关系，即说明书应当支持权利要求书。

① 权利要求书中的每个技术特征，均在说明书中做了说明，且不超出说明书的范围。
② 对权利要求书的每一个权利要求来说，至少在说明书中的一个具体实施方式或一个实施例中得到反映。
③ 至少在说明书中的一个具体实施方式中包含了独立权利要求中的全部必要技术特征。
④ 说明书中给出足够的实施方式或实施例，从而对权利要求所要求保护的范围给予支持。
⑤ 说明书的内容要与权利要求的内容相适应，没有矛盾。

（3）说明书应当用词规范、语句清楚。《专利法实施细则》第十七条第三款规定，说明书的内容应当用词规范、语句清楚。

说明书中的文字表达应当力求使所属领域的技术人员能正确地理解发明或者实用新型的技术内容。

说明书中应当采用所属技术领域的技术术语；对自然科学名词应尽量采用国家规定的统一术语，国家未统一规定的，可以采用所述技术领域约定俗成的术语，也可以采用鲜为人知或最新出现的科技术语，或直接引用外来语，但其含义必须清楚，不会造成误解；必要时可以采用自定义词，但必须在说明书中给出明确的定义或说明。一般来说，不应使用在所属领域中具有基本含义的词汇来表示其本意之外的其他含义；技术术语和符号应前后一致。涉及计量单位时，应采用国家法定计量单位，包括国际单位制计量单位和国家法定的其他计量单位，必要时可以在括号内同时标注本领域公知的其他计量单位。

当说明书中不可避免使用商品名称时，其后应当注明其型号、规格、性能及制造单位。说明书应尽量避免使用注册商标来确定物质或产品。

2．说明书的具体组成部分及撰写要点

专利说明书的撰写不同于科学论文、技术报告以及技术说明书等的撰写。专利说明书的撰写应符合《专利法实施细则》第十八条的规定："发明或者实用新型专利申请的说明书应当写明发明或者实用新型的名称，该名称应当与请求书中的名称一致。"

说明书应当包括下列内容：

（1）技术领域：写明要求保护的技术方案所属的技术领域。
（2）背景技术：写明对发明或者实用新型的理解、检索、审查有用的背景技术；有可

能的,并引证反映这些背景技术的文件。

(3) 发明内容:写明发明或者实用新型所要解决的技术问题,以及解决其技术问题应采用的技术方案,并对照现有技术写明发明或者实用新型的有益效果。

(4) 附图说明:说明书有附图的,应对各幅附图进行简略说明。

(5) 具体实施方式:详细写明申请人认为实现发明或者实用新型的优选方式;必要时,可举例说明;有附图的,可对照附图。发明或者实用新型专利申请人应当按照规定的方式和顺序撰写说明书,并在说明书每一部分前面写明标题,除非其发明或者实用新型的性质用其他方式或者顺序撰写能节约说明书的篇幅并使他人能够准确理解其发明或者实用新型。一般来说,专利说明书都是按照《专利法实施细则》所规定的五个部分的内容和顺序撰写的。

说明书首页正文部分的上方应当以所属技术领域通用的技术术语,清楚简明地写明发明或者实用新型的主题名称。具体地说,发明或实用新型的名称应按照下列各项要求撰写:

- 清楚、简要、全面地反映发明或者实用新型要求保护的技术方案的主题名称以及发明的类型。
- 采用所属技术领域通用的技术术语,不要采用非技术术语或杜撰的技术名词。
- 最好与国际专利分类表中的类、组名相对应,以利于专利申请的分类。
- 简单、明确,所用文字一般不超过 25 个字,特殊情况下,例如某些化学领域的发明,可增加到 40 个字。
- 不得使用人名、地名、商标、型号和商品名称等,也不得使用商业性宣传用语。
- 有特定用途和应用领域的,应在名称中体现。
- 尽量避免写入发明或实用新型的区别技术特征,否则独立权利要求的前序部分很可能写入了应当写入特征部分的区别技术特征。

9.2.2 发明、实用新型专利申请文件的撰写要点

1. 说明书

说明书主要包括该项发明或者实用新型所涉及的技术领域、技术背景、发明内容、附图说明和具体实施方式五大部分内容。

(1) 技术领域。在技术领域部分,需要对该项发明或者实用新型的归类进行简要陈述,并对其主体及主要创新点进行概述。这一部分应当写明发明或者实用新型要求保护的技术方案所属的技术领域。发明或者实用新型要求保护的技术方案的所属技术领域是指其所属的或者直接应用的具体技术领域,既不是发明或者实用新型所属或者应用的广义或上位技术领域,也不是其相邻技术领域,更不是发明或者实用新型本身。在撰写时,应注意以下几点:

① 通常可按国际专利分类表确定发明或者实用新型所属技术领域,尽可能将其确定

在最低的分类位置。

② 应体现发明或者实用新型要求保护的技术方案的主题名称和发明的类型。

③ 不应写入发明或者实用新型相对于最接近的现有技术做出改进的区别技术特征。

例如，本实用新型属于一种日常生活用品，尤其是一种全自动的光温感应窗帘。本例中，日常生活用品即该项发明或者实用新型的归类，全自动的光温感应窗帘即该项发明或者实用新型的主体及其主要创新点。

（2）技术背景。在技术背景部分应当写明对发明或者实用新型的理解、检索、审查有用的背景技术；有可能的话，可以引证反映这些背景技术的文件。除了开拓性发明或实用新型，这一部分至少要引证一篇与本申请最接近的现有技术，即引证包含发明或者实用新型权利要求书中的独立权利要求前序部分技术特征的现有技术文件，必要时再引用几篇较接近的或相关的对比文件。这些文件可以是专利文件，也可以是非专利文件。

在技术背景部分需要对该项发明或者实用新型目前已有的相关产品及其市场环境做简要说明，可以从已有的相关产品在使用过程中暴露出的问题、矛盾或市场需求等角度，分析该发明或者实用新型提出的背景条件。在引证发明或者实用新型涉及的技术背景中，必须引证作为该发明或者实用新型进行创造或改进所针对的技术背景，也就是通常所说的记载了发明原型的文件，且应当写明出处，同时应当客观地指出该技术背景中存在的，且该发明或者实用新型所解决的技术上的问题和缺点。

通常，对技术背景的描述应当包括以下三方面内容：

① 注明其出处，通常可采用引证对比文件或指出其他公知公用技术两种方式。对于专利文件，至少要写明专利文件的国别和公开号，最好包括公开日期。对于非专利文件，要写明这些文件的标题和详细出处，使公众和审查员能从现有技术中检索到这些对比文件。对于其他公知公用技术，要给出其具体发生的时间、地点以及可使公众和审查员调研、了解到该现有技术的相关信息。

② 简要说明该现有技术的相关技术内容，即简要给出该现有技术的主要结构和原理。

③ 客观、实事求是地指出该现有技术存在的主要问题，但仅限于涉及由发明或实用新型的技术方案所解决的问题和缺点，切忌采用诽谤性的语言。在可能的情况下，要说明存在这种问题和缺点的原因以及解决这些问题时遇到的困难。

例如，现有的窗帘一般都是人为手动开合的，在无人的条件下或人们休息的情况下，窗帘无法实现自动开合，使用不便。本例中的技术背景即现实生活中人们对实现窗帘自动开合这一功能的市场需求。

在引证对比文件时，应当注意以下三点：

① 引证文件应当是公开出版物（除了纸件形式，还包括电子出版物等）。

② 所引证的非专利文件和外国专利文件的公开日应当在本申请的申请日前，所引证的中国专利文件的公开日不能晚于本申请的公开日。

③ 引证外国专利或非专利文件时，应当引证文件公布或发表时原文使用的文字，写

明引证文件的出处及相关信息，必要时给出中文译文，并将译文放置在括号内。

（3）发明内容。发明内容是说明书中的重要部分，在该部分应当写明发明或者实用新型所要解决的技术问题，以及解决技术问题所采用的方案，并对照现有技术写明发明或者实用新型的有益效果，具体包括该项发明或者实用新型拟解决的关键问题、该项发明或者实用新型的主要组成部分以及各组成部分的组装和使用方法、该项创造发明或者实用新型与已有相关产品相比具有的优势。说明的语言应简练严谨，将发明或者实用新型的内容清晰完整地通过书面语言呈现出来。

① 针对现有技术中存在的问题和缺点，实事求是地说明所要解决的技术问题。通常是针对现有技术中存在的技术问题并结合本发明所取得的效果提出的。一件专利申请可以包括属于一个总构思的多个要解决的技术问题，并应当公开每个要解决的技术问题的技术解决方案。撰写所要解决的技术问题时，应当满足以下几点要求：

- 应采用正面的、尽可能简洁的语言客观且有根据地反映发明或实用新型要解决的技术问题。
- 反映发明或者实用新型要求保护的技术方案的主题名称及其类型。
- 应当具体体现出发明或者实用新型要解决的技术问题，不得包含技术方案的具体内容。
- 不得采用广告宣传用语。
- 除了写明独立权利要求所解决的技术问题，还可写明从属权利要求所解决的技术问题，但这些解决的技术问题应当与总的发明构思相关。

② 技术方案是说明书的核心部分，是申请人对其要解决的技术问题所采取的技术手段的集合，是体现将所要寻求保护的技术方案公开的部分，技术手段是由技术特征来体现的。一般情况下，这部分至少应当与独立权利要求的用语相同或者相对应，用构成该发明或者实用新型所必需的技术特征总和的形式公开其实质内容。但有时为了使要求保护的技术范围更加明确，以避免产生误解，还应当包括阐述发明或者实用新型所必需的一些细节的内容，以使人们了解为解决所说的技术问题所采取的技术解决方案具体是什么。在撰写技术方案时，应满足下面几点要求：

- 清楚、完整地写明技术方案，在其第一段内应写明解决其技术问题的全部必要技术特征。
- 用语应与独立权利要求的用语相同或相对应，以发明或实用新型所必需的技术特征的总和形式阐明其实质。
- 必要时还可描述从属权利要求的技术方案，写明对其进一步限定的附加技术特征，为避免误解，最好另起段描述。
- 若有几项独立权利要求，则在这部分应反映这几项独立权利要求技术方案的内容，并在描述时尽量体现它们之间属于一个总的发明构思。

③ 应当根据构成发明或者实用新型的技术方案或技术特征，清楚地说明与现有技术

相比所产生的有益效果。有益效果是指由构成发明或者实用新型的技术特征直接带来的或者是由这些技术特征必然产生的效果。在撰写有益效果时应当满足下面几点要求：

- 通过对发明或者实用新型结构特点的分析和理论说明相结合的方式，或者通过列出实验数据的方式予以说明，不得只断言其具有有益效果。无论采用哪一种方式，都应当通过与现有技术进行比较而得出。
- 对于机械、电气等领域，多半可通过结合其结构特点或作用的方式进行说明，而对于化学领域，大多数情况是借助实验数据来说明的；对于目前尚没有可行的测量方法而不得不依赖于人的感官判断的，如气味等，可以采用统计方法表示的实验结果来说明有益效果。
- 引用实验或试验数据说明有益效果时，应当给出必要的实验或试验条件和方法。

（4）附图说明。一般情况下，说明书都有附图，需要配以相应的附图说明。附图中应明确注明每一个部件及其名称，通过图例的形式呈现，在具体实施方式中对零部件的说明应与附图的图例内容一一对应。具体地说，应注意以下几个方面：

① 应当按照机械制图国家标准对附图的图名、图示的内容进行简要说明。

② 当附图不止一幅时，应当对所有的附图按顺序做出说明，且每幅附图应当单独编一个图号。

（5）具体实施方式。具体实施方式的内容是在发明或者实用新型内容的基础上更详细地对发明或者实用新型的使用进行说明，从组装、使用等实际的操作角度完整地解析该项发明或者实用新型的基本构造和使用方法。实现发明或者实用新型的优选具体实施方式对于充分公开技术方案，理解和再现发明或者实用新型，支持和解释权利要求都有重要的作用。有附图的，应对照附图进行说明。

具体实施方式的描述应当与申请中所要求保护的技术方案的类型相一致。例如，如果要求保护的是一种产品，那么具体实施方式就应当是体现实施该产品的一种或几种优选产品；如果要求保护的是一种方法，那么具体实施方式就应当是说明实施该方法的一种或几种优选的实施方法，而不应当出现要求保护的类型与优选实施方式相互矛盾的情况，即要求保护的是产品，而具体实施方式的说明是实施方法，反之同理。

在撰写具体实施方式时应注意以下几个方面：

① 这部分至少具体描述一个优选的具体实施方式，这些优选的具体实施方式应当体现专利申请书中解决技术问题所采用的技术方案，并应当对权利要求的技术特征给予详细说明，以支持权利要求。例如，任何一个具体实施方式应当包括一项独立权利要求的全部技术特征，而对于任何一项权利要求来说，至少要有一个具体实施方式包括其全部技术特征。

② 对优选的具体实施方式的描述应当详细，使所属技术领域的技术人员按照所描述的内容就能实现发明或者实用新型，而不必再付出创造性的劳动，如进一步的研究或试验。

③ 在权利要求（尤其是独立权利要求）中出现概括性技术特征（包括功能限定的技术特征）而使其覆盖较宽的保护范围时，这部分应当给出多个具体实施方式，除非这种概括对本领域技术人员来说是明显合理的；当权利要求相对于背景技术的改进涉及数值范围时，通常应当给出两端值附近（最好是两端值）的实施例，当数值范围较宽时，还应当给出至少一个中间值的实施例。

④ 通常不必对最接近的现有技术或者与最接近的现有技术共有的技术特征详细展开说明，但对发明或者实用新型区别于最接近的现有技术的技术特征，以及从属权利要求中出现的、且不是现有技术或公知常识的技术特征，应当足够详细地做出说明，尤其那些对充分公开发明或者实用新型来说，这是必不可少的内容，不能采用引证其他文件的方式撰写，而应当将其具体内容写入说明书。

⑤ 对于产品发明或者实用新型，实施方式或者实施例应当描述产品的机械构成、电路构成或者化学成分，说明组成产品的各部分之间的相互关系；对于除化学产品之外的其他产品，不同的实施方式是指几种具有同一构思的具体结构，而不是不同结构参数的选择，除非这些参数的选择对技术方案有重要意义；对于可动作的产品，必要时还应说明其动作过程，以帮助对技术方案的理解。

⑥ 对于方法发明，具体实施方式或实施例应当写明其步骤，包括可以用不同的参数或者参数范围表示的工艺条件。

⑦ 在结合附图描述具体实施方式时，应当引用附图标记进行描述，引用时应与附图所示一致，放在相应部件的名称之后，不加括号。

⑧ 在发明或者实用新型的内容比较简单的情况下，即权利要求技术特征的总和限定的技术方案比较简单的情况下，在说明书的发明或者实用新型部分已经对发明或者实用新型专利申请所要求保护的主题做出清楚、完整的描述时，则在具体实施方式中可以不重复描述。

2．权利要求书

权利要求书是申请人以说明书为依据来确定发明或实用新型专利的保护范围的文件。通常情况下，需要写清该项发明或者实用新型的基本组成部分及其构造原理。

权利要求书由权利要求组成，一份权利要求书至少要有一项权利要求。权利要求书应当说明该项发明或实用新型的技术特征，技术特征包括构成发明或实用新型技术方案的组成要素，或要素之间的相互关系。权利要求书是用技术特征的总和来表示发明或者实用新型的技术方案，并限定发明或者实用新型要求专利保护范围的。根据《专利法》第五十六条第一款的规定："发明或者实用新型专利的保护范围以其权利要求的内容为准，说明书及附图可以用于解释权利要求。"由此可以看出，权利要求书在专利申请文件中的重要性。总体来说，权利要求书具有两方面的作用：一方面是用技术特征的总和来表示发明或者实用新型，反映要求保护的技术方案与现有技术之间的联系和区别，作为判断发明或者实用新型申请的专利的依据；另一方面是用来确定发明或者实用新型专利保护范围的，可作为判断侵权或被侵权的依据。权利要求书的撰写情况直接与申请人的权利有关。因此，在撰写权利要求书时，应当掌握以下所述《专利法》及其实施细则有关权利要求书撰写条款规定的原则，以使所撰写的权利要求书不但符合法律要求，而且使申请人的权利能得到最大化的保护。撰写权利要求书应掌握的原则包括：必须以说明书为依据；必须清楚、简要地表述请求保护的范围；必须记载必要的技术特征；必须按照法律规定的形式撰写。

（1）独立权利要求。《专利法实施细则》第二十二条规定："发明或者实用新型的独立权利要求应当包括前序部分和特征部分，按照下列规定撰写：（一）前序部分：写明要求保护的发明或者实用新型技术方案的主体名称和发明或者实用新型主题与最接近的现有技术共有的必要技术特征；（二）特征部分：使用'其特征是……'或者类似的用语，写明发明或者实用新型区别于最接近的现有技术的技术特征。这些特征和前序部分写明的特征合在一起，限定发明或者实用新型要求保护的范围。发明或者实用新型的性质不适合用前款方式表达的，独立权利要求可以用其他方式撰写。一项发明或者实用新型应当只有一个独立权利要求，并写在同一发明或者实用新型的从属权利要求之前。"

现实中，大多数发明或者实用新型都是在已有技术的基础上通过改进而产生的，因此在申请专利时，其独立权利要求应当按两部分形式撰写，即独立权利要求=前序部分+特征部分。这里的前序部分等于发明名称加上与现有技术共有的必要技术特征，特征部分等于"其特征是……"加上"区别于现有技术的必要技术特征"。

（2）从属权利要求。《专利法实施细则》第二十三条规定："发明或者实用新型的从属权利要求应当包括引用部分和限定部分，按照下列规定撰写：

① 引用部分：写明引用的权利要求的编号及其主题名称。

② 限定部分：写明发明或者实用新型附加的技术特征。从属权利要求只能引用在前的权利要求。引用两项以上权利要求的多项从属权利要求，只能选择一种方式引用在前的权利要求，并不得作为另一项多项从属权利要求的基础。"

从属权利要求是从属于前面某个或几个权利要求的权利要求，它是对所从属的权利要求中为达到发明或者实用新型技术任务的那些技术特征的进一步限定或具体化。

在权利要求撰写的形式上还需要注意，每一项权利要求只允许在其结尾处使用句号。

撰写权利要求书的主要步骤为：

① 在理解发明或实用新型的基础上，找出其主要技术特征，弄清各技术特征之间的关系。

② 根据检索和调研得到的现有技术，确定与本发明或实用新型最接近的现有技术。

③ 根据最接近的现有技术，进一步确定本发明或实用新型为解决此技术问题所必须包括的全部必要技术特征，并应当尽可能用上位概念或并列概括的方式加以概括，以使其具有较大的保护范围。

④ 与最接近的现有技术进行比较，将它们共同的必要技术特征写入独立权利要求的

前序部分，本发明或实用新型区别于最接近的现有技术的必要技术特征写入特征部分，从而完成独立权利要求的撰写。

⑤ 对其他附加技术特征进行分析，将那些有可能对申请的创造性起作用的技术特征作为对本发明或实用新型进一步限定的附加技术特征，写成相应的从属权利要求。

例如，一种新型智能垃圾箱组的权利要求书如下：

一种新型智能垃圾箱组，左智能锁（1）、左箱盖（2）、微型气化炉（3）、内附式微型内燃发电机（4）、伸缩挡板（5）、回收门（6）、废渣回收箱（7）、左下传感器（8）、左箱壁（9）、芯片（10）、连接区外壳（11）、蓄电池（12）、压缩系统（13）、右箱壁（14）、右箱盖（15）、右智能锁（16）、右上传感器（17）、安全阀（18）、左上传感器（19）；其特征在于：左智能锁（1）设置在左箱盖（2）上，微型气化炉（3）与内附式微型内燃发电机（4）相连接，伸缩挡板（5）设置在内附式微型内燃发电机（4）下方，回收门（6）设置在废渣回收箱（7）左侧，左下传感器（8）设置在左箱壁（9）内，芯片（10）设置在蓄电池（12）内部，左箱壁（9）与右箱壁（14）通过连接区外壳（11）进行连接，压缩系统（13）位于右箱壁（14）内侧，右智能锁（16）设置于右箱壁（14）上，右上传感器（17）置于右箱盖（15）上，安全阀（18）和左上传感器（19）置于左箱壁（9）上。

3. 说明书摘要

说明书摘要部分的撰写要求简要说明发明或者实用新型的技术要点，是与专利有关的科学技术信息，用于概括说明书所记录的内容。说明书摘要的内容不属于发明或实用新型原始记载的内容，不能作为以后修改说明书或者权利要求书的依据，也不能用来解释专利权的保护范围，即不具有法律效力。说明书摘要虽然对所提交的申请无法律效力，但其撰写也必须符合《专利法实施细则》第二十四条的规定："说明书摘要应当写明发明或者实用新型申请所公开内容的概要，即写明发明或者实用新型专利申请所属的技术领域，并清楚地反映所要解决的技术问题、解决该问题的技术方案的要点以及主要用途。"

说明书摘要的撰写应当满足下列要求：

① 说明书摘要应当写明发明或者实用新型所公开内容的概要，即写明发明或者实用新型名称和所属技术领域，并清楚地反映所要解决的技术问题、解决该技术问题的技术方案要点以及主要用途，其中以技术方案的要点为主。

② 说明书中有附图的，应当提供一幅最能说明该发明或实用新型技术方案要点的附图作为摘要附图，该摘要附图应当是说明书附图中的一幅。附图的大小及清晰度应保证在该图缩小到 4cm×6cm 时，仍能清晰分辨图中各个细节。

③ 说明书摘要应当简单扼要，全文（包括标点符号）不超过 300 字，摘要不分段。

④ 说明书摘要中不得出现商业性宣传用语。

⑤ 说明书摘要文字部分的附图标记应加括号，且摘要文字部分出现的附图标记应当

在摘要附图中加以标注。

例如，一种新型智能垃圾箱组的说明书摘要如下：

一种新型智能垃圾箱组，左智能锁、左箱盖、微型气化炉、内附式微型内燃发电机、伸缩挡板、回收门、废渣回收箱、左下传感器、左箱壁、芯片、连接区外壳、蓄电池、压缩系统、右箱壁、右箱盖、右智能锁、右上传感器、安全阀、左上传感器，左智能锁设置在左箱盖上，微型气化炉与内附式微型内燃发电机相连接，伸缩挡板设置在内附式微型内燃发电机下方，回收门设置在废渣回收箱左侧，左下传感器设置在左箱壁内，芯片设置在蓄电池内部，左箱壁与右箱壁通过连接区外壳进行连接，压缩系统位于右箱壁内侧，右智能锁设置于右箱盖上，右上传感器置于右箱盖上，安全阀和左上传感器置于左箱壁上。本实用新型具有结构简单、功能全面、操作方便、经济环保等优点。

4．说明书附图

说明书附图是说明书的一个组成部分，其作用是用图形补充说明书文字部分的描述，帮助所属领域的技术人员直观、形象化地理解发明或者实用新型的每个技术特征和整体技术方案。

发明或者实用新型的说明书附图应注意：

① 实用新型的说明书必须有附图，在机械、电学、物理领域中涉及结构的产品发明说明书也应当有附图。

② 发明或者实用新型的说明书有几幅附图时，用阿拉伯数字顺序编号，且每幅附图编一个图号；几幅附图可以绘制在一张图纸上，按顺序排列，彼此应明显地分开。

③ 附图通常应竖直绘制，当零件横向尺寸明显大于竖向尺寸且必须水平布置时，应当将该图的顶部置于图纸的左边。同一页上各幅附图的布置应采用同一方式。

④ 当一份专利申请文件有多幅附图时，在用于表示同一实施方式中的各幅图中，表示同一组成部分的附图标记应当一致，即使用相同的附图标记。说明书中与附图中使用的相同的附图标记应当表示同一组成部分。

⑤ 说明书文字部分中未提及的附图标记不得在附图中出现，说明书文字部分中出现的附图标记至少应在一幅附图中加以标注。

⑥ 附图应当用包括计算机在内的制图工具和黑色墨水绘制，线条应当均匀清晰、足够深，不得着色和涂改，不得使用工程蓝图。附图的大小及清晰度应当保证在该图缩小到原图的 2/3 时仍能清晰地分辨出图中的各个细节。

⑦ 附图中除必需的文字外，不得含有其他注释，但对于流程图、框图一类的附图，应当在其框内给出必要的文字或符号。

⑧ 说明书的附图应集中放在说明书文字部分之后。

9.2.3 发明、实用新型专利申请文件的书写规范

1．专利申请文件的形式

专利申请文件可以通过书面形式和电子文件形式进行办理。书面形式即通过纸件提交申请文件，电子文件形式即通过电子专利申请系统，以电子文件形式提交申请材料。大学生提交专利申请以电子文件形式居多。

2．专利申请文件的适用文字

专利申请文件除了由外国政府部门出具的或者在外国形成的书面材料，必须使用中文撰写，申请文件使用的汉字、词语、句子应当符合汉语规范。

3．专利申请文件的书写规范

办理专利申请文件手续时，必须使用专利局制定的标准表格。申请材料的纸张规格统一为A4纸大小，请求书、权利要求书、说明书、说明书摘要、说明书附图各部分文字统一使用宋体、仿宋体或楷体，不得使用草体或者其他字体，字高应当为3.5～4.5 mm，行距应当为2.5～3.5 mm，字体颜色统一为黑色。各种申请材料，除另有规定外，应当统一单面、纵向使用，从左至右横向书写。

9.3 外观设计专利申请文件的基本内容与撰写要点

9.3.1 外观设计专利申请文件的基本内容

我国《专利法》第二十七条规定：申请外观设计专利的，应当提交请求书、该外观设计的图片或者照片以及对该外观设计的简要说明等文件。申请人可通过直接提交或邮寄及电子申请的方式提交外观设计专利申请。以国务院专利行政部门收到专利申请的时间为申请日。其中，请求书应当写明下列事项：外观设计的名称、申请人信息、发明人或者设计人姓名、代理机构信息（如果委托了代理机构）、在先申请日、在先申请号以及原受理机构（如果要求优先权）、申请人或者代理机构的签字或者盖章；申请文件清单、附加文件清单、其他需要写明的有关事项等。

我国外观设计产品名称有说明产品类别的作用，使用外观设计的产品名称应当与外观设计图片或者照片中表示的外观设计相符合，要准确、简明地表明要求保护的产品的外观设计。含有人名、地名等、概括不当、过于抽象、描述效果、内部构造的词语不允许作为外观设计的产品名称。

对于外观设计的图片形式，根据我国《专利审查指南》（2010 版）的规定，申请人可

以提交绘制视图、照片视图、计算机辅助制图。对于平面产品，要求必须提交设计要点所涉及面的正投影视图；对于立体产品，要求必须提交设计要点所涉及面的正投影视图和立体图。如果需要，也可以提交剖视图、展开图、局部放大图、使用状态参考图等。

简要说明是申请外观设计专利时必须提交的申请条件。简要说明至少应包括外观设计产品的名称、用途、设计要点以及指定用于公报出版的视图。简要说明的撰写方式可以分为两种，一种是分段式逐条撰写，另一种是一段式撰写。无论采用哪种方式撰写，都必须明确地将简要说明中应包含的内容表达清楚。设计要点的描述是指与现有设计相区别的产品的设计要素，如形状、图案或其结合，或者色彩与形状、图案的结合，或者设计要点所在部位，而并非对设计本身具体形状、结构等的描述，对其描述应当简明扼要。

9.3.2　外观设计专利申请文件的撰写要点

需要注意的是，外观设计产品名称应与请求书中的产品名称完全一致；设计要点是该项外观设计区别于现有其他设计的要素、要素结合或部位；无论一件专利申请中包含几件设计，指定的视图仅限于一幅，且该视图用于公报出版。

例如，外观设计专利——智能积木灯具。本外观设计产品的名称为智能积木灯具，如图 9-9、图 9-10、图 9-11、图 9-12、图 9-13 和图 9-14 所示。

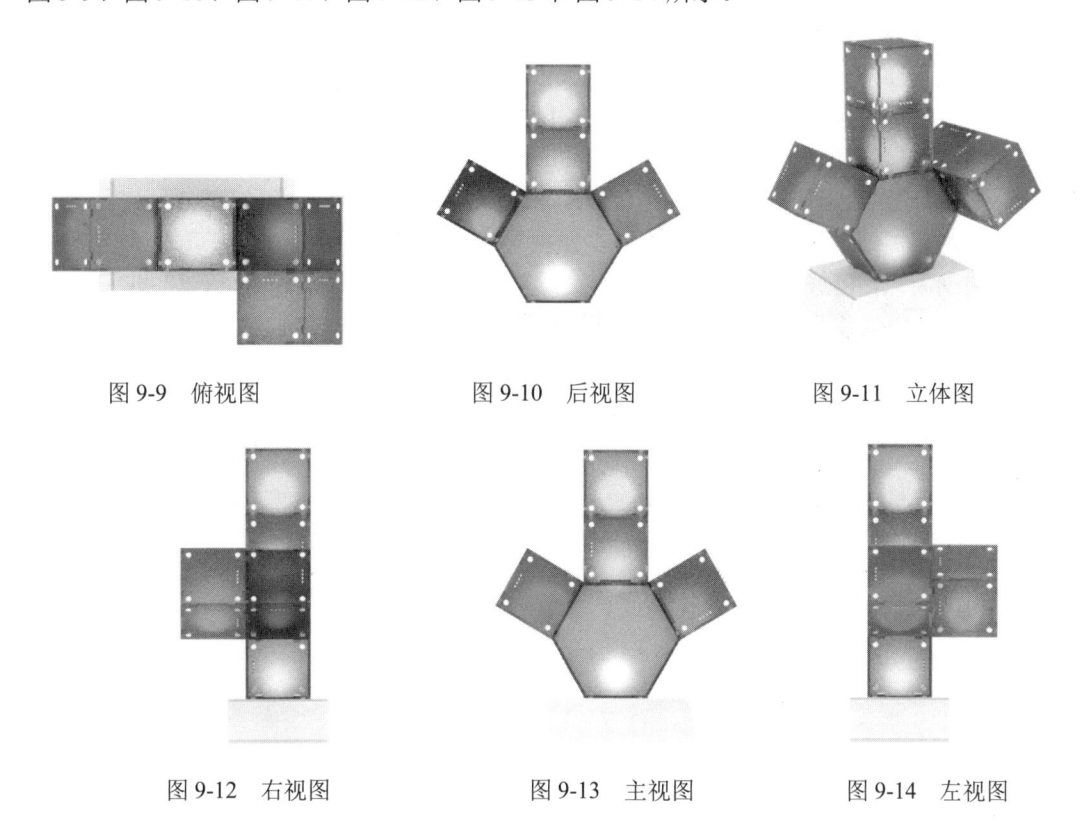

图 9-9　俯视图　　　　　图 9-10　后视图　　　　　图 9-11　立体图

图 9-12　右视图　　　　　图 9-13　主视图　　　　　图 9-14　左视图

（1）本外观设计产品属于日常生活用品。
（2）本外观设计产品的设计要点在于智能积木灯具的整体结构及色彩。
（3）本外观设计产品的立体图最能体现设计的整体特色。
（4）本外观设计为立体外观设计产品，仰视图不体现其设计要点，请求忽略。

扩展阅读：基于 Mobile 3D 技术标准构建的专利挖掘

企业的研发过程往往具有一定的连续性，通常体现在产品的升级换代、生产工艺的持续优化等方面。这种连续性的实质就是企业对相关技术的持续改进，在不断改进的过程中，就会产生专利。因此，围绕技术改进的专利挖掘是指为了解决产品存在的技术问题、缺陷或者不足所进行的专利挖掘，属于技术问题主导型的专利挖掘。

在这种类型的专利挖掘过程中，应当紧扣相关的技术问题和缺陷开拓思维，围绕要素关系改变、要素替代、要素省略等方面充分进行横向发散思考和研究，得到解决技术问题的技术改进点，进一步形成创新点，并在此基础上形成可以申请专利的技术方案。围绕技术改进的专利挖掘，还应当关注科技本身的发展，当有新的技术出现时，应当想到是否可以应用到已有产品上，进而解决应用中出现的问题，进一步挖掘出更多的专利。尤其是要关注决定技术发展走向的关键技术，由于其技术价值较高，形成的专利价值也相应较高，因此是专利挖掘的重点。

韩国电子通信研究院（ETRI）围绕 Mobile 3D 技术标准空白点，利用专利检索和专利挖掘构建技术标准。首先，ETRI 分析了 Mobile 3D 技术标准空白点。在 2009 年前后，如何适当降级以保证通信的稳定性是 Mobile3D（移动视频）发展过程中的一大技术需求，在相关技术标准中，这一方面还是空白。ETRI 在对 Mobile 3D 技术发展进行分析的基础上，结合对相关技术标准的研究，敏锐地发现了这一空白点。接下来，ETRI 确定能够满足需求的创新点，形成专利申请。在确定这一技术标准空白点后，ETRI 在 2009—2011 年期间，分别从通过预览频道减少缓存时间、通过纠错编码解决网络丢包和通过多描述编码三个方面进行了专利挖掘，先后申请了 5 项专利。之后，ETRI 基于专利申请提出标准提案。2011 年 8 月，在 3GPP（Third Generation Partnership Project）标准化组织的会议中，ETRI 同时提出了三个与上述三个方面相对应的解决可优化的提案，即专利提案 S4-110646、S4-110647 和 S4-110648。

第10章 大学生创意设计专利案例

10.1 发明专利案例

10.1.1 案例1：物联网智能数据网关系统的实现方法

1. 说明书

（1）技术领域

本发明是一种物联网智能数据网关系统的制作方法，属于电子通信领域，特别涉及一种物联网智能数据网关系统的实现方法。

（2）背景技术

在现代工业生产中，基于物联网技术的能源管理系统越来越受到重视，首先通过传感器对厂区内各能源的使用进行计量，然后通过网关设备收集传感器数据并远程传输到信息管理中心存储，最后通过能源管理平台进行集中监测和能耗分析等管理工作，方便厂区管理人员实时掌握各计量点的监测数据，从而有效实现能源的管理。

网关设备是基于物联网技术的能源管理系统的重要组成部分之一。传统的网关设备实现的是单纯的以太网到RS-485的透明传输，功能过于简单；需要上位机软件在应用层实现仪表协议，底层没有缓存，因而上位机软件编程复杂；上位机软件需要花费大量的时间等待网络数据的到达，数据采集速率低；易受网络状态影响，数据采集的实时性和完整性低。

可以设计一种网关设备来实现数据的采集，定时将数据发送给服务器，或者服务器以某固定时间间隔获取数据。这种网关设备克服了传统网关设备的上位机软件编程复杂、数据采集速率低，以及数据采集的实时性和完整性低等缺点。

（3）发明内容

本发明要解决的技术难题：传统的网关设备实现的是单纯的以太网到RS-485的透明

传输，功能过于简单；需要上位机软件在应用层实现仪表协议，底层没有缓存，上位机软件编程复杂；上位机软件需要花费大量的时间等待网络数据的到达，因此数据采集速率低；易受网络状态影响，数据采集的实时性和完整性低；RS-485 数据采集模块缺少过压、雷击等保护，容易受到外界干扰而损坏；网关特定端口只限于连接单一协议仪表，不能对不同协议协表采用混合接入的方式。

本发明采用的技术方案：提供一种物联网智能数据网关的实现方法。所述网关设备包括 7 个层次：最顶层是网络服务器（201）和文件服务器（211）；第二层是 Gateway 模块（202）；第三层为工业中标准数据仪表使用的三种协议，即 DL/T 645 多功能电表通信协议（203）、CJ/T 188 用户计量仪表数据传输协议（210）和 GB/T 19582 基于 Modbus 协议的工业自动化网络规范（204）；第四层是系统调用接口（209）；第五层包括文件子系统（205）和进程控制程序（208）；第六层为块设备驱动（206）及其他驱动（207），所述块设备驱动（206）连接于文件子系统（205），所述其他驱动（207）连接于进程控制程序（208）；最底层是具体的硬件设备，包括与块设备驱动（206）连接的 SD 卡及 NAND Flash，与其他驱动（207）连接的 LCD、RS-485、网口及 GPIO。

所述 Gateway 模块（202）包括：数据采集模块、数据存储模块以及网络通信模块。

所述数据采集模块通过数据采集程序以定时的方式从 RS-485 总线中采集数据，并将数据封装成 Gateway 包。Gateway 包包含网关设备对应的服务器地址、网关的唯一标识码及 7 个端口独立进行数据采集涉及的所有信息，实现常规数据采集定时任务、即时数据采集方法和配置更新方法。

所述数据存储模块完成数据的本地存储，由数据采集程序配合数据存储模块完成各个端口上所有仪表的数据存储。

所述数据采集模块基于 RS-485 协议。

所述数据采集程序通过数据采集线程完成各个端口上所有仪表的数据采集；数据采集线程以定时的方式执行，各个端口可单独配置采集时间间隔。

所述网络通信模块完成基于 TCP/IP 的网络通信和文件服务；在以 TCP/IP 方式进行数据传输时，网关设备主动与数据中心的服务器成功连接后，建立两个线程：一个是网络检测线程，定时向服务器发送心跳数据包，验证网络状态，并且在网络连接断开时及时重新连接；另一个是数据远传线程，负责数据的远程传输。

所述网络检测线程的心跳数据包以 XML 方式进行封装，数据格式与《国家机关办公建筑和大型公共建筑能耗监测系统分项能耗数据采集技术导则》的要求一致；在传输数据时，通过 AES 方式进行加密，密钥长度为 128 bit，每台网关设备有一个默认的加密密钥，可以通过网络进行重新配置。

所述数据远传线程分为两种模式：主动定时采集模式和被动批量传输模式。在主动定时采集模式下，网关设备定时将采集到的数据发送给上位机服务器，在传输失败时将数据存储下来，并尝试重传。网络检测线程用于管理连接的状态，可自动实现重新连接，故数据远传线程不必管理网络状态。在被动批量传输模式下，网关设备根据上位机服务器的指令上传数据。

所述网络通信模块同时还可以实现其他功能，包括系统时间的设定、端口信息的配置以及异常情况的报警，可通过本地配置和远端配置两种方式实现。

有益效果：与市场上现有产品相比，本发明功能更加丰富，数据采集速率更快，数据的实时性和完整性更好，可兼容不同协议的仪表，同时安全性更高。

（4）附图说明

图 10-1 示出了本发明的硬件结构。

图 10-2 示出了本发明的软件结构。

图 10-3 示出了 Gateway 模块数据结构。

图 10-4 示出了定时器线程流程。

图 10-5 示出了被动批量传输模式下的数据采集线程流程。

图 10-6 示出了 TCP/IP 模式下的连接管理。

图 10-7 示出了主动定时采集模式下的数据采集线程流程。

图 10-8 示出了基于 HTTP 协议的网关配置流程。

（5）具体实施方式

下面结合附图和实施例对本发明进行详细说明。

本发明设计原理为：在网关设备上实现数据的采集以及数据的本地存储。网关设备与服务器达成某种协议，即网关设备将采集的数据保存在内部 Flash 中，并在本地开启文件服务，允许服务器通过网络进行访问，从而利用 Web 服务实现被动批量传输模式和主动定时采集模式。网关设备支持本地配置和远程配置。

所述被动批量传输模式是指，网关设备按照网络通信协议定时将数据发送给服务器；所述主动定时采集模式是指，服务器以某固定时间间隔获取数据。

所述数据采集、本地存储和网络通信均由 Gateway 模块完成，Gateway 模块包括数据采集模块、数据存储模块以及网络通信模块。

所述数据采集模块实现基于 RS-485 的数据采集。本模块实现了工业中标准数据仪表使用的三种协议，即 DL/T 645、CJ/T 188 和 GB/T 19582。

由所述数据采集程序通过所述数据采集线程完成各个端口上所有仪表的数据采集功能，数据采集线程以定时的方式执行。由于网关设备连接的仪表数量较多，为每个仪表设定一个单独的采集时间间隔会严重降低系统效率。本设计兼顾灵活性和系统效率，采用各个端口单独配置采集时间间隔的方法，在提高系统效率的同时，又提供了多种采集时间间隔的设定方案。

所述数据存储模块可完成数据的本地存储，数据采集程序配合数据存储模块完成各个端口上所有仪表的数据存储功能。

本发明的数据采集和本地存储的具体实施方式如下：

数据采集模块通过数据采集程序以定时的方式从 7 路 RS-485（106）采集数据，并将数据封装成 Gateway 包。图 10-3 中，ServerIP[4]（301）包含网关设备的唯一标识码，Location String（302）包含网关设备对应的服务器地址，Port[7]（306）包含 7 个端口独立进行数据采集涉及的所有信息，并实现了数据采集定时配置等功能。由数据存储模块完成数据的本地存储。

Port[7]（306）各部分的功能或含义如下：7 路 RS-485 由其端口号（304）标识，取值为 1～7。每个端口单独运行，它们是一个无限循环结构，通过定时器控制运行的时间间隔。可以通过端口配置（305）修改采集间隔（307）、保存文件间隔（308）以及仪表列表（309）。仪表列表（309）又包括一些子配置项：仪表地址（315），唯一地标识同类仪表中的个体；协议类型（316），目前仅有三个可选值，即 DL/T 645、GB/T 19582 和 CJ/T 188；使用同一协议的仪表型号（317）是一个自定义字段，按支持的协议类型（316）从 1 向下排序。服务器从网关设备上获取的数据并不是实时的，网关设备本身对于仪表的示值是否超过警戒阈值进行判断。警报上限二（318）和警报上限一（319）是两级上限阈值，警报下限一（320）和警报下限二（321）是两级下限阈值。当得到的数据超过一级阈值时，网关设备通知服务器。当超过二级阈值时，网关设备发出声光报警或通过发送短信通知相关负责人。运行状态（311）包括两种状态：Inuse 和 Running。当 Inuse 为真时表明当前端口上连接有仪表，并且服务器需要采集这些仪表上的数据。仅当 Inuse 为真时，该数据结构的其他字段才有意义。当 Running 为真时表示数据采集正在进行，此时不可以改变系统时间和更新端口配置。改变系统时间会造成采集到的数据时间字段重复或不连续；更新端口配置会导致采集到的数据在同一数据文件内的结构不一致。串口设备（312）包含设备文件字符串。串口设备互斥锁（313）为串口使用的互斥锁，由于 RS-485 采用的是半双工的工作方式，当一个线程使用端口收发数据时，另一个端口应该阻塞等待。调用 Geter（314）的 GetData()方法可以获取实时数据。

在图 10-4 的步骤 401 中，每个端口均作为一个线程调用 startTicker()函数，端口在启动数据采集线程时首先启动定时器线程。在步骤 405 和 406 中，以阻塞方式读取通道 C 上的命令。如果命令为 Ck，则进行一次数据采集。在步骤 404 中打开数据文件，在步骤 403 中遍历一次该端口上的仪表，并将得到的数据写入数据文件中，在步骤 402 中关闭文件，再次进入步骤 405 和 406。如果命令为 Rfrsh，则进入步骤 407 更新配置，以便下次采集时采用新的配置。如果命令为 Stop，则进入步骤 409 终止该线程。

在图 10-5 的步骤 501 至 503 中，首先启动一个定时器线程，并标记当前端口的状态为 Running。然后进入由步骤 504 和 505 组成的循环体，在循环体中从通道 C 中获取命令，否则进程阻塞。在正常情况下，定时器会按照设定的采集间隔（307）定时向通道发送一个 Ck 命令，采集一次各仪表上的数据。当上位机通过网络修改配置文件时，网络服务器包会通过该通道发送一个 Rfrsh 命令，接到 Rfrsh 命令时，进入步骤 507 中存储数据，并在步骤 508 中更新数据结构之后结束线程。

由于在改变系统时间时,需要暂时停止所有端口的采集线程,并在完成系统时间的修改之后重新启动线程,因此定义了重新启动所有线程和停止所有线程的函数。停止所有线程的函数首先遍历所有的端口并判断端口的状态,如果该端口被使用并且正在运行,则向对应端口的通道发送 Stop 命令。开启所有线程函数同样遍历所有端口,如果该端口处于 Inuse 状态,则初始化端口并获得配置信息,并开始一个新的线程。

本发明的网络通信的具体实施方式如下:

在图 10-6 的步骤 601 和 602 中,网关设备主动与数据中心的服务器进行永久性连接,并在步骤 603 和 604 中定时发送心跳数据包以检测连接状态。系统在连接成功后,建立两个线程,一个线程定时向服务器发送心跳数据包,验证网络状态,并且在网络连接断开时及时重新连接。另一个线程是数据采集线程,负责数据的采集和传输。

在图 10-7 的步骤 701 至 703 中,首先启动一个定时器线程,并标记当前端口的状态为 Running,然后进入由步骤 709 和 710 组成的循环体,在循环体中,首先从通道 C 中获取命令,否则进程阻塞。在正常情况下,定时器会按照设定的采集间隔(307)定时向通道发送一个 Ck 命令,采集一次各仪表上的数据。当上位机通过网络修改配置文件时,网络服务器包也会通过该通道发送一个 Rfrsh 命令。当接到 Rfrsh 命令时,进入步骤 705 至 707 中进行数据远程传输(远传)/重新传输(重传)、存储数据,并在步骤 708 中更新数据结构之后结束线程。

本发明中网络服务器程序主要完成五项功能,即系统时间的设定、端口信息的配置、数据文件的获取、即时数据的采集和异常情况的报警。

为保持网络连接的畅通,网关设备在网络检测线程中定时向服务器发送存活通知数据包。服务器收到存活通知数据包后,即返回一个校时数据包。网关设备在收到校时数据包后,设定系统的当前时间。

当需要改变某端口的仪表配置时(如添加或去掉仪表),系统管理人员可通过数据中心的网页服务器接口添加或删除表项,通过数据中心的上位机软件将该网关设备端口下的仪表信息汇总,形成新的端口配置文件并发送给网关设备。

由于网关设备的配置信息内容复杂,数据量大,本发明提供了一个基于 HTTP 的上传配置文件接口。该接口要求上位机软件以 HTTP 协议的 POST 方法向网关设备发送文件,配置文件以 multipart/form-data 方式发送。在图 10-8 的步骤 802 和 803 中,程序首先获得配置文件的目标端口号,如果获取成功,则在步骤 804 和 805 中获取配置信息的内容,在步骤 806 中在本地创建一个文件并复制配置文件的内容。在步骤 807 中检验该端口上的数据采集线程是否正在运行,如果正在运行,则在步骤 810 中更新配置信息。如果整个过程能顺利进行,则返回 200 状态码,若其中任意一步出错,则返回错误码 400,并退出配置程序。在服务器端,上位机软件通过该 URI 发送文件,并检查返回页面的 HTTP 首部。如果首部的状态字为 200,则完成配置,否则将重新发送。

数据的获取包括三种模式:主动上传模式、被动上传模式和批量获取模式。在主动上传模式和被动上传模式下，网关设备以一定的时间间隔将采集到的数据上传到数据中心的服务器。在主动上传模式下，网关设备定时向数据中心的网络服务发送一个 operation 属性为 report 的数据包，该数据包包含了各仪表的数据。若仪表数太多，数据无法以一个包发送，则将 operation 属性设置为 continuous，分包发送，最后一个数据包的 operation 属性设置为 end。

在被动上传模式下，服务器根据自己需要，向网关设备请求数据。服务器首先发送一个 operation 为 query 的数据包，该数据包中包含了要采集的仪表列表，网关设备收到该数据包后，采集相关仪表的数据，并以 reply 方式返回数据包，后续数据包以 continuous 方式发送，并将最后一个数据包的 operation 属性置为 end。

在批量上传模式下，网关设备以固定的时间间隔将采集到的数据分成多个数据文件保存在本地，等待上位机软件抓取。上位机软件根据端口的配置信息，每间隔一定的时间间隔向网关设备的各个端口请求某个时间段的数据。这种模式实现了数据的高密度采集和低频率上传，主要用于实时性要求不高，但对数据采集密度要求较高的情况。在批量上传模式下，服务器通 HTTP 方式查询某时间段的数据是否存在，查询时需指定端口号和时间段的起始时间。

当网关设备出现异常时，需要向服务器上的上位机软件报告。当运行出现异常时，网关设备通过上位机软件提供的接口上报异常报告，并由上位机软件进行适当的处理。当收到异常报告时，如果网关设备无法自己解决问题，则需要上位机软件辅助解决。本发明提供了上位机软件的异常处理方案。

（1）读端口配置文件异常。该异常报告会使用 portId 字段，读端口配置文件异常的发生原因通常是配置文件不存在。当上位机收到这个异常报告时，可以根据 portId 字段找到发生异常的端口，并重新发送配置文件。

（2）端口配置文件解析异常。该异常报告会使用 portId 字段，端口配置文件解析异常发生的原因通常是配置文件格式错误。当上位机收到这个异常报告时，应该重新生成并发送相关端口的配置文件。

（3）读取仪表配置文件异常。该异常报告会使用 portId 字段和 MTypeID 字段，该异常发生可能有以下几种原因：①端口配置文件使用了不匹配的仪表型号，上位机软件应该经过充分测试保证这种情况不会发生；②仪表配置文件损坏或文件系统错误，该异常通常不会发生，当此异常发生时，上位机软件应该通知管理员，请工程人员手动更新仪表配置文件。

（4）仪表配置文件解析异常。该异常报告会使用 portId 字段和 MTypeID 字段，该异常通常不会发生。此异常发生时，通常意味着文件损坏或文件系统发生严重错误，上位机软件应通知管理员。

（5）仪表数据读取异常。该异常报告会使用 portId、MTypeID 和 SlaveAddr 字段，该异常报告意味着端口读取仪表读数失败。由于工业现场的电磁干扰、仪表稳定性等原因，仪表读取以小于千分之一的概率失败是正常的。上位机软件可以不作处理，也可以维持一个计数，当失败概率高于某阈值时通知管理员。

（6）数据文件打开异常。该异常报告会使用 portId 字段，该异常通常不会发生，如果发生了，则意味着文件系统存储空间不足或文件系统错误。当该异常发生时，上位机软件应该查询网关设备的文件系统状态，并将文件系统状态通知管理员。

以上内容是结合优选技术方案对本发明所做的进一步详细说明，不能认定发明的具体实施仅限于这些说明。对本发明所属技术领域的技术人员来说，在不脱离本发明的构思的前提下，还可以做出简单的推演及替换，都应当视为本发明的保护范围。

2．权利要求书

（1）物联网智能数据网关的实现方法，其特征是：所述网关包括 7 个层次，最顶层是网络服务器（201）和文件服务器（211）；第二层是 Gateway 模块（202）；第三层为工业中标准数据仪表使用的三种协议，即 DL/T 645（203）、CJ/T 188（210）和 GB/T 19582（204）；第四层是系统调用接口（209）；第五层包括文件子系统（205）和进程控制程序（208）；第六层为块设备驱动（206）及其他驱动（207），块设备驱动（206）连接文件子系统（205），其他驱动（207）连接进程控制程序（208）；最底层是具体的硬件设备，包括与块设备驱动（206）连接的 SD 卡及 NAND Flash，与其他驱动（207）连接的 LCD、RS-485、网口及 GPIO。

Gateway 模块（202）包括数据采集模块、数据存储模块以及网络通信模块。

数据采集模块通过数据采集程序以定时的方式从 RS-485 总线中采集数据，并将数据封装成 Gateway 包。Gateway 包含了网关设备对应的服务器地址、网关的唯一标识码及七个端口独立进行数据采集涉及的所有信息，实现常规数据采集定时任务、即时数据采集方法和配置更新方法。

数据存储模块完成数据的本地存储，由数据采集程序配合数据存储模块完成各个端口上所有仪表的数据存储。

（2）如权利要求 1 所述的物联网智能数据网关的实现方法，其特征是：数据采集模块基于 RS-485 协议。

（3）如权利要求 1 所述的物联网智能数据网关的实现方法，其特征是：数据采集程序通过所述数据采集线程完成各个端口上所有仪表的数据采集；数据采集线程以定时的方式执行，各个端口单独配置采集时间间隔。

（4）如权利要求 1 所述的物联网智能数据网关的实现方法，其特征是：网络通信模块完成基于 TCP/IP 的网络通信和文件服务；在以 TCP/IP 模式进行数据传输时，网关设备与数据中心的服务器成功连接后建立两个线程：一个是网络检测线程，定时向服务器发送心跳数据包，验证网络状态，并且当网络连接断开时及时重新连接；另一个是数据远传线程，负责数据的远程传输。

（5）如权利要求 1 所述的物联网智能数据网关的实现方法，其特征是：网络检测线程的心跳数据包以 XML 方式进行封装，数据格式与《国家机关办公建筑和大型公共建筑能耗监测系统分项能耗数据采集技术导则》的要求一致；数据在传输时，通过 AES 方式进行加密，密钥长度为 128 bit，每台网关设备有一个默认的加密密钥，并且可以通过网络进行重新配置。

（6）如权利要求 1 所述的物联网智能数据网关的实现方法，其特征是：数据远传线程分为主动定时采集模式和被动批量传输模式。在主动定时采集模式下，网关设备定时将采集到的数据发送给上位机服务器，并在传输失败时将数据存储下来，并尝试重传；网络检测线程管理连接的状态，自动实现重新连接，故数据远传线程不必管理网络状态；在被动批量传输模式下，网关设备根据上位机服务器的指令上传数据。

（7）如权利要求 1 所述的物联网智能数据网关的实现方法，其特征是：网络通信模块同时还实现了其他功能，如系统时间的设定、端口信息的配置以及异常情况的报警，可通过本地配置和远端配置两种方式实现。

3．说明书摘要

本发明公开了一种物联网智能数据网关的实现方法，该网关设备可实现数据的采集，定时将数据发送给服务器，或者服务器以某固定时间间隔获取数据。这种网关设备克服了传统网关设备的上位机软件编程复杂、数据采集速率低以及数据采集的实时性和完整性低等缺点。

4．说明书附图

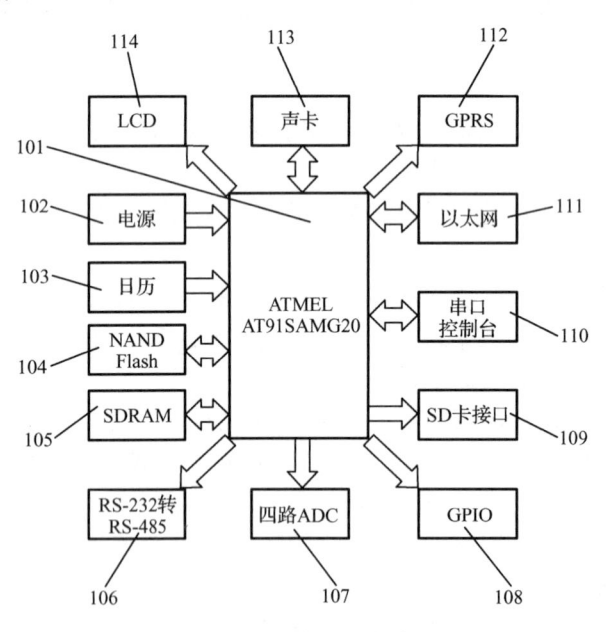

图 10-1　物联网智能数据网关系统硬件结构

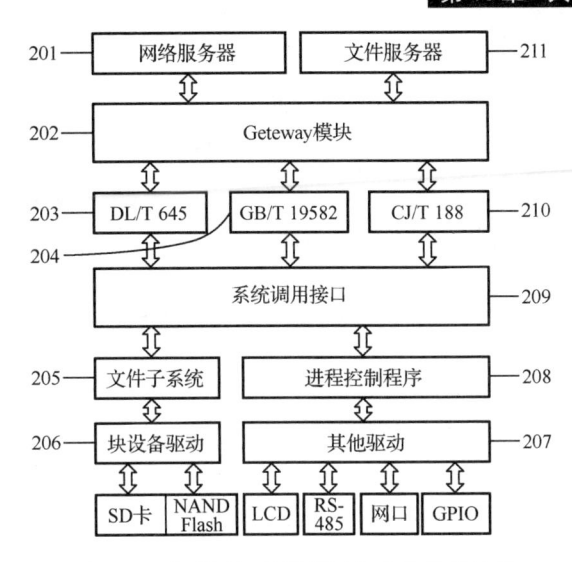

图 10-2　物联网智能数据网关系统软件结构

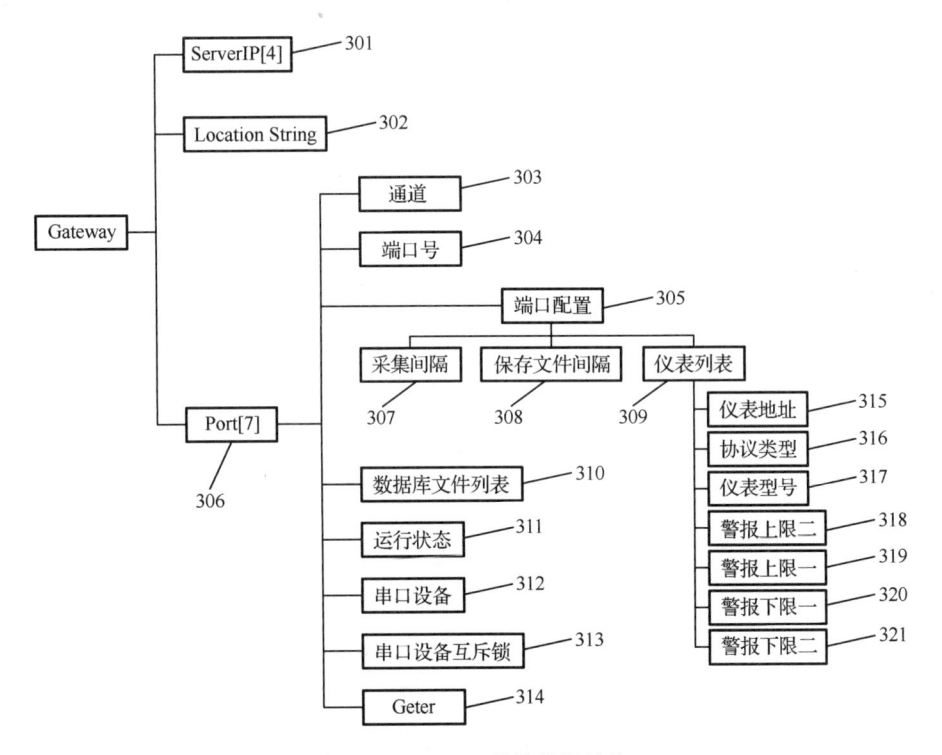

图 10-3　Gateway 模块数据结构

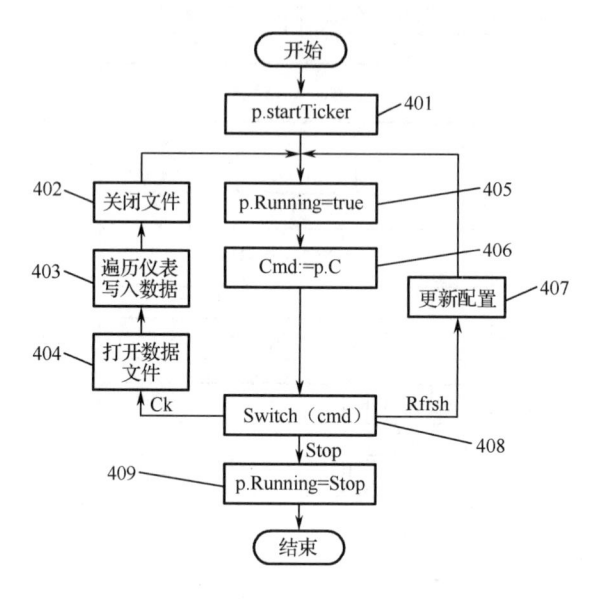

图 10-4 定时器线程流程

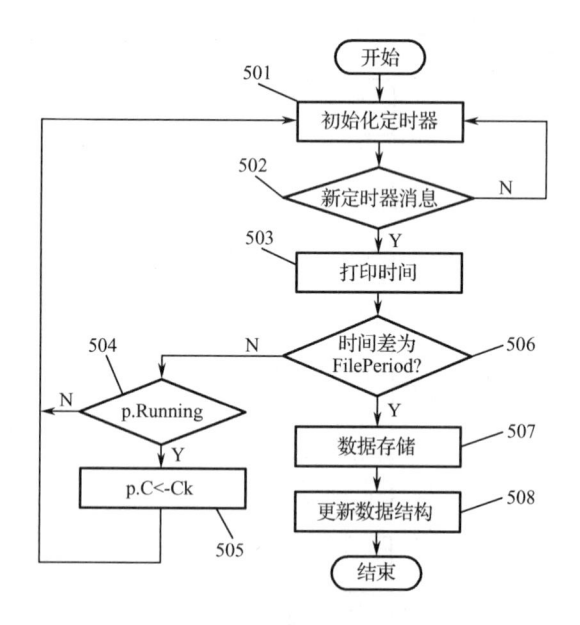

图 10-5 被动批量传输模式下的数据采集线程流程

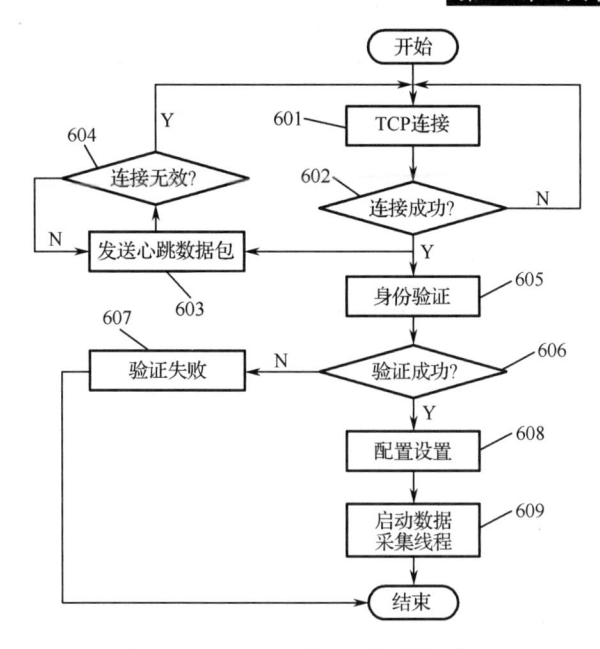

图 10-6　TCP/IP 模式下的连接管理

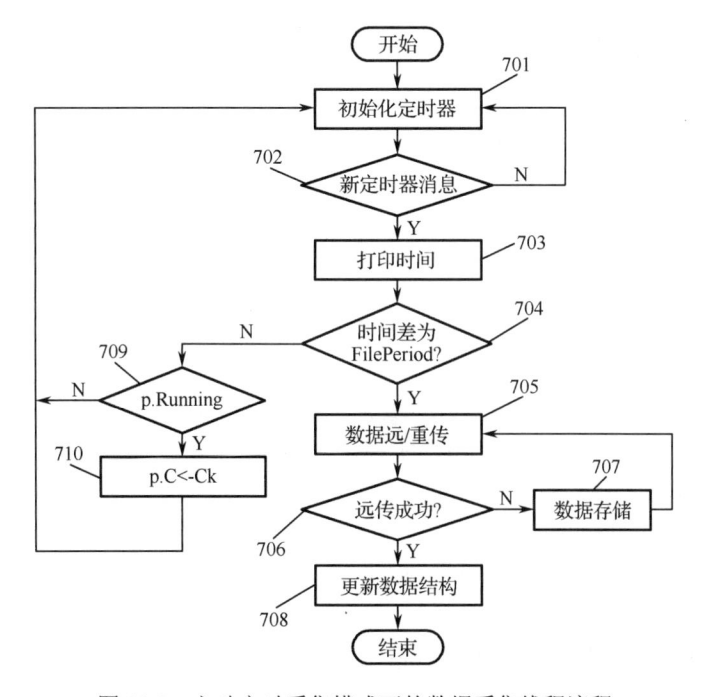

图 10-7　主动定时采集模式下的数据采集线程流程

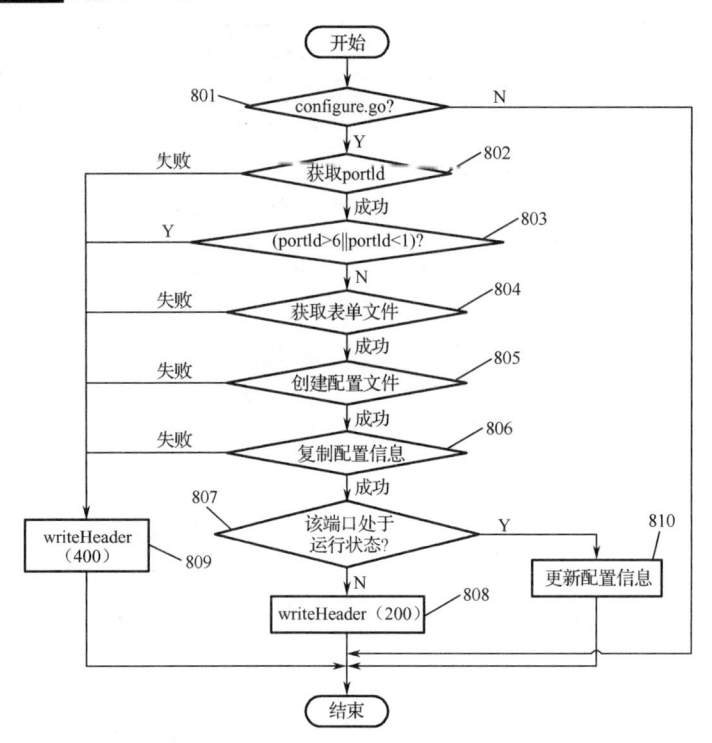

图 10-8　基于 HTTP 协议的网关配置流程

10.1.2　案例 2：一种 LED 触摸电子琴及检测方法

1. 说明书

（1）技术领域

本发明涉及半导体传感器领域，特别涉及一种 LED 触摸电子琴及检测方法。

（2）背景技术

LED 是一种能发光的半导体器件。目前，LED 的应用仅限于电子显示屏，只具有显示的功能，不具有可交互性。在 LED 的电路等效模型中，LED 的 PN 结等效电流源的电流会随着 LED 接收光照度的变化而变化，应用这个原理，将 LED 组成点阵后，通过检测点阵中每个点的光照度来判断触摸位置。若使用自然光作为光源，由于自然光随环境因素变化大，因此光照度不能满足触摸检测要求。

（3）发明内容

本发明的目的是：为解决上述现有技术中的技术问题，提供了一种 LED 触摸电子琴及检测方法，采用 LED 点阵自发光的方案，在检测时，只熄灭 LED 点阵中需要检测光照度的 LED，其余 LED 处于点亮状态；在触摸时，需要检测光照度的 LED 周围的 LED 发光，光线通过手指反射到需要检测光照度的 LED，循环检测点阵中的每一个点，这样就可以通过 LED 点阵自发光产生光源，从而实现触摸检测。

为达到上述目的，本发明采用的技术方案是：提供了一种 LED 触摸电子琴，主要包括：微控制器（1）、微控制器内部的 A/D 转换模块（2）、由若干 LED（3）组成的 LED 点阵（4）、音频接口（5）、微控制器内部的 D/A 转换模块（8）。

每个 LED（3）的阴极与微控制器（1）带有 A/D 复用功能的第一引脚（9）连接，每个 LED（3）的阳极与微控制器（1）的普通引脚（10）连接；A/D 转换模块（2）与微控制器（1）带有 A/D 复用功能的第一引脚（9）进行功能复用，在 A/D 复用模式下，A/D 转换模块（2）通过带有 A/D 复用功能的第一引脚（9）采集外部电压；微控制器（1）带有 A/D 复用功能的第一引脚（9）在高阻模式下被悬空，在普通模式下根据程序输出高/低电平；音频接口（5）与微控制器（1）带有 D/A 复用功能的第二引脚连接；D/A 转换模块（8）与微控制器（1）D/A 复用功能的第二引脚进行功能复用，在 D/A 复用模式下，D/A 转换模块（8）通过带有 D/A 复用功能的第二引脚输出模拟电压，微控制器（1）通过程序转换为模拟电压，驱动音频接口（5），即可输出琴音。

LED 电子琴的检测方法使用 C 语言编写控制程序，检测光照度包括以下步骤：

步骤 1：将微控制器（1）连接需要检测光照度的 LED（3）阳极的普通引脚（10）置为低电平，将微控制器（1）连接需要检测光照度的 LED（3）阴极的第一引脚（9）置为高电平；对需要检测光照度的 LED（3）进行反向充电，同时将微控制器（1）连接其他所有 LED（3）阳极的普通引脚（10）置为高电平，连接阴极的第一引脚（9）置为低电平，点亮除需要检测光照度 LED（3）以外的 LED（3）；

步骤 2：将微控制器（1）连接需要检测光照度的 LED（3）阴极的第一引脚（9）置为高阻状态，使 LED（3）的 PN 结等效电容上存储的电荷通过 LED 的 PN 结等效电流源释放，延时固定时间，其他 LED（3）处于点亮状态。

步骤 3：将微控制器（1）连接需要检测光照度的 LED（3）阳极的普通引脚（10）置为低电平，将微控制器（1）连接需要检测光照度的 LED（3）阴极（9）的引脚切换为 A/D 复用模式，使用微控制器（1）内部的 A/D 转换模块（2）转换需要检测光照度的 LED（3）阴极上的电压值，并存储到程序数组中。

步骤 4：重复步骤 1~3，循环检测 LED 点阵（4）中每一个 LED（3），检测触摸后可识别触摸位置，使用微控制器（1）内部 D/A 转换模块（8）驱动音频接口（5）发出触摸位置对应设置的琴音，实现 LED 触摸电子琴。

由于需要检测光照度的 LED（3）在受到光照射时，其 PN 结等效电流源的电流会发生改变，在执行步骤 2 之后 LED（3）的 PN 结等效电容上的电荷会通过 LED（3）的 PN 结等效电流源释放，LED（3）的 PN 结等效电容上存储的电荷是一定的，延时固定时间后通过检测 LED（3）的阴极第一引脚（9）的电压就能判断出 PN 结等效电流源的电流大小，从而判断出 LED（3）接收的光照度。

本发明的有益效果是：本发明应用在 LED 的电路等效模型中，LED 的 PN 结等效电流源的电流会随着 LED 接收的光照度变化而变化的原理,将 LED 组成点阵,检测点阵中的每一个点的光强变化,并让点阵中的每一个点对应一个琴音,在检测到光照度变化时通过微控器输出琴音。本发明具有交互性,并弥补了自然光随环境因素变化大不能满足触摸检测要求的缺陷。

(4)附图说明

图 10-9 为 LED 触摸电子琴的硬件框图。

图 10-10 为 LED 检测光照度的硬件框图。

图 10-11 为 LED 检测光照度的流程。

附图标识:1 表示微控制器,2 表示 A/D 转换模块,3 表示 LED,4 表示 LED 点阵,5 表示音频接口,6 表示 PN 结等效电流源,8 表示 D/A 转换模块,9 表示第一引脚,10 表示普通引脚。

(5)具体实施方式

下面结合附图和实施例对本发明进行详细说明。

LED 触摸电子琴主要包括微控制器(1)、微控制器内部的 A/D 转换模块(2)、由若干 LED(3)组成的 LED 点阵(4)、音频接口(5)、微控制器内部的 D/A 转换模块(8)。

每个 LED(3)的阴极与微控制器(1)带有 D/A 复用功能的第一引脚(9)连接,每个 LED(3)的阳极与微控制器(1)的普通引脚(10)连接;D/A 转换模块(2)与微控制器(1)带有 A/D 复用功能的第一引脚(9)进行功能复用,在 D/A 复用模式下,D/A 转换模块(2)通过带有 A/D 复用功能的第一引脚(9)采集外部电压;微控制器(1)带有 A/D 复用功能的第一引脚(9)在高阻模式下被悬空,在普通模式下根据程序输出高/低电平;音频接口(5)与微控制器(1)带有 D/A 复用功能的第二引脚连接;D/A 转换模块(8)与微控制器(1)的 D/A 复用功能的第二引脚进行功能复用,在 D/A 复用模式下,D/A 转换模块(8)通过带有 D/A 复用功能的第二引脚输出模拟电压,微控制器(1)通过程序转换为模拟电压,驱动音频接口(5),即可输出琴音。

LED 电子琴的检测方法使用 C 语言编写控制程序,检测光照度的步骤见发明内部部分。

以上内容是结合优选技术方案对本发明所做的进一步详细说明,不能认定发明的具体实施仅限于这些说明。对本发明所属技术领域的普通技术人员来说,在不脱离本发明的构思的前提下,还可以做出简单的推演及替换,都应当视为本发明的保护范围。

2. 权利要求书

(1)LED 触摸电子琴的特征在是:硬件结构微控制器(1)、微控制器内部的 A/D 转换模块(2)、由若干 LED(3)组成的 LED 点阵(4)、音频接口(5)、微控制器内部的 D/A 转换模块(8)。工作原理见发明内部部分。

(2)LED 电子琴的检测方法工作原理见发明内部部分。

3. 说明书摘要

本发明涉及半导体传感器领域,公开了一种 LED 触摸电子琴及检测方法,LED 触摸电子琴主要包括：微控制器、微控制器内部的 A/D 转换模块、由若干 LED 组成的 LED 点阵、音频接口、微控制器内部 D/A 转换模块。本发明应用在 LED 的电路等效模型中，LED 的 PN 结等效电流源的电流会随着 LED 接收的光照度变化而变化的原理，将 LED 组成点阵，检测点阵中的每一个点的光照度变化，并让点阵中的每一个点对应一个琴音，在检测到光照度变化时通过微控器输出琴音。本发明具有交互性，并弥补了自然光随环境因素变化大不能满足触摸检测要求的缺陷。

4．说明书附图

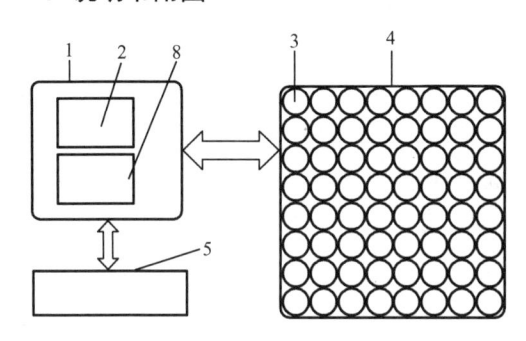

图 10-9　LED 触摸电子琴的硬件框图 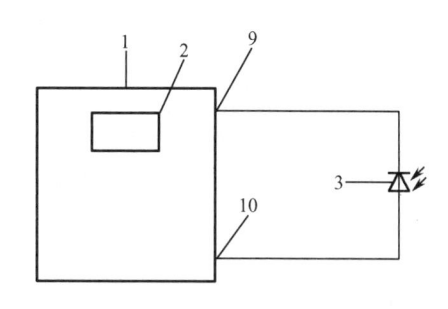　　　图 10-10　LED 检测光照度的硬件框图

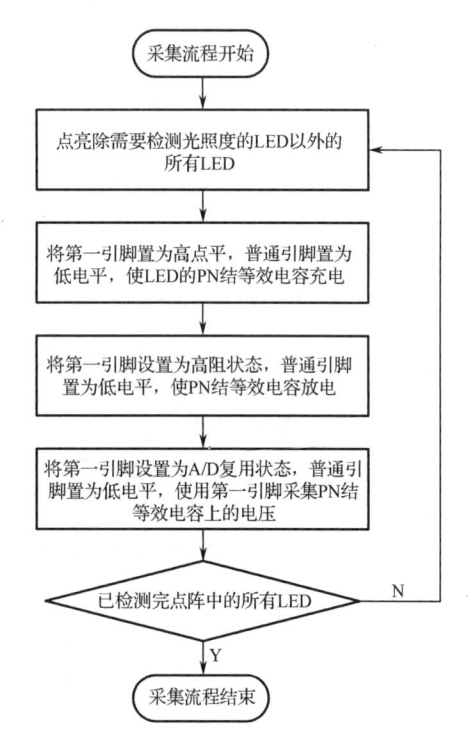

图 10-11　LED 检测光照度的流程

10.1.3 案例3：一种LED光线传感器及检测方法

1. 说明书

（1）技术领域

本发明涉及半导体领域，特别涉及一种LED光线传感器及检测方法。

（2）背景技术

LED是一种能发光的半导体器件。目前，LED仅限于指示灯、电子显示屏等应用，只具有显示功能，不具有可交互性。在半导体电路模型分析中，LED的PN结可以等效为一个电流源与一个电容并联，等效电流源会随着LED接收光照度的变化而变化，这样就可以在LED反向偏置的时候，通过检测LED的PN结等效电流源电流来检测光照度。

LED在受到光照射时，其PN结等效电流源变化十分微小，普通的A/D转换器不能准确检测电流，使用高精度A/D转换器虽然能部分解决检测精度问题，但是高精度A/D转换器的成本过高。

（3）发明内容

本发明的目的是：为解决上述现有技术中的技术问题，提出了一种LED光线传感器及检测方法。

为达到上述目的，本发明采用的技术方案是：提出了一种LED光线传感器，包括微控制器（1）、微控制器内部的A/D转换模块（2）、LED（3）。

LED（3）的阴极与微控制器（1）带有A/D复用功能的第一引脚（4）连接，LED（3）的阳极与微控制器（1）的普通引脚（5）连接；A/D转换模块（2）与微控制器（1）带有A/D复用功能的第一引脚（4）进行功能复用，在A/D复用模式下，A/D转换模块（2）通过带有A/D复用功能的第一引脚（4）采集外部电压；微控制器（1）带有A/D复用功能的第一引脚（4）在高阻模式下被悬空，在普通模式下根据程序输出高/低电平，限流电阻限制微控制器（1）引脚流过LED（3）的电流；微控制器（1）控制LED（3）发光，从而检测光照度。

LED光线传感器的检测方法可用于检测上述LED光线传感器的接收光照度，采用C语言编写控制程序，包括以下步骤：

步骤1：将微控制器（1）连接LED（3）阳极的普通引脚（5）置为低电平，将微控制器（1）连接LED3阴极的第一引脚（4）置为高电平，对LED（3）的PN结等效结电容充电；

步骤2：固定延时后，PN结等效结电容充电饱和，将微控制器（1）连接LED（3）阴极的第一引脚（4）置为高阻状态，使PN结等效电容上存储的电荷通过PN结等效电流源释放，延时固定时间。

步骤3：将微控制器（1）连接LED（3）阳极的普通引脚（5）置为低电平，将微控制器（1）连接 LED（3）阴极的第一引脚（4）设置为 A/D 复用状态，使用微控制器（1）内部 A/D 转换模块（2）通过第一引脚（4）采集 LED（3）阴极上的电压值，并存储到程序数组中；将测量 PN 结等效电流的变化转换为测量 PN 结等效结电容电压的变化。

由于 LED（3）在受到光照射时，PN 结等效电流源的电流会发生改变，在执行步骤 2 之后 PN 结等效电容上的电荷会通过 PN 结等效电流源释放，PN 结等效电容上储存的电荷是一定的，LED3 接收到的光照度越强，PN 结等效电流源的放电电流越大，延时固定时间后，通过检测 LED 阴极第一引脚（4）电压可判断出 PN 结等效电流源的放电电流大小，从而判断出 LED（3）接收到的光照度。

本发明的有益效果是：本发明采用检测 PN 结等效电容的方案，不需要使用高精度 A/D 转换器，将测量 PN 结等效电流的变化转换为测量 PN 结等效电容电压的变化，解决了微小电流的检测问题。PN 结等效电流源与 PN 结等效电容并联，当 LED 两端没有施加外部电压时，PN 结等效电容上存储电荷会通过 PN 结等效电流源释放，PN 结等效电容不会随外部环境变化而变化，所以，固定时间内 PN 结等效电容的电压只和 PN 结等效电流源的大小有关，检测 PN 结等效电容电压，就可以计算出 PN 结等效电流源的电流大小，这样就解决了 PN 结等效电流源的电流检测问题。

（4）附图说明

图 10-12 为 LED 光线传感器的硬件框图。

图 10-13 为 LED 光线传感器的实现方式流程。

附图标识：1 表示微控制器，2 表示微控制器内部 A/D 转换模块，3 表示 LED，4 表示第一引脚，5 表示普通引脚。

（5）具体实施方式

下面结合附图和实施例对本发明进行详细说明。

本发明是一种 LED 光线传感器及检测方法，硬件组成包括微控制器（1）、微控制器内部的 A/D 转换模块（2）、LED（3）。

LED 光线传感器的检测方法可用于检测上述 LED 光线传感器接收到的光照度，采用 C 语言编写控制程序，具体检测步骤见发明内容部分。

以上内容是结合优选技术方案对本发明所做的进一步详细说明，不能认定发明的具体实施仅限于这些说明。对本发明所属技术领域的技术人员来说，在不脱离本发明的构思的前提下，还可以做出简单的推演及替换，都应当视为本发明的保护范围。

2. 权利要求书

（1）LED 光线传感器的特征是：硬件组成包括微控制器（1）、微控制器内部的 A/D 转换模块（2）、LED（3），具体见发明内容部分。

（2）LED 光线传感器的检测方法可用于检测权利要求 1 所述的 LED 光线传感器接收到的光照度，具体检测步骤见发明内容部分。

3．说明书摘要

本发明涉及半导体领域，公开了一种 LED 光线传感器及检测方法。LED 光线传感器包括微控制器、微控制器内部的 A/D 转换模块、LED。本发明采用检测 PN 结等效电容的方案，不需要使用高精度 A/D 转换器，将测量 PN 结等效电流的变化转换为测量 PN 结等效结电容电压的变化，解决了微小电流的检测问题。PN 结等效电流源与 PN 结等效电容并联，当 LED 两端没有施加外部电压时，PN 结等效电容上存储电荷会通过 PN 结等效电流源释放，PN 结等效电容不会随外部环境变化而变化，所以固定时间内 PN 结等效电容的电压只和 PN 结等效电流源的大小有关，检测 PN 结等效电容电压就可以计算出 PN 结等效电流源的电流大小，这样就解决了 PN 结等效电流源的电流检测问题。

4．说明书附图

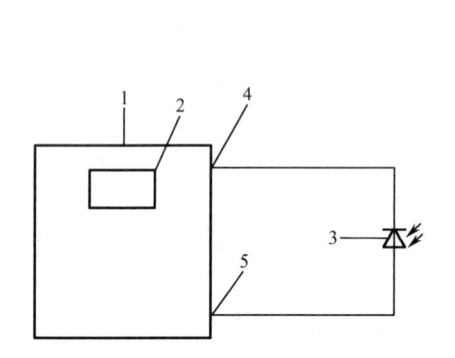

图 10-12　LED 光线传感器的硬件框图

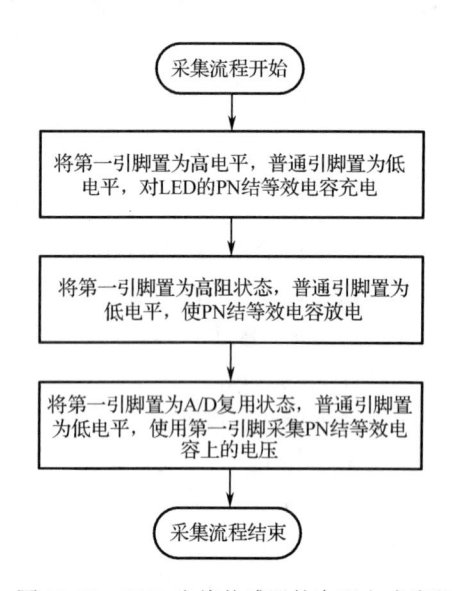

图 10-13　LED 光线传感器的实现方式流程

10.1.4　案例 4：一种基于递归简化可视图的环境建模方法

1．说明书

（1）技术领域

本发明涉及一种环境建模方法，更具体地说，涉及一种基于递归简化可视图的环境建模方法。

（2）背景技术

移动机器人在一个存在多个障碍物的环境下移动时，需要找出一条可以避开所有障碍物的、由起点到终点的最优路径，如路径最短、耗时最少、能耗最低等。为了解决这个问题，移动机器人在进行路径规划时，一般需要先对环境进行建模，已有的环境建模主要有栅格图、切线图、Voronoi 图、概率图和可视图等。

基于可视图的建模方法是将环境中的障碍物通过凸多边形包络来表示的，多边形的顶点连同移动机器人的起点和终点一起被看成质点，每个质点的坐标在全局坐标系中都是已知的，将起点和终点以及凸多边形的顶点进行可视化判断：如果两点连线组成的线段不与任何凸多边形的边相交，则称两点可视，该线段称为可视线。由于可视图具有简单直观的特性，基于可视图的建模方法成为众多学者关注的热点。

目前可视图简化的主要方法有两种，一种是 Huang 等人提出的动态可视图方法，它可以精简部分冗余的障碍物；另一个是改进的动态可视图法，由张琦提出，称为简化可视图法，该方法通过设计必要的障碍物规则，可以更大限度地剔除无关障碍物。然而简化可视图法存在这样一个问题，即在复杂环境下可能出现错误简化障碍物的问题。

（3）发明内容

为了克服现有技术中存在的不足，本发明的目的是提供一种基于递归简化可视图的环境建模方法。通过本发明提供的方法，最后可以得到一个凸多边形区域，该区域外的障碍物可以全部简化掉，区域内的才是移动机器人路径规划需要考虑的障碍物。本发明可有效地减少可视线的数量，提高了移动机器人路径规划算法的执行效率。

为了实现上述发明目的，解决现有技术中所存在的问题，本发明采取的技术方案是：一种基于递归简化可视图的环境建模方法，包括以下实现步骤：

步骤 1：记录移动机器人所在及期望到达的位置，将移动机器人所在的位置记为点 S，期望到达的位置记为点 G，再将移动机器人所处的整个环境采用计算机进行扫描，采用封闭多边形对每个障碍物进行包络，并保留这些多边形。

步骤 2：连接 S-H-G-L-S 构成一个四边形，连接点 S 和点 G，线段 SG 称为移动机器人的穿越线，此时穿越线 SG 会与多个障碍物多边形相交，记录这些相交的障碍物多边形 2、7、8，随后在穿越线 SG 的两侧分别找到一个点，该点必须满足以下两个条件：①是这些相交的障碍物多边形 2、7、8 中的一个顶点；②在穿越线 SG 的一侧范围内该点距离穿越线最远，并分别记为点 H 和点 L，连接 S-H-G-L-S 构成一个四边形。

步骤 3：遍历该四边形的每条当前边，即当前边 SH、HG、GL、LS，每条当前边的端点分别为当前边起点和当前边终点，例如，遍历到当前边 HG 时，当前边起点就是点 H，当前边终点就是点 G。

步骤 4：判断当前边是否与障碍物相交，若不相交，如当前边 GL，则将该当前边保存至活动区域集中，然后返回至步骤 3 继续遍历后续的当前边，当遍历完成后则跳转至步骤 7；若相交，如当前边 SH、HG、LS，则跳转至步骤 5。

步骤 5：确定中途点，在与当前边相交的所有障碍物中，取这些障碍物中离穿越线 *SG* 最远且与当前边同一侧的顶点，记为中途点 *A*、*B*、*C*，分别连接当前边起点和中途点、中途点和当前边终点，形成两条新的当前边。例如，原来的当前边 *SH* 由当前边起点 *S* 连接中途点 *A*，再由中途点 *A* 连接当前边终点 *H*，形成由 *SA* 与 *AH* 两条边组成现在的当前边；又如原来的当前边 *HG* 由当前边起点 *H* 连接中途点 *B*，再由中途点 *B* 连接当前边终点 *G*，形成由 *HB* 与 *BG* 两条边组成现在的当前边；再如原来的当前边 *LS* 由当前边起点 *L* 连接中途点 *C*，再由中途点 *C* 连接当前边终点 *S*，形成由 *LC* 与 *CS* 两条边组成现在的当前边。

步骤 6：将现在新围成的多边形 *S-A-H-B-G-L-C-S* 的各条边转至步骤 3 进行遍历。

步骤 7：多边形的当前边遍历完毕后，活动区域集中所有的边所围成的多边形即输出结果，活动区域外的障碍物多边形 1、3、10、11 不需要考虑，而活动区域内的障碍物多边形 2、4、5、6、7、8、9 就是移动机器人在路径规划时需要考虑的。

本发明的有益效果是：一种基于递归简化可视图的环境建模方法，包括以下步骤：①记录机器人所在及期望到达位置；②连接 *S-H-G-L-S* 构成一个四边形；③遍历该四边形的每条当前边；④判断当前边是否与障碍物相交；⑤确定中途点；⑥将现在新围成的多边形 *S-A-H-B-G-L-C-S* 的各条边转至步骤③进行遍历；⑦多边形当前边遍历完毕。与已有技术相比，本发明最后得到一个多边形区域，该区域外的障碍物可以全部简化掉，区域内的才是移动机器人路径规划需要考虑的障碍物。本发明可有效地减少可视线的数量，提高移动机器人路径规划算法的执行效率。

（4）附图说明

图 10-14 为本发明方法步骤流程。

图 10-15 为本发明方法中步骤 2 所生成的可视图。

图 10-16 为本发明方法递归的第 1 层生成的可视图。

图 10-17 为本发明方法递归的第 2 层生成的可视图。

图 10-18 为本发明方法递归的第 3 层生成的可视图。

（5）具体实施方式

下面结合附图对本发明做进一步的说明。

如图 10-14 所示，基于递归简化可视图的环境建模方法的具体实现步骤见发明内容部分。

具体工作过程如下：本发明采用的是伪代码实现，其中包含了主函数和递归核函数。

主函数是本发明的程序入口，通过给定的起点 *S* 和终点 *G*，由函数 getLine 得到穿越线 line_sg，再由函数 getObsPass 得到与穿越线相交的障碍物集合 obs_pass，由函数 getHighPoint 和 getLowPoint 计算出在 line_sg 两侧、距离 line_sg 最远的且被 line_sg 穿过的障碍物顶点 high（点 *H*）和 low（点 *L*），连接 *S-H-G-L-S*，即可得到图 10-15 所示的可视图，灰色色块为障碍物多边形，虚线为当前的活动区域边界。然后通过调用递归核函数，可以分别算出 *S-H-G-L-S* 的各条边演化出的活动区域的边界线，其中 getMidPoint 函数可求出距离穿越线最远的一侧，属于被 line_sg 所穿过的障碍物的顶点。递归第 1 层形成的可视图如图 10-15 所示，递归第 2 层形成的可视图如图 10-16 所示，递归第 3 层形成的可视图如图 10-17 所示。最终，程序递归至第 3 层就结束，活动区域的边界线保存在线集合 activeRegion 中，形成的最终可视图如图 10-18 所示。

图 10-18 中，活动区域外的障碍物（1、3、10、11）在后续路径规划中将会被简化掉，不需要考虑，而活动区域内的障碍物（2、4、5、6、7、8、9）就是移动机器人在路径规划时需要考虑的。

2．权利要求书

基于递归简化可视图的环境建模方法，其特征在于实现步骤，具体见发明内容部分。

3．说明书摘要

本发明涉及一种环境建模方法，一种基于递归简化可视图的环境建模方法，包括以下步骤：①记录机器人所在及期望到达位置；②连接 S-H-G-L-S 构成一个四边形；③遍历该四边形的每条当前边；④判断当前边是否与障碍物相交；⑤确定中途点；⑥将现在新围成的多边形 S-A-H-B-G-L-C-S 的各条边转至步骤③进行遍历；⑦多边形当前边遍历完毕。本发明最后得到一个多边形区域，该区域外的障碍物可以全部简化掉，区域内的障碍物才是移动机器人路径规划需要考虑的。本发明可有效地减少可视线的数量，提高移动机器人路径规划算法的执行效率。

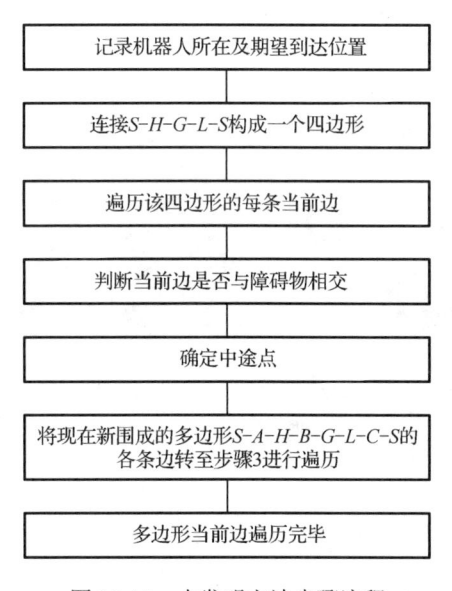

4．说明书附图

图 10-14 本发明方法步骤流程

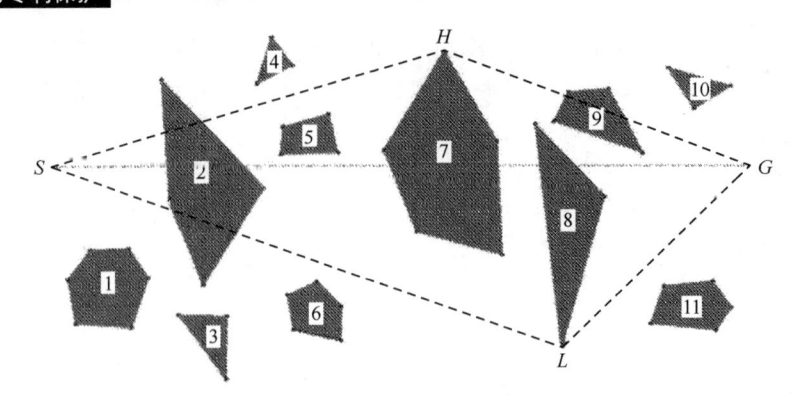

图 10-15　本发明方法中步骤 2 所生成的可视图

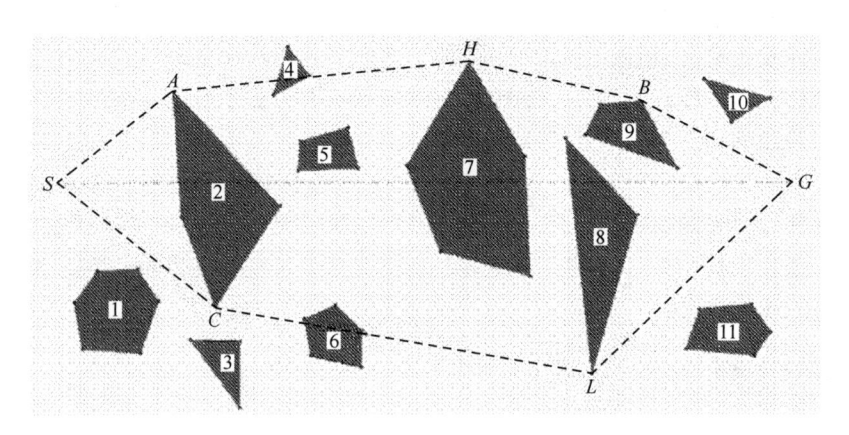

图 10-16　本发明方法递归的第 1 层生成的可视图

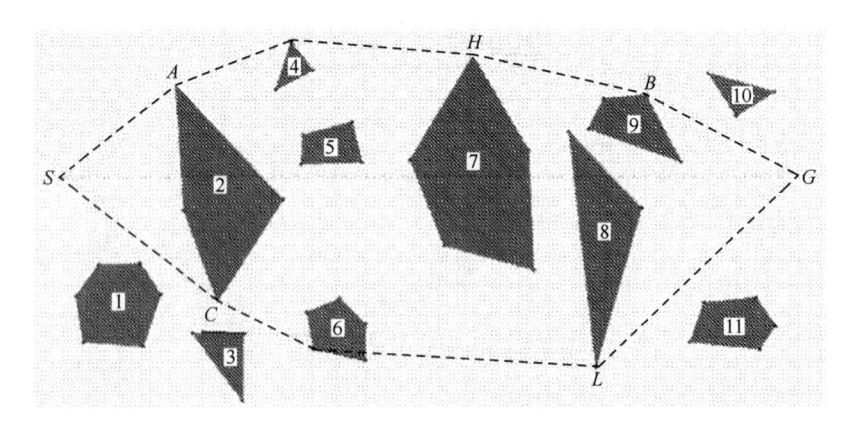

图 10-17　本发明方法递归的第 2 层生成的可视图

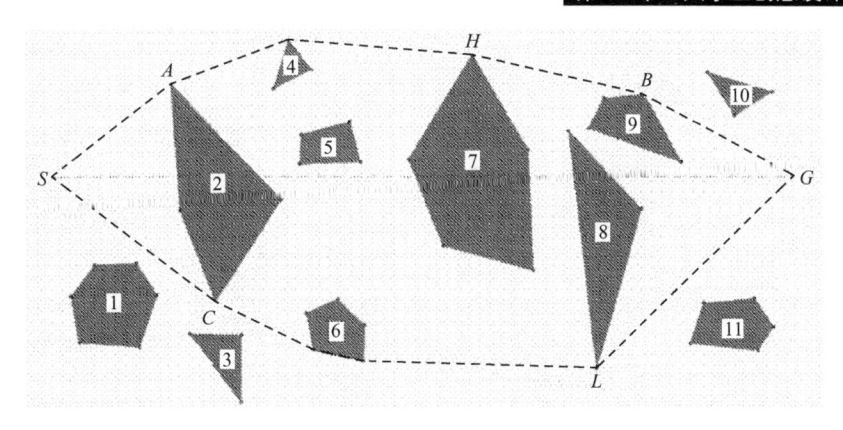

图 10-18　本发明方法递归的第 3 层生成的可视图

10.1.5　案例 5：一种使用红外线照射腕部韧带的手指动作检测装置及方法

1. 说明书

（1）技术领域

本发明涉及一种手指动作检测装置及方法，更具体地说，涉及一种使用红外线照射腕部韧带的手指动作检测装置及方法。

（2）背景技术

很多年以来，人们一直广泛地使用鼠标、键盘等操作电子设备，而随着人机交互技术的发展，手势识别可以替代传统遥控设备实现对智能设备的控制。与传统的交互方式（如键盘、鼠标）相比，手指动作作为控制和输入设备更为自然，但需要通过传感器对手部的位置以及动作状态进行检测。常规的手指动作检测方式主要有肌肉电信号、弯曲传感器和图像采集识别等。基于肌肉电信号的手指动作识别，加拿大 Thalmic Labs 公司研发了一款 MYO 手势臂环，该手势臂环通过探测小臂处肌肉动作来分析出手指的动作，具有方便携带的优点，缺点是肌肉电信号非常复杂，而且容易受周围环境、空气湿度、电磁场的干扰，另外设备的成本高。基于弯曲传感器的手指运动检测方法是通过在手指上贴合的弯曲传感器检测手指的弯曲动作的，信号简单稳定，缺点是使用者需要佩戴一个带有弯曲传感器的手套，手套很厚重，使用者使用起来很不方便。也有很多研究者尝试了图像采集识别的方式进行手指动作的捕捉，典型的应用如微软公司的 Kinect 设备，或者一些动作捕捉的摄像头，该方法能够精准地识别手指动作，缺点是图像采集受到很多条件的局限性，首先是在摄像头视频死角或者超出摄像头照射范围时，手指动作都不能被识别到；其次是受光线影响很大，在光线较强的户外以及光线较弱的地方都无法进行有效的识别。

（3）发明内容

为了克服现有技术中存在的不足，本发明提供了一种使用红外线照射腕部韧带的手指动作检测装置及方法。

为了实现上述发明目的，解决现有技术中所存在的问题，本发明采取的技术方案是使用红外线照射腕部韧带的手指动作检测装置，主要包括低通滤波电路及与其依次相连的带通放大电路、A/D 转换芯片、处理单元电路、无线发射模块及控制设备，以及腕带式信号数据采集仪。腕带式信号数据采集仪的外侧安装了惯性姿态传感模块，其内侧中央处安装有一个红外线发射管，并在红外线发射管周围安装了由对称分布的第一、三、二、四红外线接收管组成的红外线传感器。惯性姿态传感模块与处理单元电路一端相连，处理单元电路另一端与红外线发射电路的一端相连，红外线发射电路另一端与红外线发射管相连，第一、二、三、四红外线接收管分别与低通滤波电路相连。

使用红外线照射腕部韧带的手指动作方法，包括以下步骤：

步骤 1：将腕带式信号数据采集仪套入在手腕上，红外线发射管由红外线发射电路控制发出 940 nm 的红外线，直接照射到手腕上。

步骤 2：将红外线转换为 4 路电信号，由红外线发射管发射的红外线经由手腕上的韧带反射后被分别位于周围的第一、二、三、四红外线接收管接收，并转换为 4 路电信号。

步骤 3：将 4 路电信号转换为数字量并存储在处理单元中。所接收的 4 路电信号通过低通滤波器、带通放大电路进行信号的整合，得到有效的电信号，并通过 A/D 转换芯片将电信号转换为一个数字量并存储在处理单元中。

步骤 4：判断信号的有效性。将采集到的信号与预设判据值对比，如果采集到的信号幅度大于预设判据值，则认为检测到了手指动作。

步骤 5：分析信号对应的手指动作。对每一路的数字量通过卡尔曼滤波算法进行处理，得到稳定的信号，将 4 路数字量分别存储到 4 个数组 $A[n]$、$B[n]$、$C[n]$、$D[n]$ 中，其中 $n=100$。不同手指动作的预设判据值也存入 16 个数组中，其中每 4 组信号为一根手指动作的对应信号 $a_1[n]$、$b_1[n]$、$c_1[n]$、$d_1[n]$。

步骤 6：判定每一路采集信号与对应手指动作的预设判据值的概率密度：通过式（10-1）判定每一路采集信号与对应手指动作预设判据值的概率密度。

$$p = \frac{1}{N}\sum_{i=1}^{N}\frac{1}{\sqrt{2\pi}b}\exp\left[-\frac{(X[i]-x[i])^{\mathrm{T}}(X[i]-x[i])}{2b^2}\right] \quad (10\text{-}1)$$

式中，p 为概率密度；b 为预设常量，设为 2；X 为各路的采集信号；x 为各路的手指动作对应预设判据值，若 $p<0.2$ 则归类到对应的动作手指，若 $p \geq 0.2$，则认为是无效信号。

步骤 7：融合手指姿态得到整个手指的动作。处理单元电路接收惯性姿态传感模块给出的手腕位置的欧拉角，得到手腕的位置以及方向，再通过与步骤 5 计算的手指动作进行数据融合来获得整个手指的动作，并通过无线发射模块发射到控制设备，控制设备根据手部以及手指实时动作的状态，将手指动作分为单击、移动、翻转等操作，实现代替鼠标及幻灯片浏览操作，从而根据照射腕部韧带的红外线变化信号完成人机交互功能。

本发明有益效果是：由于红外线传感器照射手腕处韧带可以不受周围环境以及遮挡物的影响，所以采用红外线照射腕部韧带的手指运动检测装置进行人机交互具有便携、易用、实时性好等优点，可结合惯性姿态传感模块获取手腕的方向以及位置信息，能够识别手指完整动作，完成复杂的人机交互功能。

（4）附图说明

图 10-19 是本发明方法步骤流程。

图 10-20 是本发明装置总体框图。

图 10-21 是腕带式信号数据采集仪结构示意图。图中，1 表示惯性姿态传感模块，2 表示红外线传感器，2a 表示红外线发射管，2b 表示第一红外线接收管，2c 表示第二红外线接收管，2d 表示第三红外线接收管，2e 表示第四红外线接收管。

（5）具体实施方式

下面结合附图对本发明做进一步的说明。图 10-19 所示为使用红外线照射腕部韧带的手指动作检测装置的流程，具体步骤见发明内容部分。

图 10-20 所示为本发明装置总体框图，图 10-21 所示为腕带式信号数据采集仪的结构示意图，其外侧安装了惯性姿态传感模块（1），内侧中央处安装了一个红外线发射管（2a），并在其周围安装了由有对称分布的第一（2b）、三（2d）、二（2c）、四（2e）红外线接收管组成的红外线传感器（2），惯性姿态传感模块（1）与处理单元电路一端相连，处理单元电路另一端与红外线发射电路一端相连，红外发射电路另一端与红外线发射管（2a）相连、所述第一（2b）、二（2c）、三（2d）、四（2e）红外线接收管分别与低通滤波电路相连。

2. 权利要求书

（1）使用红外线照射腕部韧带的手指动作检测装置，具体见发明内容部分。

（2）使用红外线照射腕部韧带的手指动作检测方法的特征在于实现步骤，具体见发明内容部分。

3. 说明书摘要

本发明涉及一种手指动作检测装置及方法，即使用红外线照射腕部韧带的手指动作检测装置及方法，步骤为：①将腕带式信号数据采集仪套入在手腕上；②将红外线转换为4路电信号；③将4路电信号转换为数字量并存储在处理单元中；④判断信号的有效性；⑤分析信号对应的手指动作；⑥判定每一路采集信号与对应手指动作预设判据值的概率密度；⑦融合手部姿态得到整个手指的动作。与已有技术相比，本发明可以通过红外线传感器获取手指运动，结合惯性姿态传感模块可获取到的手腕的方向以及位置，能够捕获到完整的手部动作姿态。由于红外线传感器本身由红外线发射管及接收管组成，具有检测信号幅度大、成本低、准确度高等优点。

4．说明书附图

```
将腕带式信号数据采集仪套入在手腕上
          ↓
   将红外线转换为4路电信号
          ↓
将4路电信号转换为数字量并存储在处理单元中
          ↓
        判断信号的有效性
          ↓
      分析信号对应的手指动作
          ↓
判定每一路采集信号与对应手指动作预设判据值的
              概率密度
          ↓
     融合手部姿态得到整个手指的动作
```

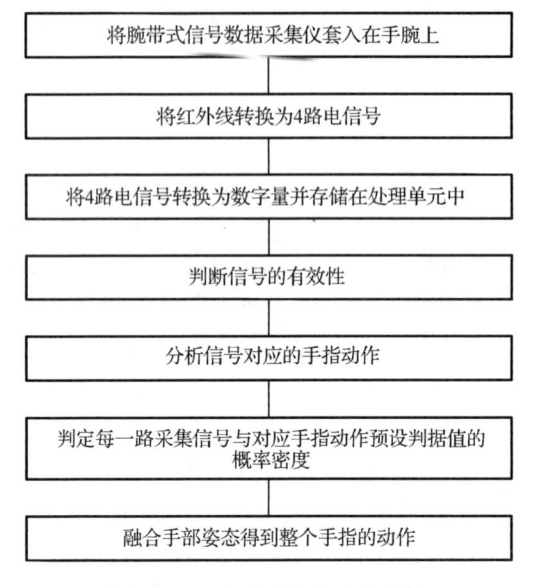

图 10-19　本发明方法步骤流程

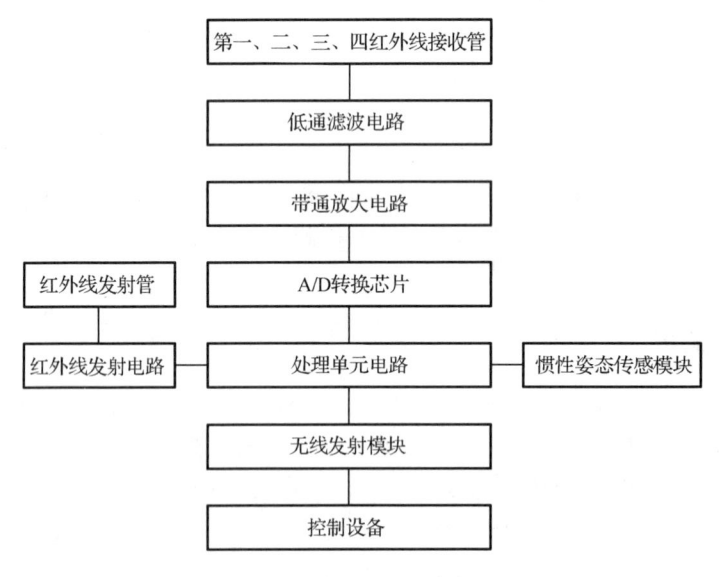

```
         第一、二、三、四红外线接收管
                    ↓
              低通滤波电路
                    ↓
              带通放大电路
                    ↓
  红外线发射管 ── A/D转换芯片
                    ↓
  红外线发射电路 ── 处理单元电路 ── 惯性姿态传感模块
                    ↓
              无线发射模块
                    ↓
               控制设备
```

图 10-20　本发明装置总体框图

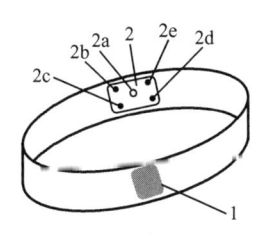

图 10-21　腕带式信号数据采集仪结构示意图

10.1.6　案例 6：一种用于监测控制救援无人车的系统及其方法

1．说明书

（1）技术领域

本发明涉及一种用于监测控制救援无人车的系统及其方法，属于机器人自动控制技术领域。

（2）背景技术

随着时代的进步，机器人技术的研究已从传统的工业领域扩展到医疗服务、教育娱乐、勘探勘测、生物工程、救灾救援等领域，并得到了快速的发展。因此，对机器人技术的研究具有了更加深远的理论意义和更加迫切的现实需求。

无人车是机器人发展的成果之一，目前世界上许多国家都在进行这方面的研究工作。机器人一般采用遥控、局部自主、自主等控制方式，根据不同的分系统模块配置，可以具备各种用途，在军事、核工业等诸多领域有着广泛的应用前景，特别是在核污染区域执行侦察、救援任务方面，更显示了这种机器人的作用。由于机动性强和作业环境恶劣复杂，对机器人运行状态进行状态监测是十分必要的，这也是保证机器人具有良好可靠性和安全性的重要手段之一。

救援无人车是一种执行特殊任务的无人车，用于在特殊环境下执行救援任务。要实现安全行驶，并能准确、可靠地执行各种特殊任务，前提是能够规划出一条从起始点到目标点，且能避开障碍物的安全、可靠的行驶路径。各种恶劣环境对救援无人车的通过性、安全性产生很大影响，这要求救援无人车的路径规划系统能够准确评价复杂路面的通过性，规划出符合任务要求的可行路径，在满足执行各种任务要求的同时消耗尽可能少的能量。由于环境恶劣和突发性，救援无人车还不能完全自主行驶，需要使用自主控制为主、人工控制为辅的方式行驶。传统的救援无人车通常为完全人工控制或半人工半自主控制，由于人的判断存在主观局限性，容易出现操作失误。

（3）发明内容

为了克服现有技术中存在的不足，本发明目的是提供一种用于监测控制救援无人车的系统及其方法。该系统增加了环境数据服务器和监测与控制软件平台，充分利用计算机技术，在保持人工控制的功能下，增加了软件数据处理功能，能够挖掘出环境数据的特征，弥补了完全人工控制的局限性，可更好地执行救援任务。

为了实现上述发明目的，解决已有技术中存在的问题，本发明采取的技术方案是：用于监测控制救援无人车的系统包括环境数据服务器、监测与控制软件平台、基站无线通信模块及救援无人车。救援无人车包括MCU主控模块、电机驱动模块、三轴姿态传感器、速度传感器模块、摄像头模块、电池容量传感器、气体传感器、红外线传感器、测距传感器、温度传感器、车载无线通信模块及GPRS无钱传输模块。环境数据服务器使用Linux+Apache+MySQL+PHP方式建立，监测与控制软件平台上设有PC，与环境数据服务器通过网线架设在同一局域网内，监测与控制软件平台使用C#语言编写。监测与控制软件平台上的PC和基站无线通信模块之间采用RS-232连接；基站无线通信模块和车载无线通信模块之间采用频率为443 MHz的无线电波进行通信；车载无线通信模块与MCU主控模块之间采用RS-232连接。电机驱动模块使用芯片型号为BTS7960；MCU主控模块产生脉宽调制波（PWM）来控制电机驱动模块，从而间接控制车体电机；速度传感器模块采用霍尔测速方案，将磁铁安装在齿轮轴端的平面上，每转一圈霍尔传感器AS5040会产生256个脉冲，用MCU上的脉冲计数器对其进行读取，在单位时间内读取这一段时间的脉冲个数即可测量其旋转速度；GPRS无线传输模块通过IIC接口与MCU主控模块连接，用于获取救援无人车的位置信息；测距传感器通过串口与MCU主控模块连接，用于检测和避开前方的障碍物；三轴姿态传感器通过IIC接口与MCU主控模块连接，用于获得救援无人车当前的姿态角；电池容量传感器通过A/D转换接口与MCU主控模块连接，用于提示剩余电量；温度传感器通过I/O口与MCU主控模块连接，用于测量救援无人车身的温度；红外线传感器通过IIC接口与MCU主控模块连接，用于非接触式测温；气体传感器通过I/O口与MCU主控模块连接，用于检测易燃、有毒气体；摄像头模块连接在单片机的SCCB接口上。MCU主控模块将采集到的图像发送到监测与控制软件平台，监测与控制软件平台通过窗口显示出来，用于实时监控现场环境。

用于监测控制救援无人车的方法包括以下步骤：

步骤1：驶向事故地点。监测与控制软件平台通过基站无线通信模块向救援无人车发送事故地点的位置信息，救援无人车向其反馈当前所在的位置、速度、姿态角度等信息，再由监测与控制软件平台规划出一条行驶路线，并通过PID算法调节，实时控制并不断修正救援无人车的行驶路径及行驶速度，使救援无人车准确地驶向事故地点。

步骤2：救援无人车向监测与控制软件平台发送环境信息。在救援无人车的行驶过程中，通过基站无线通信模块实时向监测与控制软件平台发送摄像头图像、温度、气体传感器数据。

步骤3：监测与控制软件平台显示并上传数据到环境数据服务器。监测与控制软件平台接收到传感器数据后,使用 GUI 图形界面显示传感器数据,并将传感器数据上传到环境数据服务器。

步骤 4:环境数据服务器分析传感器数据并发送安全信息。环境数据服务器基于已有环境数据分析新数据并得到特征值,当环境数据服务器发现当前环境为不安全环境时,立即向监测与控制软件平台发送警告信息;当环境数据服务器发现当前环境为安全环境时,并将安全信息发送给监测与控制软件平台。

步骤 5:监测与控制软件平台显示预警信息。监测与控制软件平台接收到环境数据服务器发送的警告信息或安全信息,如果是警告信息,则使用 GUI 图形界面显示出警告信息,通知操作人员手动操控救援无人车,操作人员核实后,采取相应措施;如果是安全信息,则使用 GUI 图形界面显示出安全信息。

步骤 6:手动控制救援无人车并处理警告信号。当救援无人车的控制模式为手动时,利用监测与控制软件平台上的车体控制窗口直接控制救援无人车的速度及转向,在行驶过程中出现问题也可以随时进行手动控制和自动控制模式的切换。

步骤 7:驶向下一个事故地点。警告信息处理完毕或者检测到为安全信息后,返回救援无人车的控制系统,按照情况考虑是否进行下一个事故地点的监测控制或者直接发送返回指令。

步骤 8:完成任务返回。完成任务后,监测与控制软件平台向救援无人车发送返回指令,救援无人车向其反馈位置信息,再由监测与控制软件平台规划出一条行驶路线,并不断地通过 PID 算法调节,实时控制修正救援无人车的行驶路径,最终顺利返回。

本发明有益效果是:与已有技术相比,本发明中的救援无人车只负责上传数据和接收指令,减少了救援无人车处理环境数据的负担;另外增加的监测与控制软件平台能够使用 GUI 图形界面显示环境参数,环境数据服务器能提取环境数据的特征,实现无人车半人工半自主控制,弥补了完全人工控制的局限性。

(4)附图说明

图 10-22 是本发明的系统原理框图。

图 10-23 是救援无人车原理框图。

图 10-24 是本发明方法的步骤流程图。

(5)具体实施方式

下面结合附图对本发明做进一步的说明。

图 10-22 所示用于监测控制救援无人车的系统原理图,具体见发明内容部分。

图 10-24 所示为用于监测控制救援无人车方法的步骤流程,具体见发明内容部分。

2. 权利要求书

(1)用于监测控制救援无人车的系统的特征在于其组成和工作原理,具体见发明内容部分。

（2）用于监测控制救援无人车的方法，其特征在于其实现步骤，具体见发明内容部分。

3．说明书摘要

本发明涉及机器人自动控制技术领域，是一种用于监测控制救援无人车的系统及其方法，其中系统包括环境数据服务器、监测与控制软件平台、基站无线通信模块及救援无人车。救援无人车包括 MCU 主控模块、电机驱动模块、三轴姿态传感器、速度传感器模块、摄像头模块、电池容量传感器、气体传感器、红外线传感器、测距传感器、温度传感器、车载无线通信模块及 GPRS 无线传输模块。本发明中的救援无人车只负责上传数据和接收指令，减少了救援无人车处理环境数据的负担；另外增加的监测与控制软件平台能够使用 GUI 图形界面显示环境参数，环境数据服务器能提取环境数据的特征，实现无人车半自主式控制，弥补了完全人工控制的局限性。

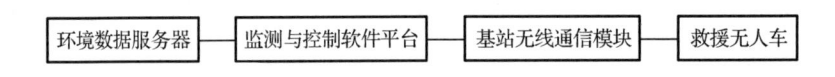

4．说明书附图

图 10-22　本发明的系统原理框图

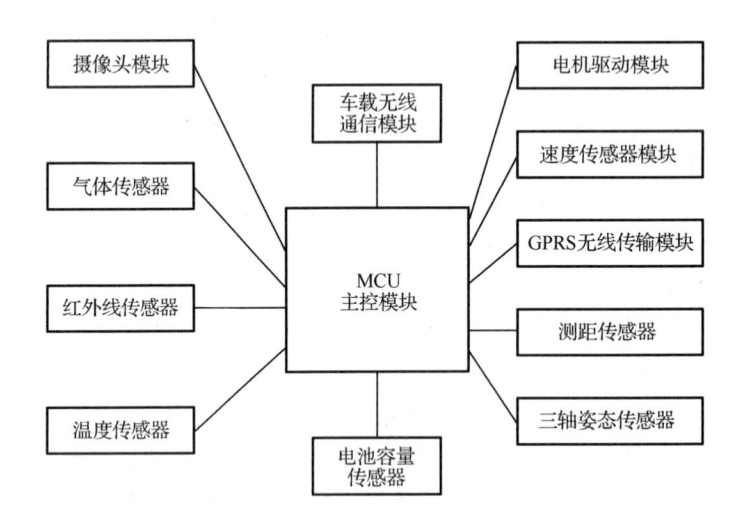

图 10-23　救援无人车原理框图

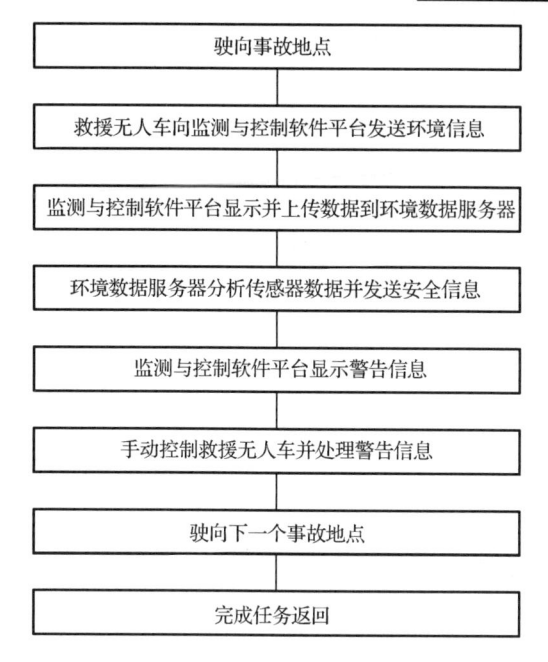

```
驶向事故地点
         ↓
救援无人车向监测与控制软件平台发送环境信息
         ↓
监测与控制软件平台显示并上传数据到环境数据服务器
         ↓
环境数据服务器分析传感器数据并发送安全信息
         ↓
监测与控制软件平台显示警告信息
         ↓
手动控制救援无人车并处理警告信息
         ↓
驶向下一个事故地点
         ↓
完成任务返回
```

图 10-24 本发明方法的步骤流程

10.2 实用新型专利案例

10.2.1 案例：光温感应窗帘

1．说明书

（1）技术领域

本实用新型涉及一种生活用品，是一种全自动的光温感应窗帘。

（2）背景技术

众所周知，现有的窗帘一般都是通过人为手动来实现其开关的，在无人条件或人们休息等情况下，窗帘无法实现自动开合，给人们的生活带来了很多不便。

（3）发明内容

本实用新型的目的是提供一种全自动的光温感应窗帘。

本实用新型主要包括墙体、光温传感器、电路控制模块、电动机、转动杆、页扇中心转轴、页扇。墙体一侧的光温传感器、电路控制模块与电动机连接在一起，墙体另一侧的转动杆、页扇与页扇中心转轴连接在一起。使用时，墙体一侧的光温传感器接收到的光照度和温度的变化会在电路控制模块中产生变化的电流，并通过电路中的电动机将电能转化为机械能，可使转动杆发生不同程度的位移，从而牵引着页扇绕各自的页扇中心转轴旋转至一定的角度，由于转动轴的两面位移方向正好相反，故可使页扇一端左移，一端右移，从而达到使窗帘自动开合的目的。与已有技术相比，本实用新型的有益效果为结构简单、方便舒适、经济实惠。

（4）附图说明

图 10-25 为本实用新型的立体结构简图。

（5）具体实施方式

图 10-25 所示为本实用新型的立体结构简图在墙体（1）一侧，光温传感器（2）、电路控制模块（3）与电动机（4）连接在一起，在墙体（1）另一侧，转动杆（5）、页扇（6）与页扇中心转轴（7）连接在一起。

2．权利要求书

全自动的光温感应窗帘的结构和实施方式，结构主要包括墙体（1）、光温传感器（2）、电路控制模块（3）、电动机（4）、转动杆（5）、页扇（6）以及页扇中心转轴（7）；实施方式为在墙体（1）一侧，光温传感器（2）、电路控制模块（3）与电动机（4）连接在一起，在墙体（1）另一侧，转动杆（5）、页扇（6）与页扇中心转轴（7）连接在一起。

3．说明书摘要

全自动的光温感应窗帘主要包括墙体、光温传感器、电路控制模块、电动机、转动杆、页扇中心转轴以及页扇，在墙体一侧，光传感器和温度传感器、电路控制模块与电动机连接在一起，在墙体另一侧，转动杆、页扇与页扇中心转轴连接在一起。本实用新型具有结构简单、方便舒适、经济实惠等优点。

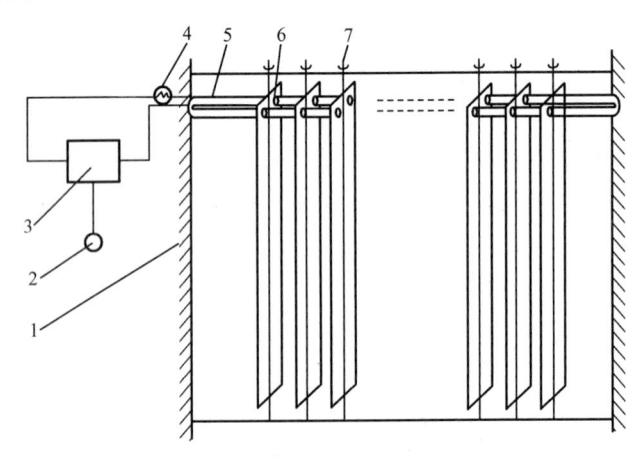

4．说明书附图

图 10-25　光温感应窗帘立体结构简图

10.2.2 案例：新型智能垃圾箱组

1. 说明书

（1）技术领域

本实用新型涉及一种生活用品，是一种新型智能垃圾箱组。

（2）背景技术

众所周知，目前人们使用的垃圾箱，不能有效地利用垃圾资源，给人们的生活带来很多不便。

（3）发明内容

本实用新型的目的是提供一种新型智能垃圾箱组。

本实用新型主要包括左智能锁、左箱盖、微型气化炉、内附式微型内燃发电机、伸缩挡板、回收门、废渣回收箱、左下传感器、左箱壁、芯片、连接区外壳、蓄电池、压缩系统、右箱壁、右箱盖、右智能锁、右上传感器、安全阀、左上传感器。左智能锁设置在左箱盖上，微型气化炉与内附式微型内燃发电机相连接，伸缩挡板设置在内附式微型内燃发电机下方，回收门设置在废渣回收箱左侧，左下传感器设置在左箱壁内，芯片设置在蓄电池内部，左箱壁与右箱壁通过连接区外壳进行连接，压缩系统位于右箱壁内侧，右智能锁设置于右箱盖上，右上传感器置于右箱盖上，安全阀和左上传感器置于左箱壁上。使用时，将可燃性垃圾投入至左箱中，当垃圾量不断增加至设定高度时，左上传感器接收到信号，并将信号传至芯片，芯片识别出垃圾已满，锁定左箱箱盖并开启微型气化炉工作，同时内附式微型内燃发电机利用气化垃圾产生的燃气进行发电，产生的电能存储于蓄电池中。芯片感应到发电完成后，打开伸缩挡板，将废渣导入废渣箱后伸缩挡板自动关闭，左箱盖自动解锁，恢复垃圾投放。将可压缩垃圾投入至右箱中，当垃圾量增加至设定高度时，右上传感器将信号传递给芯片，芯片识别出未压缩垃圾已满，锁定右箱盖并开启压缩工作，完成压缩工作后，右箱盖自动解锁，可继续投放垃圾。此时完成一次垃圾压缩过程。当压缩后的垃圾增加至设定高度时，右上传感器将高密度垃圾信号发送至城市回收系统。

与已有技术相比，本实用新型的有益效果为结构简单、功能全面、操作方便、经济环保。

（4）附图说明

图 10-26 为本实用新型的立体结构简图。

（5）具体实施方式

图 10-26 所示为智能垃圾箱组的立体结构简图中，结构见发明内容部分，实施方式为左智能锁（1）设置在左箱盖（2）上，微型气化炉（3）与内附式微型内燃发电机（4）相连接，伸缩挡板（5）设置在内附式微型内燃发电机（4）下方，回收门（6）设置在废渣回收箱（7）左侧，左下传感器（8）设置在左箱壁（9）内，芯片（10）设置在蓄电池（12）内部，左箱壁（9）与右箱壁（14）通过连接区外壳（11）进行连接，压缩系统（13）位于右箱壁（14）内侧，右智能锁（16）设置于右箱盖（14）上，右上传感器（17）置于右

箱盖（15）上，安全阀（18）和左上传感器（19）置于左箱壁（9）上。

2．权利要求书

新型智能垃圾箱组的结构和实施方式，结构见发明内容部分；实施方式为见具体实施方式部分。

3．说明书摘要

新型智能垃圾箱组主要由左智能锁、左箱盖、微型气化炉、内附式微型内燃发电机、伸缩挡板、回收门、废渣回收箱、左下传感器、左箱壁、芯片、连接区外壳、蓄电池、压缩系统、右箱壁、右箱盖、右智能锁、右上传感器、安全阀、左上传感器组成。实施方式主要是左智能锁设置在左箱盖上，微型气化炉与内附式微型内燃发电机相连接，伸缩挡板设置在内附式微型内燃发电机下方，回收门设置在废渣回收箱左侧，左下传感器设置在左箱壁内，芯片设置在蓄电池内部，左箱壁与右箱壁通过连接区外壳进行连接，压缩系统位于右箱壁内侧，右智能锁设置于右箱盖上，右上传感器置于右箱盖上，安全阀和左上传感器置于左箱壁上。本实用新型具有结构简单、功能全面、操作方便、经济环保等优点。

4．说明书附图

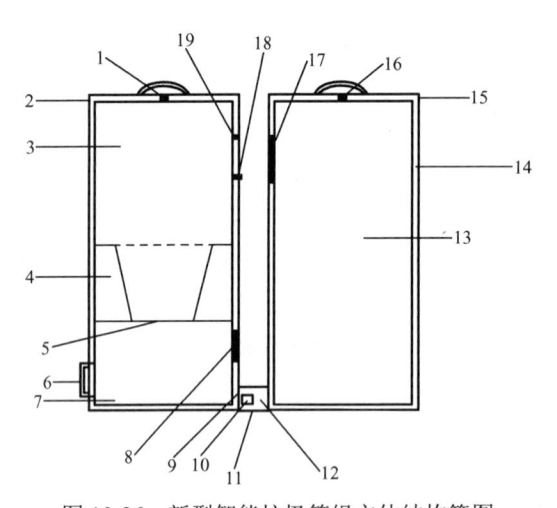

图 10-26 新型智能垃圾箱组立体结构简图

10.2.3 案例：一种智能导引装置

1．说明书

（1）技术领域

本发明属于智能导引领域，是一种智能导引装置。

(2）背景技术

视障人出行很不安全，现有的视障人道路引导装置主要是在人行道内部埋设多个 RFID 标记，通过控制导向机器人来为视障人导路的。例如，用于视障人的道路引导系统的国际专利，申请号为 CN201280006737.3，这类专利必须对道路进行相应的改置，造价高、结构复杂。

基于这一现状我们研究了一种智能导引装置，它主要利用 GPS 定位、G4 微波阵列雷达来从外界获取使用者的位置信息以及道路特点，通过对从周边环境接收到的数据进行分析、修正，从而给视障人设计出一个安全的行走路线，具有结构简单、测量精准、经济高效等优点。

（3）发明内容

本发明的目的是提供一种智能导引装置。

智能导引装置主要包括耳戴装置和手持装置。耳戴装置主要包括 DDS 无线调制调解器 a、后台障碍物分析控制模块、GPS 系统、语音输出模块；手持装置主要包括 DDS 无线调制调解器 b、数据处理模块、G4 微波阵列雷达、发射接口、接收接口和惯性导航传感器。

在耳戴装置中，DDS 无线调制调解器 a 与后台障碍物分析控制模块相连；后台障碍物分析控制模块与 GPS 系统及语音输出模块相连；GPS 系统用于设计安全的出行路线，并与语音输出模块相连；语音输出模块与外界人耳相连，用于将设计的安全出行路线告知使用者。

在手持装置中，惯性导航传感器与 G4 微波阵列雷达相连；G4 微波阵列雷达包括发射接口和接收接口，发射接口用于发射微波，并向路面投射微波投影面，接收接口用于接收回波数据，G4 微波阵列雷达还与数据处理模块相连，用于将经过惯性导航传感器修正的回波数据传输给数据处理模块；数据处理模块与 DDS 无线调制调解器 b 相连。

耳戴装置中的 DDS 无线调制调解器 a 与手持装置中的 DDS 无线调制调解器 b 相连，从而将耳戴装置与手持装置连接起来。

在使用时，视障人将耳戴装置戴在耳朵上，手持装置拿在手里，先由耳戴装置的 GPS 系统设计安全出行路线，通过语音输出模块告知视障人。在行进过程中，G4 微波阵列雷达发射接口发射微波，向路面投射微波投影面，并从接收接口接收回波数据，回波数据经过惯性导航传感器的修正（运动性补偿）后在数据处理模块中进行处理并通过 DDS 无线调制解调器 b 传给耳戴装置，耳戴装置在后台障碍物分析控制模块中进一步处理，再通过语音输出模块提醒视障人。

本发明的有益效果：具有结构简单、测量精准、经济高效等优点。

（4）附图说明

图 10-27 为智能导引装置立体结构图。

（5）具体实施方式

以下结合附图对本发明做进一步的说明。

智能导引装置主要包括耳戴装置（微控制器）和手持装置，具体组成和工作过程见发明内容部分。

2. 权利要求书

智能导引装置的特征在于其组成和工作过程，具体见发明内容部分。

3. 说明书摘要

本发明涉及一种智能导引装置，包括耳戴装置和手持装置。耳戴装置包括 DDS 无线调制调解器接口 a、后台障碍物分析控制模块、GPS 系统、语音输出模块；手持装置包括 DDS 无线调制调解器接口 b、数据处理模块、G4 微波阵列雷达、发射接口、接收接口和惯性导航传感器。由耳戴装置的 GPS 系统设计安全出行路线，通过语音输出模块告知视障人。在使用过程中，G4 微波阵列雷达发射接口向路面投射微波投影面，并从接收接口接收回波数据，回波数据经惯性导航传感器的矫正后在数据处理模块中进行处理并通过 DDS 无线调制解调器 b 传给耳戴装置，在后台障碍物分析控制模块中进一步处理，再通过语音输出模块提醒视障人。

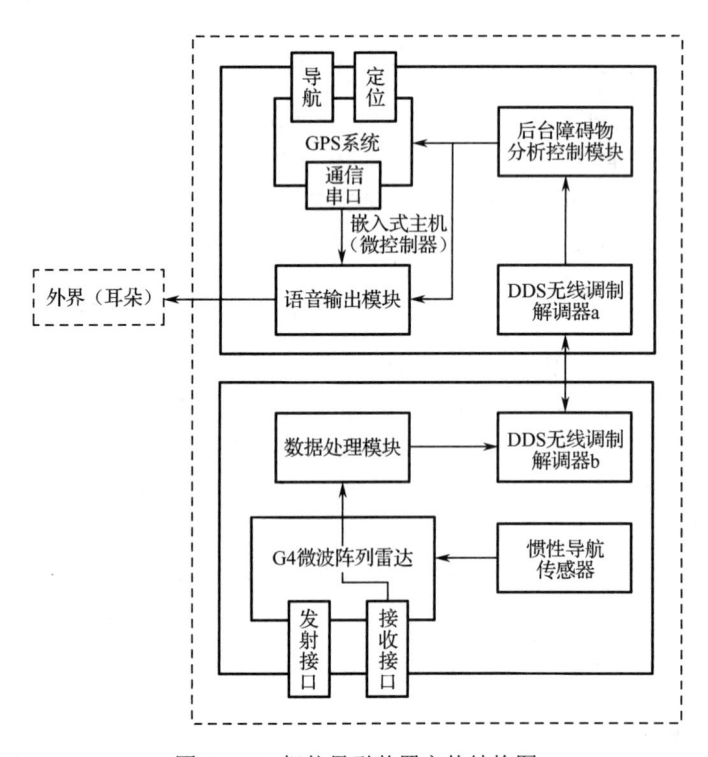

4. 说明书附图

图 10-27　智能导引装置立体结构图

附录 A

常用的专利检索数据库汇总

A.1 国内官方数据库

国家知识产权局政府网站专利库网址为 http://www.sipo.gov.cn/。
国家知识产权局专利检索与服务系统网址为 http://www.pss-system.gov.cn/。
中国及多国专利审查信息查询系统（公共查询部分）网址为 http://cpquery.sipo.gov.cn。
国家科技图书文献中心（National Science and Technology Library，NSTL）网址为 http://www.nstl.gov.cn。
知识产权出版社网址为 search.cnipr.com/。

A.2 国外官方数据库

欧洲专利局网站专利检索系统网址为 http://ep.espacenet.com。
美国专利检索系统网址为 http://patft.uspto.gov/。
美国专利和商标局官网网址为 http://www.uspto.gov/。
日本特许厅政府网站专利检索系统网址为 http://www.jpo.go.jp/。
世界知识产权组织网址为 http://www.wipo.int/patentscope.wipo.int。
加拿大专利局网址为 https://www.canada.ca/en.html。
韩国专利局网站网址为 http://www.kipo.go.kr/。
韩国知识产权局网址为 www.kipris.or.kr。
澳大利亚知识产权局网站网址为 www.ipaustralia.gov.au/。
阿根廷国家专利网站网址为 http://www.mecon.ar/inpi。
爱尔兰国家专利网站网址为 http://www.patentsoffice.ie/。

爱沙尼亚国家专利网站网址为 http://www.epa.ee/。
澳大利亚国家专利网站网址为 http://www.ipaustralia.gov.au/。
巴西工业产权局网址为 http://www.inpi.gov.br/。
比利时专利局网址为 http://www.european patent-office.org/patlib/country/belgium/。
秘鲁专利局网址为 http://www.indecopi.gob.pe/。
冰岛专利局网址为 http://www.patent.is/。
波兰专利局网址为 http://www.uprp.pl/。
丹麦专利局网址为 http://www.dkpto.dk/。
德国专利商标局网址为 http://www.deutsches-patentamt.de/。
俄罗斯专利局网址为 http://www.rupto.ru/。
法国国家工业产权局网址为 http://www.inpi.fr/。
芬兰专利局网址为 http://www.prh.fi/。
捷克专利局网址为 http://www.upv.cz/。
立陶宛专利局网址为 http://www.is.lt/vpb/engl/。
卢森堡专利局网址为 http://www.eco.public.lu/。
罗马尼亚专利局网址为 http://www.osim.ro/。
墨西哥专利局网址为 http://www.impi.gob.mx/。
挪威专利局网址为 http://www.patentstyret.no/。
葡萄牙专利局网址为 http://www.inpi.pt/。
瑞典专利局网址为 http://www.prv.se/。
瑞士专利局网址为 http://www.ige.ch/。
泰国专利局网址为 http://www.ipthailand.org/。
土耳其专利局网址为 http://www.turkpatent.gov.tr/。
西班牙专利局网址为 http://www.oepm.es/。
希腊专利局网址为 http://www.obi.gr/。
新加坡专利局网址为 http://www.ipos.gov.sg/。
匈牙利专利局网址为 http://www.hpo.hu/。
英国专利局网址为 http://www.patent.gov.uk/。
意大利专利局网址为 http://www.european-patent-office.org/it/。
欧亚专利组织网址为 http://www.eapo.org/。

A.3 商业数据库

SooPat 专利数据搜索引擎网址为 http://www.soopat.com/。

Thomson Scientific 公司 Derwent 专利数据库网址为 http://www.derwent.com。

DelPhion 知识产权信息网数据库网址为 http://www.delphion.com/ 或 http://www.thomsonscientific.com.cn/delphion.htm。

专利之星网址为 www.patentstar.cn。

大为专利检索网址为 www.innojoy.com。

合享新创网址为 www.incopat.com。

参 考 文 献

[1] 张崴．创造力：发展与测评[M]．北京：高等教育出版社，2016．

[2] 冯林．大学生创新基础[M]．北京：高等教育出版社，2017．

[3] [英]蒂姆·布朗．IDEO，设计改变一切：设计思维如何变革组织和激发创新[M]．侯婷，译．沈阳：万卷出版公司，2011．

[4] [瑞士]沃尔特·布伦纳．创新设计思维：创造性解决复杂问题的方法与工具导向[M]．蔺楠等，译．北京：机械工业出版社，2018．

[5] [英]乔·蒂德．创新管理：技术变革、市场变革和组织变革的组合（第 4 版）[M]．陈劲，译．北京：中国人民大学出版社，2012．

[6] [英]约翰·贝赞特．创新与创业管理[M]．牛芳等，译．北京：机械工业出版社，2013．

[7] [美]克拉格·瓦格．创新设计：如何打造赢得用户的产品、服务与商业模式[M]．吴卓浩，郑佳朋，译．北京：电子工业出版社，2014．

[8] 张凌燕．设计思维——右脑时代必备创新思考力[M]．北京：人民邮电出版社，2015．

[9] [美]詹姆斯·亚当斯．好产品、坏产品——如何创造出类拔萃的产品[M]．温旻，译．北京：机械工业出版社，2016．

[10] [德]克里斯托弗·迈内尔．设计思维改变世界[M]．平嬿嫣，李悦，译．北京：机械工业出版社，2017．

[11] 张武城．技术创新方法概论[M]．北京：科学出版社，2009．

[12] 王可越．设计思维创新导引[M]．北京：清华大学出版社，2017．

[13] 鲁百年．创新设计思维——创新落地实战工具和方法论[M]．北京：清华大学出版社，2015．

[14] [英]马特·金登．创新之力：将创意变为现实[M]．谢绍东，杨田田，译．北京：电子工业出版社，2014．

[15] [美]杰弗里·古德帕斯特．思维[M]．韩广忠，译．北京：中国人民大学出版社，2010．

[16] [英]伊恩·阿特金森．创新力+：创造性解决问题的 12 种思维工具[M]．北京：人民邮电出版社，2016．

[17] [英]爱德华·德博诺．六顶思考帽——如何简单而高效地思考[M]．马睿，译．北京：中信出版社，2016．

[18] [美]约翰·波拉克．创新的本能——类比思维的力量[M]．青立花等，译．北京：中信出版社，2016．

[19] [美]蒂娜·齐莉格．斯坦福大学最受欢迎的创意课[M]．秦许可，译．长春：吉林出版集团有限责任公司，2013．

[20] 王滨．大学生创新实践[M]．北京：高等教育出版社，2017．

[21] 罗玲玲．大学生创新方法[M]．北京：高等教育出版社，2017．

[22] 孙洪义．创新创业基础[M]．北京：机械工业出版社，2016．

[23] 辽宁省普通高等学校创新创业教育指导委员会．创造性思维与创新方法[M]．北京：高等教育出版社，2013．

[24] 赵敏，张武成，王冠珠．TRIZ 进阶及实战——大道至简的发明方法[M]．北京：机械工业出版社，2016．

[25] 创新方法研究会，中国 21 世纪议程管理中心．创新方法教程（初级）[M]．北京：高等教育出版社，2015．

[26] [美]卡尔·乌利齐．产品设计与开发[M]．杨青，杨娜，译．北京：机械工业出版社，2018．

[27] 刘勇谋．工业创新方法与实践[M]．北京：机械工业出版社，2016．

[28] 钟伟俊．企业产品技术创新方法[M]．北京：科学出版社，2012．

[29] [美]凯文·韦巴赫．游戏化思维：改变未来商业的新力量[M]．周逵，王晓丹，译．杭州：浙江人民出版社，2014．

[30] [美]盖布·兹彻曼．游戏化革命：未来商业模式的驱动力[M]．应皓，译．北京：中国人民大学出版社，2014．

[31] [美]简·麦格尼格尔．游戏改变世界[M]．闾佳，译．北京：北京联合出版社，2016．

[32] [美]卡尔·卡普．游戏，让学习成瘾[M]．陈阵，译．北京：机械工业出版社，2015．

[33] [美]亚当·派恩伯格．反枯燥：游戏化思维开创商业及管理的"新蓝海"[M]．陈丽娜，译．成都：四川人民出版社，2015．

[34] [美]约翰·弗拉海尔．好玩的设计：游戏化思维与用户体验设计[M]．汤海，译．北京：清华大学出版社，2017．

[35] [瑞士]亚历山大·奥斯特瓦德．商业模式新生代[M]．黄涛，郁婧，译．北京：机械工业出版社，2016．

[36] [瑞士]奥利弗·加斯曼．商业模式创新设计大全：90%的成功企业都在用的 55 种商业模式[M]．聂荣等，译．北京：中国人民大学出版社，2017．

[37] [美]亨利·切萨布鲁夫．开放式创新：创新方法论之新语境[M]．扈喜林，译．上海：复旦大学出版社，2016．

[38] Bucherer, E., Eisert, U., Gassmann,O.Towards Systematic Business Model Innovation: Lessons from Product Innovation Management[J]. Creativity and Innovation Management, 2012, 21(2): 183-198.

[39] 魏炜．商业模式经济解释[M]．北京：机械工业出版社，2013．

[40] 李建蓉．专利信息与利用（第 2 版）[M]．北京：知识产权出版社，2011．

[41] 曹义怀．专利文件撰写实务与案例[M]．北京：知识产权出版社，2010．

[42] 江镇华．怎样检索中外专利信息[M]．北京：知识产权出版社，2001．

[43] 蔡志勇．教你免费查专利[M]．北京：化学工业出版社，2007．
[44] 吴观乐．发明和实用新型专利申请文件撰写案例剖析[M]．北京：知识产权出版社，2011．
[45] 北京岳成律师事务所．如何申请专利[M]．北京：北京大学出版社，2010．
[46] 许娜颖．中国主要专利检索数据库简介[J]．中国发明与专利，2014(9)：35-37．
[47] 刘悦．如何撰写外观设计专利申请中的简要说明[J]．中国知识产权报．
[48] 徐正兴．中俄外观设计专利申请文件和审查程序比较[J]．专利代理，2016(4)：102-109．
[49] 骆云中，陈蔚杰，徐晓琳．专利情报分析与利用[M]．上海：华东理工大学出版社，2007．